KB142136

사는 곳이
운명이다

사는 곳이 운명이다

2014년 8월 8일 초판 1쇄 발행 | 2017년 8월 23일 10쇄 발행
지은이 · 김승호

펴낸이 · 김상현, 최세현
책임편집 · 최세현 | 디자인 · 김애숙

마케팅 · 권금숙, 김명래, 양봉호, 임지윤, 최의범, 조히라
경영지원 · 김현우, 강신우 | 해외기획 · 우정민
펴낸곳 · (주)쌤앤파커스 | 출판신고 · 2006년 9월 25일 제406-2006-000210호
주소 · 경기도 파주시 회동길 174 파주출판도시
전화 · 031-960-4800 | 팩스 · 031-960-4806 | 이메일 · info@smpk.kr

ⓒ 김승호(저작권자와 맺은 특약에 따라 검인을 생략합니다)
ISBN 978-89-6570-214-6(03320)

- 이 책은 저작권법에 따라 보호받는 저작물이므로 무단전재와 무단복제를 금지하며, 이 책 내용의
  전부 또는 일부를 이용하려면 반드시 저작권자와 (주)쌤앤파커스의 서면동의를 받아야 합니다.
- 이 책의 국립중앙도서관 출판시도서목록은 서지정보유통지원시스템 홈페이지(http://seoji.nl.go.kr)와 국가
  자료공동목록시스템(http://www.nl.go.kr/kolisnet)에서 이용하실 수 있습니다.
  (CIP제어번호:CIP2014021339)
- 잘못된 책은 구입하신 서점에서 바꿔드립니다.   • 책값은 뒤표지에 있습니다.

쌤앤파커스(Sam&Parkers)는 독자 여러분의 책에 관한 아이디어와 원고 투고를 설레는 마음으로 기다리고
있습니다. 책으로 엮기를 원하는 아이디어가 있으신 분은 이메일 book@smpk.kr로 간단한 개요와 취지,
연락처 등을 보내주세요. 머뭇거리지 말고 문을 두드리세요. 길이 열립니다.

사는 곳이 운명이다

좋은 운명을
끌어당기는
공간과 풍수

김승호 지음

쌤앤파커스

① 사는 곳을 보면 운명이 보인다

2 집 안만 제대로 가꿔도 인생이 바뀐다

3 좋은 운명을 끌어당기는 명당의 조건

 **4 주역풍수를 알면
미래가 보인다**

봉황새는 오동나무가 아니면 깃들지 아니한다

'상전벽해桑田碧海'라는 말이 있다. 이는 뽕나무밭이 변해 바다가 된다는 뜻이니, 땅의 극적인 변화를 표현한 말이다. 땅은 사람이 그곳에 살든 안 살든 끊임없이 변화한다. 땅의 현재 모습은 옛날의 그 모습이 아니다. 지금의 모습도 세월이 지나면 차츰 변하게 되어 있다. 이것이 자연의 섭리다. 삼라만상은 변화하는데, 그 변화는 땅을 기초로 해서 일어난다.

땅의 변화는 빠르기도 하고 느리기도 해서 예측하기가 쉽지 않다. 하지만 우리는 땅의 변화에 항상 주목해야 한다. 우리가 그곳에서 살아가고 있기 때문이다. 특히 운명에 대해 알고 싶다면, 결코 땅을 빼놓고 생각할 수 없다. 하늘의 뜻은 땅에 깃들고 인간은 그 위에 사는 존재이기 때문이다.

세상의 역사는 땅을 바탕으로 이루어지고 인간은 그곳에 의지하는 미약한 존재일 뿐이다. 그러므로 인간이 운명을 개척하고자 한다면 땅이 변해가는 섭리를 무엇보다도 중요하게 여겨야 한다. 땅의 변화는 인간에게 축복을 주기도 하고 재앙을 주기도 한다. 그래서 때로 무섭기도 하다. 땅이 주는 재앙을 피하지 못하면 공연히 불행해지고, 또한 땅이 주는 혜택을 얻지 못하면 남보다 뒤처지게 된다.

　아주 단순한 예를 하나 들어보자. 오늘날 서울의 강남땅은 부의 상징이지만, 예전에 그곳은 한적한 시골마을이었다. 불과 수십 년 전에 그랬다. 그러던 것이 갑자기 사람이 모여드는 도시로 변했고 땅값은 만 배도 넘게 뛰어올랐다. 그곳에 살던 사람들은 당연히 큰 축복을 받고 신분이 급상승했다. 한 사람이 아무리 노력해도 이룰 수 없는 부귀영화가 땅의 변화에 의해 순식간에 이루어진 것이다. 놀라운 일이다.

　내가 아는 어떤 사람도 그 땅의 축복을 받았는데 그는 농사가 취미여서 틈틈이 강남땅을 사들였던바, 그 땅 덕분에 지금은 벼락부자가 되었다. 그가 특별히 선견지명이 있어 강남땅을 지목한 것은 아니었다. 그저 살던 집과 가까운 땅을 샀을 뿐이다. 그런데 그게 돌연 꿈도 꿔본 적 없는 큰 부를 안겨준 것이다. 그런 사람은 무수히 많다. 오늘날 우리나라에서 갑자기 부자가 된 사람들은 거의 다 땅에 의해 그렇게 된 것이라고 해도 과언이 아니다. 이는 단편적인 사례지만, 인간사의 크고 작은 일에는 땅의 변화가 깊숙이 관여되어 있다. 그래서 인간은 땅을 잘 만나야 한다. 아니, 땅을 잘 선택해야 한다.

　인간은 땅을 가꾸고 땅은 인간을 가꾼다. 이러한 이치를 알고 잘 활용한다면 인생은 더욱 빛날 것이다. 물론 땅과 인간이 서로를 해치는 것에 대해서도 깊이 유념해야 한다. 많은 사람들이 땅의 재앙을 피하지 못해 파멸을 맞이하기도 하니까 말이다.

예컨대 2011년 일본 동북부 센다이 지방은 큰 변화를 맞이했다. 초대형 지진이 발생한 것이다. 그로 인해 많은 사람이 엄청난 불행에 내동댕이쳐졌다. 그 땅에 지진해일이 닥치고 그로 인해 원자로가 파괴되었다. 이 원전사고라는 재앙이 자연재해 때문이었는지 아니면 인간의 실수 때문이었는지, 그 원인은 중요하지 않다. 그곳에 살고 있었던 사람들이 운명적 책임자일 뿐이다. 왜 그곳에 살았던가! 이것은 너무 거대하고 불가항력적인 문제지만, 그렇다고 무조건 하늘만 탓할 수는 없는 일이다.

이 문제는 잠시 덮어두자. 중요한 것은 인간에게는 사는 곳을 잘 선택할 의무가 있다는 것이다. 예로부터 봉황새는 오동나무가 아니면 깃들지 아니한다고 했다. 이는 상서로운 땅을 잘 골라야 한다는 조용한 가르침이다.

문제는 어떻게 좋은 땅을 찾아가고 재수 나쁜 땅을 피해 가느냐다. 사실 이 것이 대단히 어려운 문제는 아니다. 쉬운 것부터 차분히 풀어나간다면 큰 행운을 맞이하는 것도 현실이 될 수 있다. 땅이 중요하다는 것은 너무나 뻔한 이 야기이므로 길게 설명할 필요는 없을 것 같다. 다만 여기서는 땅에 대해 항상 생각하고 세심하게 관찰하며 집중해야 한다는 것을 강조하고 싶다.

땅이란 인간과 마찬가지로 살아 있는 존재다. 땅은 고요하고 수동적인 존재도 아니고 잠자고 있는 존재도 아니다. 오히려 땅은 적극적으로 주변을 지배하면서 영구적으로 활동한다. 땅은 죽지도 않는 존재다. 인간은 자신이 땅을 소유한다고 생각하지만, 실은 땅이 인간을 소유한다고 봐야 할 것이다.

인간은 유한한 존재로서 어떤 땅에 잠시 머물다 떠날 뿐이다. 이것은 인간의 숙명이다. 땅은 영원하지만 인간의 삶은 유한하다. 인간은 어떤 땅에서 오래 살기도 하지만, 결국 죽어서 그 땅을 떠난다. 그러면 그 땅은 또 다른 사람을 맞이한다.

땅은 인간의 운명을 만들어내는 존재다. 땅은 틀린 말을 하는 경우가 없다. 또한 눈에 보이지 않는 행동으로 미래를 표현한다. 그러니 인간은 무심히 살아서는 안 된다. 땅의 섭리를 발견하고 그와 보조를 맞추어야 한다.

인간과 땅은 서로 도우면서 살 수도 있고 서로 해치면서 살 수도 있다. 인생을 살면서 땅이 인간의 동반자라는 것을 절대 잊어서는 안 된다. 땅을 살아 있는 존재로 보는 순간, 인간은 더욱더 풍요로워지고 큰 이익을 얻을 수 있을 것이다.

이제부터 땅과 인간의 운명에 대해서 자세히 알아볼 것이다. 이 책을 보다 보면 괘상의 이름이 나올 때 한자병기와 함께 육십갑자에 해당하는 이름이 나온다. 사주에 관한 지식이 있는 사람이라면 그 괘상의 뜻을 더욱 깊이 해석할 수 있을 것이다. 그리고 몇몇 동명과 상호명, 지역명은 영문 이니셜로 표기했다. 좋은 얘기든 안 좋은 얘기든, 혹여라도 그곳에 사는 분들께 결례를 범하지 않기 위함이다. 또한 나의 의도와 다르게 과대 해석되거나 불필요한 오해가 생기는 일을 피하기 위함이다. 독자 여러분의 너른 양해를 부탁드리며 서문을 마친다.

사는 곳을
보면
운명이 보인다

천지의 작용은 곧 음양의 작용이므로, 땅은 음으로서 우주의 커다란 한 축이다. 그래서 땅은 스스로 운명을 갖고, 인간의 운명을 만든다. 땅은 틀린 말을 하는 경우가 없으며, 결국 그것을 통해 미래를 보여준다. 그러니 인간은 무심히 살아서는 안 된다. 인간과 땅은 서로를 도우면서 살 수도 있고, 서로를 해치면서 살 수도 있다. 그래서 사는 장소를 선택하는 것은 인간에게 가장 중요한 삶의 기술이다.

인간의 운명은
땅의 성질을 닮는다

　사람이 어떤 땅에 머무르며 오랜 세월을 보내면 그 땅의 성질에 영향을 받게 되어 있다. 그 영향으로 인간의 기질이 만들어지는 것이다. 이는 환경에 의해 인간이 만들어진다는 충분한 근거가 될 것이다. 물론 원초적으로 유전자에 의해 기본적인 틀이 만들어지겠지만 그다음에는 환경이 관여한다.

　그래서 지방색이라는 것도 있다. 우리 민족은 같은 유전자를 가지고 태어났지만 살았던 장소에 의해 기질이 크게 달라졌다. 그래서 경상도 사람, 전라도 사람, 충청도 사람 고유의 특징이 존재하는 것이다. 이는 인간뿐만 아니라 동물에게도, 심지어 식물에게도 적용되는 법칙이다. 땅은 이토록 만물에 작용하는 힘이 지대하다.

　땅에 의해 만들어지는 기질은 국토가 바뀌면 더욱 현저해진다. 중국인의 음흉함, 일본인의 얄팍함, 한국인의 독선 등은 그 땅에 의해 만들어진 기질이다. 미국인의 경우 그 땅에 정착한 지 400년 남짓인데 벌써 영국인과 확연히 달라졌다.

땅은 우리가 생각하는 것 이상으로 상당히 큰 영향을 준다. 새로운 동네에 이사를 가면 수년 내에 땅의 작용을 느낄 수 있다. 무심한 사람은 모를 수 있지만 새로운 땅에 가서 그것을 느끼려 하면 누구든 감을 잡을 것이다. 나는 미국에 가서 몇 년 살아본 경험이 있는데, 1년 만에 그 전까지는 없던 미국인의 기질이 생기는 것을 현저히 느낄 수 있었다. 만약 그곳에서 오래 살았다면 그 기질은 더욱 강해졌을 것이다.

최초의 인류는 모두 아프리카의 토질 또는 풍수의 영향을 받아 기질이 만들어졌다. 그 이후 이동이 시작되고 각 지역에 오래 머물면서 민족마다 특성이 달라진 것이다. 땅에 의한 기질변화는 얼마나 오랜 시간을 보냈는가와 땅의 성질에 따라 크게 달라진다. 그리고 인간은 거대한 땅의 풍수 말고도 현재 살고 있는 집에 의해 기질이 급격히 바뀔 수 있다. 이는 풍수의 위력이지만, 땅이 사람을 바꾸고 그로 인해 운명도 바뀐다는 것은 더 이상 강조할 필요가 없을 것 같다.

땅과 인간의 섭리를 이해했다면 이제부터는 그것을 활용하는 능력을 더욱 세련되게 가다듬을 필요가 있다. 가장 급한 것은 땅의 분류다. 터의 계보를 분명히 파악한다면 우리는 그것을 선택하거나 만들어낼 수 있다. 필요하면 그곳에 머물고, 고칠 수 있으면 고치면 된다. 이럴 때 비로소 우리는 땅을 지배한다고 말할 수 있을 것이다. 이는 마치 땅에 관한 의술과도 같다고나 할까!

먼저 땅의 종류를 파악하기 위해서는 큰 틀에서 바라봐야 한다. 세세한 것은 이들을 조합하여 응용하면 된다. 여기 땅이 있다. 무슨 땅이냐? 풍수를 공부했어도 땅 앞에 서면 무엇부터 봐야 하는지 막막하다. 먼저 마음을 차분히 가라앉히고 봐야 한다. 땅은 둘 중 하나다. 여자와 남자. 정확히 말하면 음과 양이다. 만물이 음과 양으로 나뉘듯 땅도 음과 양으로 구분된다.

속초 앞바다를 바라보는 땅이 있다. 이 땅은 무엇일까? 양이다! 바닷가의 땅은 양인 것이다. 지리산 자락에 붙어 있는 조용한 땅은? 이는 음이다. 산자락의 땅은 거의 다 음이다. 땅을 관찰할 때는 최우선적으로 땅의 음양을 분류해야 한다. 잘 모르겠다고? 그렇지 않다! 인간은 원초적인 판단능력이 있는데, 그것이 바로 음양을 판단하는 감각이다.

길쭉한 땅은? 양이다. 밖으로 휑하니 뚫린 땅은? 양이다. 꽉 막힌 땅은? 음이다. 높게 깎아지른 땅은? 양이다. 납작하게 엎드린 땅은? 음이다. 계곡은? 음이다. 능선 위의 못자리는? 양이다. 땅이 아름답다면? 여자, 즉 음이다. 땅에 조화가 없다면? 이는 제멋대로라는 뜻이다. 자유로움(?)을 뜻하므로, 이것은 양이다.

땅에 힘이 없어 보인다? 음이다. 땅이 용처럼 꿈틀거리는 것 같다? 양이다. 고목古木이 많다? 음이다. 나무가 어리면? 양이다. 잔디는? 음이다. 물이 없는 땅은? 음이다. 햇볕이 잘 드는 땅은? 양이다. 소음이 많은 땅은? 양이다. 지대가 낮으면? 음이다. 남들이 다 바라볼 수 있게 노출된 땅은? 여자가 아니라 남자다. 즉 양이다.

이 외에도 무수히 많은 사물이 음과 양으로 분류된다. 땅을 관찰하고 음양을 판단할 수 있으면 땅에 대해 무엇인가 알기 시작한 것이다. 여기서 독자들은 음양의 두 가지 요소만으로 대강 판단하는 것이 정말 맞느냐고 반문할 수 있다. 물론 그렇게 생각할 수 있다. 세분해보면 5행五行이 있고 8괘八卦가 있다. 더 자세히 분류하면 64괘가 있다. 땅의 분류에 대해 너무 깊이 파고들 필

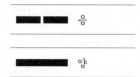

요는 없다. 맨 처음에 떠오르는 느낌이 중요하다. 땅이란 밖을 먼저 보고 난 후에 안을 보는 것이다. 무엇인가 확연히 보이는 게 있으면 그것이 음인가 양인가를 먼저 보면 된다. 이것만으로 답답하다면 구체적인 기능을 살펴볼 수 있다. 그것은 바로 8괘다. 우선은 음양의 구별이다! 이것만으로도 활용가치가 있다.

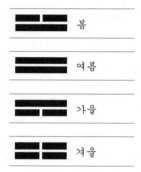

땅이 음인데 음의 성질을 가진 사람이 그 땅에 살면 어떻게 될까? 겨울 같은 운명이 될 것이다. 기질도 겨울 같은 사람이 될 것이다. 겨울 같은 운명이란? 명예와 권력이 없고 발전의 속도가 느리다. 정신보다는 육체가 발달한다. 재물은 없지 않겠지만 친구가 적다. 여자라면 애인을 구하기 힘들 것이다. 왜냐? 음의 땅에 음의 성질과 음인 몸이 만나면 음의 극이다. 지나치다. 활기를 보강해야 한다. 활기가 없는 여자는 매력이 없다.

양의 땅에 양의 성질을 가진 사람이 있다면? 이는 여름 같은 운을 맞이할 것이다. 여름은 왕성한 활동을 의미한다. 명예와 권력이 있고 일의 추진속도가 빠르다. 친구가 많고 화통하다. 재물이 많은 것은 아니지만 절대로 궁핍하지는 않다.

음인 땅에 양의 성질을 가진 사람이 산다면? 봄의 운명을 맞이할 것이다. 이는 최선이다! 날로 기운이 쌓여가고 돈, 명예, 권력 등을 성취할 것이다. 애인도 많고 친구도 많다. 쉽게 무너지지 않는 저력도 갖게 된다.

반대로 양의 땅에 음의 성질을 가진 사람이 오래 산다면? 날이 갈수록 나쁜 운명을 맞이할 것이다. 영혼이 위축되고 사업은 어려움이 많고 도중에 망하기 쉽다.

땅의 간단한 성질을 알고 인간의 성격을 대입하면 4가지 유형을 알 수 있다. 이것을 고상하게 표현하면 앞에 나온 그림과 같다. 이것을 사상四象이라고 부르는데, 이는 만물의 변화를 담는 틀이다. 이것을 16배로 세분하면 땅의 모든 것을 말할 수 있다. 땅이 가진 뜻을 자세히 몰라도 좋다. 그것이 운명에 영향을 미친다는 것을 알고 생각하기만 해도 이익이 된다. 땅에 대한 경건함이 생기고 잘 선택하려는 조심성이 생기기 때문이다.

이처럼 땅은 운을 만든다. 그래서 땅을 잘 만나야 운명도 좋아지는 법이다. 땅이란 운명을 개척하는 데 절대적으로 필요한 3대 요소 중 하나다. 옛 성인들은 이렇게 가르쳤다. 하늘에는 때時가 있고, 땅에는 이로움이 있고, 인간에게는 화합이 있다고! 이른바 천지인天地人이다. 이 중에서도 지地는 절대로 빼놓을 수 없는 요소다. 그러니 매일 땅을 관찰해야 한다.

풍수는 음으로
양을 다루는 것

《주역》에서 땅이란 하늘과 대비되는 개념으로서 음의 집합체를 일컫는다. 쉽게 겉보기만 말하면 땅은 만물을 떠받치고 있는 바닥이다. 먼 옛날에는 땅위에 하늘이 있고, 땅과 하늘은 평평하게 끝없이 전개되는 존재였다. 하지만 인류의 문명이 발달함에 따라 땅은 지구, 즉 둥그런 흙덩어리라는 것이 밝혀졌다. 그리고 하늘은 곧 우주를 뜻하는 것이 되었다. 하지만 지구의 거대함과 인간의 미미함을 견주어보면 하늘과 땅이 둘 다 평평하다고 봐도 무방할 것이다.

중요한 것은 땅의 역할이다. 땅은 만물의 무대이고 인간도 땅에서만 활동을 전개할 수 있을 뿐이다. 주역에서는 하늘과 땅, 그리고 인간을 천지인 3재三才라 하는데, 그중에서도 땅은 온 세상의 근원으로 본다. 만물의 작용은 곧 3재의 작용인 것이다.

3재 중에서 땅은 아주 특별하다. 하늘이 땅을 낳았지만 땅이 없으면 하늘의 뜻도 없기 때문이다. 하늘은 땅을 통해서만 그 섭리를 펼칠 수 있다. 땅이 생긴 후에는 하늘과 땅이 서로 힘을 합해 인간을 탄생시켰다. 이는 인간생활

중에 아버지와 어머니가 자식을 낳은 것과 뜻이 같다. 주역에서 하늘은 아버지이고 땅은 어머니다.

땅은 이와 같이 만물의 어머니다. 희랍신화에서는 땅 자체를 신격화하여 그 존재를 가이아gaia라고 일컬었다. 가이아는 즉 땅의 신이다. 이는 신화 얘기지만 가이아는 오늘날 과학에서도 등장했다. 이에 대해 조금 얘기해보자.

영국에 러브록James Ephraim Lovelock이라는 과학자가 있다. 이 사람은 지구 자체를 살아 있는 존재로 보고 그것에 가이아라는 이름을 붙였다. 지구는 살아 있는 존재이므로 신화에 나오는 땅의 신을 그 이름으로 사용한 것이다. 과학자인 러브록은 지구 생태계를 깊이 연구해 지구 자체가 살아 있다고 주장했는데, 이 주장은 오늘날 상당히 의미심장한 것으로 받아들여지고 있다. 나의 경우에도 지구가 그 자체로 살아 있다고 생각한다. 한 가톨릭 신부는 가이아가 성모 마리아인가 하는 의문을 품고 러브록에게 직접 물은 바도 있다고 한다.

아무튼 지구는 여느 별처럼 단순한 흙덩어리에 불과한 것이 아니다. 지구는 분명 살아 있다. 즉 땅이 살아 있는 존재라는 것이다. 이는 깊이 새겨둘 내용이다. 인간은 땅에 살고 있기 때문에 땅의 실체를 제대로 알아야 한다. 살아 있는 것은 구체적이고 실질적으로 작용하기 때문에 그 속에 사는 우리 인간은 그런 존재를 절대로 무시할 수 없다.

인간과 땅의 관계는 능동이나 수동 같은 단순한 관계가 아니다. 서로 생리학적인 영향을 주고받는 관계다. 더 정확히 말하면 땅과 인간은 상보적 관계라고 할 수 있다. 서로 도울 수 있기 때문이다. 인간은 땅을 개간하고 진화시킬 수 있다. 또한 땅도 인간에게 혜택을 줄 수 있다.

이 점을 분명히 해두자. 살아 있는 인간은 살아 있는 땅에 살고 있다. 둘 다 살아 있다는 것이 중요하다. 인간이 달에서 사는 경우와는 매우 다르다. 달은 죽어 있기 때문이다. 인간이 달에서 산다면 달은 죽어 있으므로 인간만이 달에 능동적으로 영향을 줄 수 있다. 그러나 지구에서는 땅도 인간에게 능동적인 영향을 줄 수 있다. 땅과 인간의 관계는 이른바 유기적인 관계다. 그렇기 때문에 인간은 땅을 열심히 관찰하고 의식해야 한다.

땅의 성질에 대해 좀 더 수준을 높여서 얘기하자면 땅은 살아 있으나 음적인 존재, 즉 여성적인 존재다. 땅의 이러한 성질을 안다면 땅에 대한 활용도를 높일 수 있을 것이다. 음은 만물을 포용하고 유지시키며 하늘의 기운을 축적한다. 천지의 작용은 곧 음양의 작용인바, 땅은 음으로서 우주의 커다란 한 축인 것이다.

남아프리카 출신의 라이얼 왓슨Lyall Watson이라는 사람은 초자연현상을 많이 연구한 과학자다. 그는 세계적으로 존경받는 과학자이기도 한데, 그가 영혼에 대해서 매우 유의미한 연구결과를 내놓았다. 영혼의 성질에 관한 내용인데, 주역의 원리와 맥락을 같이 하고 있어 더욱 흥미롭다. 영혼이란 과연 무엇일까? 주역은 이것을 어떻게 설명할까? 먼저 왓슨 박사의 영혼연구를 알아보자.

우리는 지금 시원한 바닷가에 와 있다. 저 앞에 바닷물이 바위와 어우러지며 출렁인다. 하늘엔 갈매기가 날아다니고, 이 모든 것이 우리의 시야에 들어온다. 여기서 만일 이 모든 정경들을 TV 화면으로 본다고 생각해보자. 느낌이 사뭇 다를 것이다. 그런데 요즘 TV는 초고화질 디스플레이를 자랑하기 때문에 거의 실물처럼 보인다.

실제로 과학자들은 이런 실험을 했다. 방의 한쪽 벽 전체를 초고화질 패널로 완벽하게 막아놓고 사람들에게 바닷가 경치를 영상으로 보여줬다. 실험결과에 의하면 실제 바다와 TV 영상을 구별해낸 사람은 없었다고 한다. 그 방에 있었던 사람은 밖에 진짜 바다가 있다고 착각하고 있었던 것이다. 실제로는 일본의 어느 도시에 있는 실험실이었을 뿐인데 말이다. 사람들은 실제와 TV 화면을 잘 구분하지 못했다.

그렇다면 실제로 바닷가에 있는 것과 실험실에 있는 것은 무엇이 다른가? 이에 대한 왓슨 박사의 이론을 보자. 그는 말한다. 실제와 화면은 다르다고. 왜냐하면 사람은 경치를 바라볼 때 눈으로만 보는 것이 아니라 눈을 통해 밖으로 나온 영혼이 그 모든 경치를 더듬기 때문이다. 말도 안 되는 얘기라고 펄쩍 뛰는 독자도 분명히 있을 것이다. 내 설명을 좀 더 들어보기 바란다.

TV에 등장한 미인과 실제로 만난 미인의 차이가 바로 이것이다. 좋은 경치를 바라보며 식사를 하면 기분이 좋아진다. 영혼이 나가서 그 경치들을 더듬기 때문이다. 물론 여기서 더듬는다는 표현이 좀 이상하겠지만, 이것은 손으로 더듬듯이 진짜 더듬는다는 뜻은 아니다. 단지 영혼 특유의 존재확인을 의미할 뿐이다.

우리가 바닷가에 놀러 가서 근처 식당에서 생선회를 먹을 때도 마찬가지다. 식당의 구조는 도시에 있는 것과 똑같은데 도시에서는 영혼이 파도를 만져볼 수 없기 때문에 생선회의 맛이 다르다. 우리가 경치 좋은 곳에 놀러 다니는 것은 그곳에서 영혼이 경치와 합일되는 것을 즐기기 위함이다.

눈 이외에 귀도 같은 작용을 한다. 무대에서 가수가 노래하는 것을 실제로 들을 때와 TV나 라디오를 통해 보고 듣는 것은 무척 다르다. 마찬가지로 벽 전체에 깊은 산중의 모습이 아무리 리얼하게 그려져 있다고 해도 실제 산속에 들어가 본 것과는 엄청난 차이가 있다.

이것이 왓슨 박사의 결론이다. 우리의 영혼은 주변으로 확산되는 것이다. 방에 앉아서 문을 닫으면 우리는 방에만 앉아 있는 것이고, 문을 열고 경치를 볼 수 있는 곳에서는 경치와 함께 있는 것이다. 신선의 수련요결서인 《옥허진 경玉虛眞經》에 이런 말이 나온다.

"닫힌 곳에서 돌아오고 열린 곳에서 나아간다."
返之於閉 出之於通

이 문장은 바로 왓슨 박사가 밝힌 영혼의 생리에 대해 말하고 있다. 도인 들이 벽을 바라보고 앉아서 명상을 하는 것은 영혼이 밖으로 나돌지 못하게 단속하는 것이다. 우리가 여행할 때 가만히 앉아서 차창 밖으로 경치를 오래 바라보고 있으면 그것만으로도 꽤 피곤해지는데, 이는 영혼이 차창 밖으로 계속 나돌기 때문이다.

갑자기 영혼에 관한 이야기가 나와서 당황스러울 수도 있겠다. 믿지 않아 도 좋다. 어쨌든 여기서 알아야 할 것은, 영혼의 본성이 '확산'이라는 점이다. 주역에 의하면 우리 몸은 음이고 영혼은 양이어서, 육체는 무겁고 영혼은 가 볍다. 영혼은 가볍기 때문에 밖으로 떠돌아다니길 좋아한다. 그렇다고 해서 영혼이 바람 같은 존재는 아니다. 바람은 뚫려 있는 곳이면 아무 데나 무작정 흘러간다. 하지만 영혼은 우리가 의식하는 곳으로 쏠린다.

우리가 밤하늘을 바라볼 때 영혼은 저 먼 별까지도 순식간에 갔다 온다. 영혼이 움직이는 속도는 무한이다. 하지만 영혼은 애써 한곳에 머물 수 있는 능력도 있다. 우리 몸은 무겁고 영혼은 가볍기 때문에 둘이 만나서 겹쳐 있으면 서로 도움을 준다. 영혼은 몸이 가벼워지게 도와주고, 몸은 영혼이 요동치지 못하게 잡아두는 것이다. 이것이 음과 양의 작용이다.

풍수란 음인 땅을 잘 배치하여 그 안에 양인 영혼의 작용을 나타나게 하는 원리를 규명하는 학문이다. '음으로 양을 다룬다'는 것이 풍수의 결론이다. 도인들이 몸을 단정히 하고 호흡을 내림으로써 영혼을 안정시키는데, 이것도 음으로 양을 다루는 것이다. 인간은 병이 났을 때 영혼이 요동친다. 몸이 편치 않기 때문이다. 이때 환자는 더욱 안정이 필요하다. 안정이란 다름 아닌 영혼의 정지를 의미하는 것이다.

영혼의 생리는 불안 그 자체다. 그래서 어디론가 한없이 달리고 싶다. 어디가 좋을까? 영혼은 가도 가도 끝없는 새로움을 찾아 나선다.

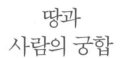

땅과
사람의 궁합

   세상에는 근거나 정의가 불분명한 개념들이 많이 존재한다. 그중에서도 '기운氣運'이란 단어는 가장 많이 쓰이면서도 그 개념이 참으로 모호하다. 흔히 '기를 받는다'거나 '기가 세다'라고 말하기도 한다. '강감찬 장군은 인왕산의 기운을 받았다'는 식으로 말하는 것도 자주 들어보았을 것이다.

   그렇다면 여기서 '인왕산의 기운'이란 무엇일까? 그 기운을 받으면 어떻게 되는가? 이런 문제는 모호하다고 피할 것이 아니다. 우리가 기운이라는 단어를 자주 사용하고 또 그것을 믿고 있다면, 그 뜻을 분명히 해야 한다. 우리 민족은 백두산의 기운을 받고 태어났다고 하지 않는가? 그러니 도대체 그것이 무엇인지 확실히 해두자는 것이다. 풍수에서는 기운을 받는다는 것이 절대적으로 필요한 개념이어서, 기운의 뜻을 더욱 분명히 알아야 한다. 그렇지 않으면 우리는 거짓 개념과 거짓 논리로 스스로와 세상을 속이는 것이 된다.

   기운이란 단어는 너무 많은 곳에 쓰이고 있어서 이 단어를 빼놓으면 수많은 영역의 신비와 진실성이 무너진다. 그런 나머지 사람들은 기운이라면 그저 믿어버릴 뿐 그것을 규명한다는 것 자체를 무서워하기도 한다. 신비한 것을 부정하고 싶지 않은 인간의 본성 때문일 것이다. 신비라는 것은 우리에게 희망과 같은 것이어서 무작정 매달린다.

그러나 신비가 깨지는 것을 두려워할 필요는 없다. 신비란 얼마든지 있기 때문이다. 모를 때는 그것을 신비라고 하지만, 알고 나면 지식에 편입된다. 너무나 가당치 않은 개념은 조심스럽게 지워나가는 용기도 있어야 한다. 신비가 아까운 나머지 거짓 개념과 검증되지 않은 엉터리 논리만 주장한다면 혹세무민의 죄악을 짓는 결과가 된다. 스스로를 속이며 사는 사람은 인생 자체가 공허하다.

공자는 "아는 것을 안다고 하고, 모르는 것을 모른다고 하는 것이 아는 것이다."라고 말했다. 우리는 아는 것을 얘기해야 한다. 기운이란 개념도 이를 분명히 하고 나서 사용해도 손해 볼 것이 없다. 현대인은 과학적 사고방식을 중요하게 여기기 때문에, 부정이든 긍정이든 과학적 논리에서 결론이 도출되어야 믿는다.

그런데 과학 역시 무작정 신비를 부정하는 게 아니다. 논리적으로 생각을 해보자는 것이다. 사람은 진리를 규명하는 일에 용감해야 한다. 진리를 아는 것을 두려워한다거나 권위만 내세우는 사람은 비겁하다. 한때 엑스레이를 만든 사람을 처단하자는 운동이 있었다. 인간의 몸속을 들여다보기 때문이라고 했다. 인간의 몸은 신비해야 하고 의사가 적당히 둘러대는 것을 믿어야 하는데 진실을 규명하는 장치를 만들었으니 그가 두렵고 미웠던 것이다. 성병 균을 발견했던 의사는 매장당할 뻔했다. 추하다는 것이다. 진리는 추하든 아름답든 상관이 없다. 사실은 사실일 뿐이기 때문이다.

다시 풍수 얘기로 돌아오자. 문제는 기운이라는 단어가 무엇을 뜻하느냐다. 남대문 얘기부터 해보자. 남대문에 대해 항간에 떠도는 얘기가 있다. 남대문을 지은 목적이 관악산의 불기운으로부터 서울을 보호하기 위함이었다는 것이다.

여기서 논점은 두 가지다. 첫째, 관악산은 불기운이 강한가? 둘째, 남대문으로 그것을 막을 수 있는가? 물론 그 전에 관악산의 기운이 불의 기운인지 아닌지도 따져봐야 하고, 남대문은 무슨 기운으로 봐야 하는가도 생각해야 한다. 그러고 나서 두 기운의 싸움에 대해, 즉 관악산과 남대문의 기운 싸움에 대해 생각해보면 된다.

진위는 차차 가리기로 하고 먼저 기운이란 것을 꼼꼼히 살펴보자. 자연과학에서는 우주 안에 있는 모든 기운을 4가지로 보고 있다. 첫 번째가 만유인력이다. 이는 뉴턴이 발견한 것인데 이것으로 천체의 운행이 모두 설명된다. 두 번째는 전자기력인데, 전기와 자석의 힘을 말하는 것이다. 이 힘은 오늘날 인류의 문명을 일으켰다. 세 번째는 강력이란 것인데, 원자 내부에서 중성자와 양자 등을 잡아매는 힘이다. 일반인에게는 다소 생소할 것이다. 네 번째 힘은 약력이란 것인데, 이 힘은 방사성 원소의 베타붕괴를 일으키는 힘이다. 이 힘 역시 일반인에게는 생소할 수 있다.

그리고 이 4가지 힘 이외에 최근에 발견된 암흑 에너지의 힘이 있는데, 이 힘은 우주를 팽창시키는 힘이다. 여기까지가 자연과학이 밝혀낸 힘의 전부다. 자연과학에서는 이 5가지 힘 이외의 것을 인정하지 않는다. 이 5가지 힘이 전부라는 것이다.

과연 이것이 전부일까? 그렇지 않다! 세상에는 무수히 많은 힘이 있다. 자연과학에서 말하는 5가지 힘은 물질세계에 국한해서 발견할 수 있는 힘일 뿐이다. 우주에는 물질 외에도 많은 것이 존재한다. 주역에서 물질은 음이라고 말하는바, 이에 비견되는 양의 세계도 있는 것이다.

물질세계의 5력 말고 다른 힘 하나를 제시해보겠다. 남녀는 서로 끌리는 힘이 있는데 이 힘은 무엇일까? 성욕 또는 사랑의 힘이다. 인생에 관여하는 힘은 물질의 힘 외에도 무수히 많이 존재한다. 그리고 우리가 기운이라고 말하는 것은 오히려 물질의 힘 5가지를 제외하고 일컫는 것이 대부분이다.

이 힘(기운)들에 대해 논의해보자. 중국 고대철학에서 전래된 힘은 5가지다. 이른바 5행이라는 것이다. 겉으로 보이는 세계의 작용을 실용적으로 분류한 것으로서 물질세계의 5력과는 다른 개념이다. 물질세계의 5력은 자연의 근원을 논하지만 5행은 사회를 논한다. 예컨대 5행 중에서 화火는 남자의 힘이고 수水는 여자의 힘이다.

5행은 만물의 운행에 형이상학적 혹은 상징적 의미를 부여함으로써 각각의 작용을 설명한다. 우리의 인체는 5행으로 쉽게 설명할 수 있지만, 물질세계의 5력으로는 도무지 얘기가 안 된다. 사람의 성격도 5행으로 분류하면 간편하지만, 물질세계의 5력은 심리학에서 쓸 수가 없다. 물질이 세상의 구조를 만들고 나면 그 구조에 작용하는 기운이 새로 발생하는 것이 자연의 섭리다.

다시 남대문과 관악산 이야기로 돌아가자. 먼저 남대문을 보자. 관악산이 만약 불의 성질을 가졌다면 이를 막기 위해서는 마땅히 물의 성질을 가진 것이 필요할 것이다. 그런데 남대문은 물의 성질이라고 말할 수 없다. 오히려 한강이 물의 성질이라고 봐야 한다. 관악산의 불기운이 서울을 침범하려면 한강을 건너와야 하는데, 한강의 물은 그 불을 용납하지 않을 것이다.

5행에서는 수극화水剋火라고 하여 물이 불을 이기는 것으로 본다. 물이 있으면 불은 힘을 못 쓰는 법이다. 한강물은 규모가 엄청나기 때문에 충분히 관악산의 불기운을 제어할 수 있다. 일부 풍수학자가 주장하는 것처럼 남대문까지 불 끄는 데 동원하지 않아도 괜찮은 것이다. 남대문은 필경 다른 뜻으로 지어진 것이 틀림없다.

이것은 나중에 따지자. 지금은 기운의 개념을 연구하는 중이다. 주역에서는 기운의 종류를 아래 그림과 같이 8괘, 즉 8가지로 나눈다. 5행도 여기에 포함되는데, 아주 정밀하고 포괄적이다. 주역에서 말하는 힘에 대해 알아보자.

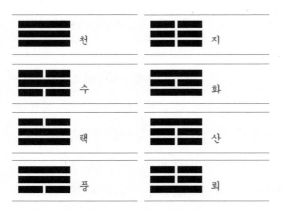

택을 예로 들자. 이것은 아늑함, 보호, 편안함 등을 뜻한다. 어디가 그런 곳일까? 어머니가 있는 곳? 그렇다. 방? 그렇다. 바람을 잘 막아주는 곳은 어떤가? 이런 곳도 택이다. 자그마한 연못은 어떤가? 평화로움과 안정감을 주니 택에 해당된다. 침대는 어떤가? 아늑하고 편안함을 주기 때문에 택인 것이다. 왕따 없는 학교는 어떤가? 바로 택이다.

택의 성질을 가진 것은 무수히 많다. 사람은 이런 곳에 살아야 한다. 공자는 택을 설명하면서 "여택을 태라 하나니, 군자가 그 이치로써 친구끼리

강습한다."(麗澤兌 君子以朋友講習)고 말했다. 알다시피 맹자의 어머니는 맹자를 잘 기르기 위해 3번이나 이사를 했다고 하는데, 그 일화에서 나타난 것처럼 자식을 기르기 좋은 장소가 바로 택인 것이다.

환경은 사람의 몸과 마음에 영향을 미친다. 좋은 환경이 사람을 좋게 만들고 나쁜 환경이 사람을 나쁘게 만드는 법이다. 풍수란 환경이론과 다르지 않다. 환경이란 터의 성질을 일컫는데, 터의 종류에 따라 그에 해당하는 기운이 발산되고 그것이 사람에게 영향을 미친다. 기운이란 단어는 이런 뜻으로 사용하는 것이다. 풍수에서 말하는 기운의 개념은 터의 작용을 뜻하는 말이다.

다른 기운을 보자. 이번에는 택과 현저히 대비되는 풍이다. 풍은 벌판처럼 훵하니 뚫린 곳이다. 드넓은 바다도 풍에 해당된다. 바닷가나 벌판에 오래 살았던 아이는 커서 그 영향이 나타난다. 대범하지만 잔정이 없고, 미련이 적지만 고독하다.

이처럼 환경이란 주변의 생명체에 깊은 영향을 미친다. 사람이 풍수이론을 통해 살 터를 정하는 이유는, 그 환경의 힘을 무시할 수 없기 때문이다. 환경의 힘은 영혼에도 작용하므로 묏자리를 정하는 데도 풍수이론이 쓰이는 것이다. 살아 있는 사람에게는 물론이다.

사회도 마찬가지다. 예를 들어 경상도 사람과 전라도 사람은 서로 다른 경향이 있다. 왜일까? 이는 자라난 땅의 풍수 차이 때문이다. 살았던 장소는 사람의 본질을 변화시킨다. 경상도 사람과 전라도 사람은 유전적으로 동일하다. 모두 단군의 자손인 것이다. 그러나 살았던 장소가 다르므로 성품에 차이가 있다.

이처럼 풍수는 사람을 만들어내는 힘이 있다. 단단하고 마른 황토로 된 땅이 평평하고 깨끗하면 화에 해당하는데, 이런 곳에 머물면 남자는 전진하게 되고 여자는 아름다워진다. 화는 불이고 아름다움이기 때문이다. 인간의 몸은 땅과 감응하는 법이다. 이는 두말할 필요가 없는 것으로, 우리 몸이 땅에서 왔기 때문이다.

세상은 온갖 기운으로 가득 차 있다. 여기서 말하는 기운은 물질적인 기운이 아니다. 물질세계의 5력이 아니라는 뜻이다. 방에 화사한 꽃을 꽂아두면 이는 영혼에 즉각적인 영향을 미친다. 파티에 갔을 때 그곳에 미녀 혹은 미남이 있으면, 그는 그곳에 있는 모든 영혼에 활력을 준다. 꽃은 화다. 땅이 깨끗하면 꽃처럼 활력을 주는 작용을 한다.

축구나 야구 경기에는 '홈그라운드의 이점'이라는 것이 있다. 이는 선수들이 고향 땅(익숙한 곳)으로부터 얻는 평정심에서 기인한 것이다. 경기장으로부터 나오는 기운이 상대편 선수들에게는 낯설게 작용하고, 홈팀 선수들에게는 보호의 기운이 되는 것이다. 병에 걸렸을 때도 어느 병원을 선택하느냐가 아주 중요하다. 오늘날 의사들의 수준은 대체로 평준화되어 있다. 하지만 병실, 복도, 휴게실 등의 풍수에 환자는 지대한 영향을 받는다.

언젠가 모 재벌그룹 총수가 고향 땅인 북한을 방문한 적이 있었는데, 이는 고향 땅의 기운을 얻고자 했던 것이다. 사람은 나이가 들어 기력이 쇠약해지면 자신이 태어난 곳, 어릴 때 놀던 곳에 가서 기운을 보충하면 좋다. 이는 우리의 영혼이 이 땅에 처음으로 왔을 때 받았던 기운을 기억하고 있기 때문이다. 우리가 단골집을 찾는 것도 이러한 심정이 내재되어 있는 것이다.

인간의 몸은 '어머니의 뱃속 〉태어난 곳 〉어릴 때 놀던 곳 〉행복했던 시절을 보냈던 곳' 순서로 편안함을 느낀다. 태어난 고향의 터가 아주 나쁜 경우만 아니라면 어떤 영혼이든 대부분 그곳에 가고 싶어 한다. 이는 영혼이 처음 적응했던 장소를 의미한다. 세상의 모든 터, 건물, 집, 방은 저마다 개성이 있다. 각각의 다양한 기운이 서려 있는 것이다. 심지어 방에도 사주가 있어서, 천장과 벽, 바닥과 문을 보고 운을 가늠해볼 수 있다.

사람은 대부분 장소에서 병을 얻는다. 터가 그 사람을 그렇게 몰아가는 것이다. 운명도 마찬가지다. 장소의 기운은 영혼을 바꾸고, 영혼은 몸과 운을 바꾼다. 어떤 의학자는 인위적으로 어머니의 자궁을 모방한 환경을 만들고 그속에서 휴식을 취하는 효과를 입증하고 있다. 이것은 점점 진화하고 있는데, 언젠가는 인류가 보편적으로 사용하는 시설이 될 것이다.

또한 피라미드 파워라는 것도 있는데, 피라미드 모양이 영혼과 몸에 미치는 힘을 의미한다. 실제로 피라미드 모양을 만들고 그 속에서 명상하는 사람들이 많다. 이는 천장의 모양과 관계된 이론인데, 피라미드 외에도 좋은 모양이 무수히 많다. 방에서 벽이나 바닥, 천장 등은 그 모양에 따라 각기 다른 기운을 만든다. 과학에서는 이를 '기하역학'이라고 하는데 모양과 기운의 상관관계를 연구하는 학문이다. 천장에 관한 것은 뒤에서 따로 논할 것이다.

여기서는 기운이라는 것에 유의하자. 요점은 간단하다. 모든 장소는 형상에 따라 만들어지는 기운으로부터 영향을 받는다. 기운이란 한마디로 형상의 힘이고 의미의 힘이다. 사물의 모양, 땅의 환경 등은 모두 뜻이 있다. 인간의 영혼은 그 뜻에 따라 반응한다.

광활한 밤하늘을 보자. 하늘은 천의 기운이 발생하는 곳이다. 천은 하늘의 기운으로서 우주 최초의 기운이다. 이 힘은 영원하고 막강하다. 천은 너무 커서 영혼도 이를 두려워하고 숨을 곳을 찾는다. 그곳이 바로 땅이다. 땅은 하늘의 힘을 받아 무한한 모양을 형성하고 있는바, 영혼들은 그곳에서 기운을 받으며 살아간다. 주역의 원리는 텅 빈 하늘로부터 발생한 것이다. 《주역》 원전에 이런 글이 있다.

"주역에는 태극이 있으니 이것이 음양을 낳고,
음양은 사상을 낳았으며, 사상은 8괘를 낳았다.
8괘는 길흉을 정한다."
易有太極 是生兩儀
兩儀生四象 四象生八卦
八卦定吉凶

풍수는 8괘의 원리를 활용한 땅의 학문이다. 하지만 수천 년이 흐르는 동안 근본원리는 감추어지고 지엽적이고 현학적인 형식만 남게 되었다. 풍수의 비결은 감추겠다는 뜻일까? 인간은 좋은 것이 있으면 나누어 쓸 생각은 안 하고 저 혼자 쓰기 위해 감춘다. 그래서 오늘날 풍수이론은 점점 껍데기만 양산되는 추세다. 매우 통탄스러운 일이다.

나는 풍수의 원리를 인간이라면 누구나 알아야 한다고 생각한다. 이 모든 것은 주역에서 나오는바, 주역의 기본개념을 초등학교 교육과정에 포함시켜야 한다고 생각한 적도 있다. 주역의 개념은 초등학교 수학만큼이나 쉽다. 인간의 본능 속에 이미 주역의 원리가 내재되어 있기 때문이다. 약간의 힌트를 주면 어린아이도 스스로 깨달을 수 있는 것이다. 나는 실제로 어린아이들이 주역의 개념을 얼마나 잘 이해하는지 실험해본 적도 있었다. 결코 어른보다 더디거나 떨어지는 것이 아니었다.

기운에 대해 마지막으로 조금만 더 얘기하자. 사람은 저마다 특성이 다르다. 자라온 환경이 다르기 때문이다. 땅의 특성을 밝혀 인간과 맞추는 것이 기운의 활용이다. 처음에는 대체로 좋은 곳을 알아야 하겠지만 나중에는 자신에게 딱 맞는 땅을 찾아야 한다. 이른바 땅과 인간의 궁합이다. 물고기는 물에 살듯이 우리 인간은 기운의 바다에서 살고 있다. 지구 생태계는 생명장生命場을 이루고 있는바, 우리 인간은 그것을 찾기도 하고 고치기도 하면서 삶의 터전을 한없이 발전시켜야 할 것이다.

조상의 못자리는
어떻게 후손에 영향을 미치나?

예로부터 조상의 묘를 잘 쓰면 후손들이 잘된다고 한다. 어째서일까? 죽은 사람은 벌써 오래전에 이 땅을 떠났고 그 후손들은 다른 영혼으로 살아가고 있는데 말이다. 가족관계란 단순히 DNA의 맥락관계에 지나지 않는 것이 아니다. 이른바 혈연이라 하는데, 그 때문에 죽은 사람의 못자리가 산 사람의 운명에 영향을 끼친다는 것이다.

이것이 맞는 말일까? 정말 그렇다면 도대체 무슨 원리에 의해 그것이 가능한가? 임상적으로 보면 수많은 사람이 조상 묘의 혜택을 봤다고 하고, 반대로 묘를 잘못 써서 그 후손들이 험난함을 겪었다고 한다. 많은 임상사례가 있는 것을 보면 사실인 것 같기도 하다.

우리 집안만 봐도 못자리를 잘 써서 후손이 잘되었다고 말한다. 개인적으로 나는 우리 가족이 현재 잘되었다고 생각하지는 않는다. 오히려 상당히 나쁜 상황이라고 생각하는데, 이는 못자리가 잘못되어서일까? 어떻게 생각해도 못자리와 그 후손의 관계에는 무엇인가가 있는 것 같다.

나는 실제로 훌륭한 못자리를 많이 봐왔고 그 후손들이 잘 사는 것을 확인한 바도 있었다. 물론 나쁜 못자리와 그 후손의 실패도 많이 봐왔다. 내 경험으로는 100% 맞아떨어지는 것은 아니고 '거의 그렇다'고 말하는 편이 맞을 것이다. 좋은 자리에 조상의 묘가 있는데 후손이 아직 잘되지 않았으면, 훗날 반드시 잘 풀리게 될 것이라고 말해도 된다.

못자리의 효력은 3대까지 영향을 미친다고 하는데, 그런 사례는 내가 실제로 경험했다. 훌륭한 모 의원님과 매사가 잘 풀려나갔던 모 신문사 사장님의 경우는 못자리 때문에 그 후손이 계속 잘되는 중이라고 했다. 과연 내가 가서 확인해보니 못자리는 좋았고 후손인 그들은 이상하게도 별 사건사고 없이 무탈하게 잘 살고 있었다. 또 어떤 사람은 병이 났는데 조상의 묘를 단장했더니 병이 나았다. 이것 역시 내가 실제로 목격한 경우다.

이 모든 것의 이유를 고찰해보자. 혈연이란 단순히 DNA에 의해 맺어진 관계가 아니다. 만약 그렇다면 도무지 이해가 안 된다. DNA가 무엇이기에 죽고 나서까지 후손에 영향을 미친다는 것인가! 여기에는 다른 원리가 있다.

그 원리는 이렇다. 어떤 영혼들끼리 인연이 깊으면 한 핏줄로 연결된다. 영혼에서 DNA로 발전하는 것이다. DNA에서 영혼으로 발전한다면 분명히 이상하지만, 영혼에 이유가 있어서 한 가족이 된다는 것은 그럴듯하다. 다시 말하자면 혈연관계는 태어나기 전부터 특별한 관계였기 때문에 그로 인해 운명적으로 같은 맥락의 DNA를 갖는다는 것이다.

이 이론은 신빙성이 있어 보인다. 부모자식 관계가 한낱 물질인 DNA에 의해 결정된 것이라면 그리 대단할 것도 없다. 인류가 DNA를 마음대로 주물러 생명체를 얼마든지 만들 날이 머지않았는데, 그때가 되면 가족관계도 인위적으로 많이 생산할 수 있게 될 것이다.

그러니 가족이란 겨우 재료가 같은 사람들인 것은 아니다. 그럴 수는 없다. 몸이 만들어지기 전에 이미 영혼에 의해 가족관계가 만들어져 있고, 그 후에 운명으로 인해 혈연관계가 되었다는 것이 자연스럽다. 그렇기 때문에 죽은 부모도 부모이고, 죽은 자식도 여전히 자식이다. 가족이 죽었다는 것은 재료의 상실 이상의 일이다.

이것은 불교의 전생이론인데, 불교에 거부감이 있는 사람을 위해 다른 이론을 얘기해보자. 이것은 종교가 아니라 현대과학이 밝힌 내용이다. 양자물리학인데, 내용은 이렇다. 두 소립자가 한곳에 있다가(잠시 혹은 오래 같이 머물다가) 분리되면 그 후에도 얽히는 경우가 있다. 남녀가 서로 만나 연애를 하다가 얽히는 경우와 비슷하다. 이는 양자의 얽힘quantum entanglement이라고 하는데, 한 번 얽히면 그 둘이 아주 먼 곳에 있어도(우주 양쪽 끝에 있더라도) 같은 행동을 한다는 것이다.

그렇다면 두 입자의 관계는 혈연관계 이상이다. 물질도 이렇게 얽히고설키는데 영혼이라면 어떨까? 영혼은 물질보다 더 끈끈하다. 이는 양의 본성인바, 양은 원래 잘 얽히는 성질이 있다. 그러므로 두 영혼이 함께 있다면 충분히 얽히지 않겠는가! 더구나 영혼들이 모여 한평생을 함께 보냈다면 그들의 얽힘은 대단할 것이다.

이는 종교 이론이 아니다. 영혼의 과학인 것이다. 혈연이든 아니든 두 영혼이 오랜 세월(잠깐이라도 좋다) 함께 있으면 얽히는 것은 당연하다. 부부로 살다가 죽으면 혈연이 아닐지라도 영혼은 얽혀 있다. 이것이 혈연보다 못할까? 절대 그럴 리 없다. 부부는 대단히 강한 얽힘이다. 이 기운은 죽어서도 유지될 것이다.

얽힘이란 인연과 같다. 인연이 있는 존재라는 것은 얽혀 있다는 뜻이다. 만물은 얽히면서 서로 힘을 주고받는다. 죽음도 이를 막지 못한다. 그래서 가족은 죽어도 가족으로 남는다. 가족의 가족 역시 마찬가지이기 때문에 3대에 걸쳐 얽힘이 유지된다고 해도 이상할 것이 없다. 5대, 10대에 걸쳐 유지된다고 해도 마찬가지다. 물론 죽자마자 인연이 끝날 수도 있고 살아 있는 동안에 인연이 끝날 수도 있다. 소위 의절義絕이란 것도 있지 않은가?

그런데 여기서 반드시 알아둘 것이 있다. 얽힘은 반드시 혈연의 경우에만 가능한 것은 아니다. 혈연이 쉽게 얽히는 것은 사실이지만 혈연이 아니어도 얽힘은 존재한다. '서로 정들었다'는 말은 얽힘의 다른 표현일 뿐이다.

오랫동안 정들고 의리가 맺어졌다면 이것이 혈연 이상의 얽힘이 아니고 무엇이겠는가! 이런 경우 한 사람이 죽어도 인연은 유지된다. 그리고 그가 좋은 묫자리에 묻혔다면 그 영향력은 친구에게도 미칠 것이 틀림없다.

그리고 묫자리에만 뜻이 있는 것이 아니다. 사는 장소도 묫자리 못지않다. 실은 묫자리보다 더 중요하다. 그렇기 때문에 내가 좋은 곳에 살고 있으면 그 이익이 혈연이나 의연義然에 이르게 된다.

사람의 인연은 이토록 소중하다. 혈연이 아니더라도 충분히 뜻이 있으므로 인간관계를 중시해야 한다. 또한 나의 친지를 위해서라도 나는 좋은 땅에 머물러야 할 것이다. 민족의 경우도 마찬가지다. 우리 민족은 대단히 풍수가 좋은 곳에 머물러왔기 때문에 그 영향력은 세세토록 유지될 것이다. 우리 땅, 나의 땅을 잘 지키고 발전시켜야 한다. 이것이 풍수를 공부하는 이유 중 하나다.

땅의 역할은 양의 기운을
빠져나가지 못하게 가두는 것

이제까지 땅의 기운을 받아야 한다는 것을 얘기했다. 기운이 무엇인지에 대해서도 대충이나마 이해가 되었을 것이다. 하지만 땅의 기운에 대해 이토록 강조하는 까닭은 무엇일까? 도대체 땅의 기운이란 무엇이고 그것을 왜 받아야 한다는 말인가? 이것에 대해 심도 있게 고찰해보자. 먼저 알아야 할 것은 천지대자연의 작용이다. 자연은 어떻게 운행하는가?

여기 사물이 있다고 하자. 어떻게 만들어졌든 간에 그것은 하늘의 기운을 받는 한에서만 존재한다. 하늘의 기운은 영원히 분출되는 자연 그 자체의 기운이다. 이 기운은 양의 기운으로 만물의 근저에서 그것을 유지하는 힘이다. 이는 생명체부터 금석에 이르기까지 모든 것을 존재하게 하는 힘이다. 만물이 태어나는 것도 하늘의 힘에 의하지 않는 것이 없고, 태어나서 유지되는 것도 하늘의 기운 덕분이다.

하늘의 기운은 만물의 에너지 같은 것이다. 우리의 몸을 보더라도 하늘의 기운을 계속 공급받아야만 존재한다. 이는 몸의 물질대사를 일컫는 것이 아니다. 더 근원적인 에너지 공급이 끊어지면 인간은 죽게 되어 있다. 하지만 하늘의 기운은 영원하여 공급이 중단되는 법이 없다. 그렇다면 어째서 죽음이 있는가? 이유는 간단하다. 우리 몸은 음으로 양의 기운인 하늘의 힘을 받는 존재인바, 말하자면 양의 기운을 받아놓는 그릇과 같은 것인데, 그릇 자체가 양을 영구적으로 수용하지 못하기 때문이다. 그것이 죽음이다.

보일러를 생각해보자. 석유가 공급되는 한 보일러는 항상 잘 돌아간다. 하지만 보일러 자체가 고장 나면 석유가 바다만큼 있어도 돌아갈 수가 없다. 여기서 보일러는 음이고 석유는 양이다. 보일러를 유지하는 것은 음이 알아서 할 일이다.

우리 몸도 사정이 비슷하다. 우리의 몸은 어머니의 뱃속에서 음의 기운으로 만들어졌다. 물론 몸은 만들어지는 순간부터 양의 기운을 공급받아 운행된다. 그런데 우리가 음인 몸을 절제하며 사용하지 않으면 손상된다. 게다가 손상된 몸에 과도한 양기가 들어오면 더욱더 상한다.

말하자면 이것이 병이라고 하는 것이다. 병은 원래 몸이 과도하게 운행되어 생기는 것이다. 하늘의 기운은 음이 원하는 대로 공급하지만 이것이 너무 많아지면 몸을 해치게 된다. 술을 많이 마시면 탈이 나는 것과 같다. 적당한 술은 추위를 몰아내기도 하고, 기분을 좋게 만들거나 용기가 생기게 해준다. 하지만 지나치면 몸과 정신을 손상시킨다. 이처럼 음과 양은 적당히 조절되어야 한다. 양이 적으면 활력이 줄어든다. 반면 음이 감당할 수 없을 만큼 많이 공급되면 이 기운은 오히려 몸을 공격하는 힘이 된다.

활력과 안정, 두 가지가 모두 필요하다. 만물의 운행은 안정이 기본이고 그 다음이 활력이다. 안정은 음의 기운이기 때문에 땅에서부터 온다. 사람은 병이 나면 식사량을 줄이고 외출을 삼가며 잠을 많이 잔다. 이유는 무엇일까? 양의 기운을 줄이기 위한 것이다. 음이 회복될 때까지 양기를 받지 않겠다는 뜻이다.

신선의 도라는 것도 그 이상을 넘지 않는다. 신선은 몸을 고요하게 하면서 마음의 안정을 도모한다. 양기는 조금씩만 공급받는다. 그래도 계속 쌓아나가면 부족하지 않다. 언제나 부족한 것은 양기를 담아놓는 그릇, 즉 음의 기운이다. 그릇 자체에 문제가 있을 뿐이다. 신선은 밀처密處에서 음의 기운을 보충하면서 몸의 활동을 최소한으로 줄이고, 영혼을 통해 양의 기운을 아주 천천히 받아들인다.

음의 기운은 아무리 많아도 좋다. 나중에 하늘의 기운이 그것을 다 채워주기 때문이다. 그래서 인간은 땅의 기운을 충분히 받아야 건강하다. 운명이란 것도 안정력이 중요하므로, 음의 기운을 잔뜩 축적한 다음 양의 기운을 받아들이면 되는 것이다.

물론 양의 기운을 받는 방법은 따로 있다. 그것은 아주 쉽다. 몸이 평정상태에 있으면 단전에 자연스럽게 하늘의 기운이 들어차게 되어 있다. 그래서 애써 하늘의 기운을 흡수하려고 노력하지 않아도 된다. 몸을 고요하게 하면 양은 자동으로 도래한다.

그래서 세상에 몸과 마음을 안정시키는 일보다 귀한 것은 없다. 이는 땅의 기운을 받음으로써 가능한 일인데, 좋은 땅에 앉아 있는 것만으로도 충분하다. 마음이 급하고 공연히 들떠 있는 사람은, 땅의 기운을 받지 못해서 그런 경우가 많다.

인간은 영혼을 요동시키면서 몸을 혹사시킨다. 온 세상에 넘쳐나는 것은 양의 기운인 반면, 음은 스스로를 지탱하지 못하는 것이 대부분이다. 그러므로 항상 보강해야 할 것은 음의 기운이다. 이 또한 쉽지 않은가! 우리는 땅 위에서 살고 있으니 말이다. 땅의 후덕함을 배우고 또 그 안정력을 흠뻑 받아야 할 것이다.

여기서 잠깐 짚고 넘어가야 할 것이 있다. 4부에서 자세히 이야기할 내용인데, 신선들은 땅의 기운을 받기 위해 깊은 산중 암석의 틈을 찾아 그곳에 거한다. 이른바 '폐관수련閉關修鍊'이라는 것으로 외국에도 이런 곳이 있다. 대규모 선동仙洞이라 할 수 있는데, 엄청난 곳이다.

이곳은 지하 1,000m 아래의 암석 한가운데 만들어져 있는 동굴로 스위스 정부가 2차 세계대전 때 만든 것이다. 지금은 고급 호텔로 변신했다. 스위스는 천혜의 자연환경 덕분에 유사시에 모든 국민이 대피할 수 있도록 암벽동굴을 많이 만들었다. 그런 점에서 스위스는 가히 선동국가라고 부를 만하다. 참으로 경탄할 만한 일이다.

그런 곳에 머물 수만 있다면 땅이 주는 최고의 기운을 받을 수 있을 것이다. 그런 곳에서는 영혼이 요동치는 것이 불가능하므로 몸도 마음도 안정력이 크게 향상될 것이다. 여담이지만 기회가 된다면 나도 꼭 한 번 가보고 싶다. 문제는 그곳의 숙박료가 상당히 비싸다는 것이다. 1박에 40만 원 가량이라고 한다. 이 정도면 나로서는 감당하기 어려운 비용인데 돈이 많은 사람이라면 반드시 한번 가보라고 권하고 싶다. 이왕 간다면 100일 정도는 머물러야 하지 않을까!

그곳에는 연못도 있고 암벽동굴도 멋지게 꾸며놓았다. 그 호텔을 지은 사람이 동양의 풍수이론을 알고 있는지 모르겠지만, 풍수를 몰랐다 하더라도 그곳이 가진 풍수적 이점을 잘 알고 있었던 것 같다. 어마어마한 자본을 투자하여 호텔을 꾸몄으니 크게 축복받을 일이다. 땅의 기운은 여러 가지지만 그중에서도 암벽의 기운이 최고다. 이런 곳을 개인이 소유할 수는 없겠지만 이용할 수는 있다. 우리나라에도 강원도에 암벽동굴이 많이 있다. 나도 여러 번 가봤는데, 잘 꾸며놓으면 선동호텔이 될 수도 있을 것이다.

다시 본론으로 돌아오자. 땅의 기운이란 가두어놓는 힘과 같다. 살면서 뭔가 문제가 생기는 경우는 대부분 인간이 힘을 잘못 발산하기 때문인데, 자중하고 또 자중해야 할 일이다. 나는 가끔씩 공원 벤치에 앉아 땅의 기운을 느끼는 수련을 하는데, 기운이란 느끼려고 애쓰면 더 잘 느껴진다. 이는 기운의 정착을 돕기 때문에 몸과 마음과 운명에 아주 좋다. 오래 연습하면 땅마다 기운이 다르다는 것을 느낄 수 있다.

땅의 기운은 대체로 따스하다. 반면 하늘의 기운은 차갑다. 우주가 만들어진 초기에는 하늘의 기운만 있었다. 후에 별들이 생기면서 한때 뜨거워졌지만 결국 하늘의 기운이 이겨 우주는 점점 식어갔고 인간도 탄생하게 되었다. 영혼의 기운은 원래 차가운 기운이다. 그래서 요동친다. 우리가 추울 때 몸이 떨리는 것과도 비슷하다. 영혼은 따스한 땅을 만나 비로소 안심하고 요동을 멈춘다. 풍수에서 항상 땅을 중시하는 것은 바로 이러한 이유 때문이다.

신선들은 음식도 먹지 않는다고 알려져 있다. 땅으로부터 에너지를 공급받기 때문이다. 사실인지 과장인지는 알 수 없다. 다만 사람은 마음이 급할 때 뭐든 자꾸 먹고 싶어지고, 마음이 차분하게 진정되고 가라앉으면 식욕도 절제

되지 않던가! 인간은 병에 걸렸을 때 특히 안정이 더욱 필요하다. 그러나 병들기 전에 미리 안정을 취해두면 더욱 좋을 것이다.

운명이란 것도 땅의 기운, 즉 음의 기운이 부족하면 결실을 맺을 수 없다. 차분해져야만 운명도 좋아지는 법이다. 땅을 가까이하면 차분해질 수 있다. 온갖 사물이 요동쳐도 땅은 언제나 고요하게 자리를 지키고 있을 뿐이다. 이 기운을 수용해서 날이면 날마다 고요해져야 할 것이다.

땅바닥에 착 달라붙어 사는 거북은 괘상이 산이다. 산은 땅이 쌓여서 생긴 것이므로 어쩌면 거북은 땅의 기운을 가장 많이 받은 존재일 수도 있다. 그래서 장수하는 것이 아닐까?

바람을 알아야
진짜 풍수가 보인다

앞이 넓게 트인 집이 있다고 가정해보자. 넓은 터에 달랑 집 한 채만 외롭게 서 있는 경우다. 바닷가의 집이나 강변의 집, 또는 논밭이 펼쳐진 평야 한복판의 집이라도 좋다. 집은 제법 잘 지어져 있다. 인근에 다른 집은 드물고 산도 멀리 있다. 이런 집이라면 일단 시끄럽지 않아서 살기 좋다. 다소 외롭기는 하겠지만 자유롭기 때문에 견딜 만하다. 멀지 않은 곳에 도로가 있어 물자보급에 지장이 없고, 교통도 편리한 편이다. 사방이 내 땅인 듯한 기분도 든다.

지방을 여행하다 보면 이런 집이 자주 눈에 띈다. 보통은 번화가에서 멀리 떨어진 곳에 있는데 멀리서 보면 아주 평화로워 보인다. 남의 간섭이 없으니 당연히 그럴 것이다. 그런데 독자 여러분이라면 이런 집에서 살고 싶은가? 오래오래 살고 싶은가?

생각해보자. 이 땅은 어떤 뜻이 있는가? 주역의 괘상으로 풀어보자. 이런 집은 풍수환(風水渙, ䷺)이다. 흩어진다는 뜻이다. 견디기 어려운 곳이다. 일시적으로 머문다면 스트레스가 풀려서 좋다. 하지만 장기적이라면 문제가 많

풍수환

다. 재물이 쌓이지 않고 단명한다. 영혼의 기운이 지나치게 낭비되기 때문이다. 이런 곳에서는 중병이 생길 수 있고 공부도 잘 안 된다. 냉정한 사람이 되고, 나이가 들면 치매의 위험도 높아진다. 이런 곳은 배신당한 사람이 며칠 정도 묵어가면 좋을 것이다. 또는 골치 아픈 사람도 잠시 쉬어갈 수는 있다. 그러나 이런 집은 대체로 나쁘다.

이유가 뭘까? 괘상의 원리를 생각해보자. 주역의 섭리에 의하면 탁 트인 곳은 풍이라고 말한다. 풍수환의 윗부분이 풍인데, 이 괘상의 모양을 보면 음(--) 위에 양이 2개나(═) 있다. 이 그림의 뜻은 양이 흩어진다는 것이다. 왜냐하면 양은 발산의 성질이 있어서, 음으로 그것을 덮어두지 않으면 본성대로 흩어지기 때문이다.

주역의 논리는 음양의 논리다. 넓은 곳도 바람인데 자유롭기 때문이다. 가정집은 주역에서 연못, 즉 택이라고 해석한다. 그러나 집이 너무나 넓은 곳에 있으면 바람의 기운이 집을 압도하기 때문에 총체적으로는 바람이 된다. 풍수환의 괘상을 보면 위쪽, 즉 바깥쪽으로 양의 기운이 흩어지는 모습(풍)이다. 따라서 사람의 기운도 흩어진다. 사람의 기운이란 돈일 수도 있고 운명일 수도 있다. 정신일 수도 있고 체력일 수도 있다.

그리고 벌판이 아니라 해도 바람이 너무 많이 부는 곳이면 모두 풍수환에 해당된다. 자동차가 많이 다니는 길거리도 바람으로 분류된다. 따라서 좁은 곳이라도 고속도로 주변은 모두 풍인 것이다. 공원이나 관광지도 풍이므로, 여행이란 바로 풍을 맞이하기 위해 다니는 것이다. 하지만 여행이나 할 곳에 붙박이로 눌러앉아 산다면 그 바람은 오히려 해가 된다.

풍산점

그런데 벌판의 집이라 해도 그 건물이 거대한 경우는 뜻이 달라진다. 예컨대 거대한 섬이라든가 바닷가의 대형 호텔의 경우는 풍수환이 아니라 풍산점(風山漸, 辛酉)의 형태가 된다. 이때는 바람이 와서 나를 흩어버리는 것이 아니라 생기를 불어넣어주는 것으로 해석한다. 풍수란 상대적인 땅의 생리작용을 풀어낸 것이다. 나쁜 곳에서도 그 기운을 이용하는 방법이 있고, 좋은 곳에서도 그 기운을 받지 못하는 경우가 있는 법이다.

물론 일반적인 상황을 봐야 하기 때문에 넓은 곳에 외롭게 있는 것은 대체로 좋지 않다. 드넓은 곳은 군대가 머물거나 도시가 자리 잡는 것이 낫다. 큰 곳에서 개인이 자그마하게 자리를 잡는다면 해를 입는 경우가 허다하다. 집은 산만한 곳을 피해야 한다. 집의 뜻은 택이고 산만함은 풍이기 때문이다. 집이 거대할 경우는 택이라 하지 않는다. 그때는 괘상이 산으로 바뀐다. 상세한 원리는 차츰 터득하게 될 것이다.

풍수는 원래 어렵지 않다. 누구나 쉽게 이해할 수 있다. 이것이 어려워 보이게 된 것은 풍수학자들이 일부러 그렇게 만들었기 때문이다. 일화를 하나 소개하겠다. 임진왜란 때 명나라 장군 이여송이 한반도를 구하기 위해 출정했다. 이때 책사들을 대동했는데 그중 어떤 책사가 이렇게 말했다고 한다.

"조선인은 수준이 낮아 풍수는 공부할 수 있으나, 주역은 어렵다….."

이는 조선 사람을 깔보기 위해 한 말이지만 '풍수는 쉽다'고 한 것은 맞는 말이다. 물론 주역은 더 쉬운 학문이다. 더 쉬운 것을 빌려서 쉬운 것을 이해하는 것이니 주역풍수는 얼마나 쉬운가! 이것이 바로 주역풍수의 정의다. 전설이나 믿음에 의지하지 않고, 구체적으로 형상의 논리를 적용한 풍수다. 이유를 말하지 못하는 주장은 철저히 배제하자는 것으로서, 만물의 뜻은 오로지 주역에 있으므로 괘상을 사용하여 풍수의 작용을 확인하는 풍수가 바로 주역 풍수다.

원칙은 쉽고 응용은 어려운 법이다. 만물은 쉬운 것에서 어려운 것으로 전개된다. 넓은 곳에 관한 얘기를 조금 더 하자. 이번 기회에 풍의 뜻을 확실히 알아두면 좋을 것이다. 풍의 뜻은 풍수에서 최우선적으로 알아야 한다. '풍수風水'의 풍風이 바로 풍이니까 말이다. 기의 흐름도 풍이라 하고 산맥도 풍이라 한다. 풍의 깊은 뜻을 한 번에 다 알 수는 없다. 사물을 직접 경험하면서 차츰 익혀갈 수 있을 뿐이다.

여행할 때를 상상해보자. 도로가 시원하게 뚫려 있고 차량의 운행이 원활하면 여행하기가 얼마나 좋은가! 이는 풍의 작용이 진행되기 때문이다. 당연히 우리에게 이롭다. 하지만 사방이 이토록 뚫려 있고 소통이 원활한 곳이라도 그곳에서 쉴 수는 없다. 세상의 땅은 움직여야 할 곳이 있고 정지해야 할 곳이 있다. 집은 정지할 곳에 있어야 좋은 법이다.

폭포가 떨어지는 곳, 강물이 세차게 흐르는 곳은 풍이므로 반드시 피해야 한다. 다만 이런 곳에서 여관업을 한다면 나쁘지 않다. 손님은 풍을 찾아 이곳에 오기 때문이다. 하지만 가족은 이곳에 오래 머물러서는 안 된다. 쉴 수 없기 때문이다. 즉 이런 곳은 택이 아니라서 보금자리는 아니다.

대체로 여관업을 하는 사람은 피곤하다. 풍인 곳에 항상 머물러야 하기 때문이다. 재래시장도 풍이므로 사람이 오래 살 곳이 못 된다. 시장은 사람이 드나들어야 좋은 곳이므로 일부러 풍인 장소를 찾아서 만들어야 할 것이다.

한편 풍인 장소는 군대가 주둔하기에는 아주 좋다. 이런 곳은 기동력이 좋기 때문이다. 소통이 잘되는 곳은 휴식이 안 되므로 가정집은 안 좋지만 사업은 이런 곳에서 해야 한다. 장사하는 사람들이 흔히 '목이 좋다'는 말을 하는데, 그것이 바로 풍인 장소다. 하지만 목이 좋은 곳은 사람이 살면 해롭다는 것을 알아야 한다.

풍은 밖이고 택은 안이다. 사람은 안에서 쉬고 밖에서 일해야 한다. 이것이 풍수의 응용이다. 풍의 원리를 다소나마 느꼈기를 바란다.

명소를 산책하는 것으로도
운명을 개선할 수 있다

앞에서 여러 번 강조했듯이, 사람의 운명은 사는 곳으로부터 많은 영향을 받는다. 그렇기 때문에 나쁜 곳에서는 즉시 나와야 한다. 나쁜 곳은 어디인가? 이것은 아주 쉬운 문제다. 살아봐서 좋은 일이 없었으면 나쁜 땅인 것이다.

사람은 원래 살면서 배우고 발전하는 법이다. 이는 하늘의 기운이 우리 모두에게 와 있기 때문이다. 하늘의 기운은 양인바, 양은 변하지 않고는 견디지 못하는 존재다. 그래서 사람은 자신이 가지고 있는 하늘의 기운, 즉 양의 기운을 활용해야 한다. 공자는 이렇게 말했다.

"군자는 점점 잘되어가고 소인은 점점 못 되어간다."
君子上達 小人下達

이는 처세의 문제다. 군자는 민첩하여 자신의 잘못을 쉬지 않고 고쳐나간다. 하지만 소인은 변화할 줄 모른다. 머무는 장소도 늘 같은 곳만 고집한다.

운명이 잘못되어가고 있다는 것을 느낀다면 어떻게 대처해야 할까? 첫째, 사는 장소를 바꿔야 한다. 둘째, 버릇을 고쳐야 한다. 셋째, 인간관계를 돌아보고 교류의 폭을 넓혀야 한다. 이 중에서 가장 시급하고도 실천하기 쉬운 것이 바로 좋은 땅에 머무는 것이다. 그런데 사람은 저마다 처한 형편이 달라서 좋은 곳이 있어도 마음처럼 쉽게 이주할 수가 없다.

이는 참으로 애석한 일이지만, 그렇다고 해도 좋은 방법이 있다. 이 문제는 현재 좋은 곳에 사는 사람에게도 해당된다. 세상에는 내가 사는 곳보다 좋은 곳이 얼마든지 존재한다. 그러므로 그런 곳을 자주 방문하면 된다. 여행을 하든 산책을 하든, 명소를 찾아 그곳에 머무는 시간을 가지라는 것이다.

사람은 여행과 산책에 시간을 많이 할애해야 한다. 아무리 바쁜 사람이라도 어떻게 해서든 시간을 만들어 여행하고 산책해야 한다. 평소 멀지 않은 곳에 있는 명소를 산책하는 습관을 들이고 때로는 먼 곳으로 여행을 해야 한다. 이렇게 하면 운명은 반드시 개선된다. 실제로 나는 운명을 개선하기 위해 이 방법을 썼고 나쁜 운명에서 탈출했다.

여러 곳이 있지만 쉽게 가볼 수 있는 장소를 하나 소개하겠다. 바로 서울의 청계천이다. 청계천은 명당 중의 명당으로 강북 일원의 기운을 함축하고 있다. 이곳의 풍수를 설명하면서 활용법을 소개하겠다.

청계천은 북악산北岳山에서 발원된다. 예전에는 이 산을 백악산白岳山이라 불렀다. 산 이름에 백白이라는 글자가 들어가면 이는 상서로운 산임을 짐작할 수 있다. '북악산'이라는 이름은 일제가 우리의 민족혼을 경멸하기 위해 바꾸어놓은 이름이다. 이름은 바뀌었어도 백악산은 백악산이다.

지금은 북악산이 된 그곳에서 물줄기가 흘러나와 삼청동을 지나고 경복궁의 좌측을 통과한다. 그리고 중학천中學川이란 곳에 도달한다. 이 물은 우리나라에서 가장 상서로운 곳을 통과한다. 중학천은 현재 덮여 있어서 지하로 흐르는데, 이는 참으로 안타까운 일이다. 강물은 하늘을 보면서 흘러야 그 기운이 좋아지고, 땅속을 흐르면 악한 기운이 도사리게 된다.

어쨌거나 물은 광화문을 통과하고 마침내 시청 옆에 도달한다. 여기서부터 청계천이다. 예전에는 그냥 계천溪川이라고 불렸는데, 청淸 자가 붙었다. 잘된 일이다. 맑을 청 자가 붙은 것은 물이 하늘과 더욱 가까워졌다는 뜻이고 이는 천지의 기운이 서로 소통한다는 뜻과 같다. 실제로 청계천은 하늘과 아주 가까운 풍수를 간직하고 있다. 이제부터 청계천의 풍수 내용을 분석해보자.

수풍정

뇌수해

우선은 물이다. 물은 풍수가 갖추어야 할 8가지 조건 중의 하나로서 사람이 사는 곳 주변에는 반드시 있어야 한다. 8가지 조건이 구체적으로 무엇인지는 3부에서 소개할 것이다. 물의 종류는 참으로 많은데 청계천의 물은 수풍정(水風井, 壬申)이다. 이는 물 중에서 최고로 친다. 땅속에서 솟아나는 물이기 때문이다. 청계천의 물은 원래 백악산에서 유입되는 물이지만 수량이 많지 않아 지하수를 퍼올려 사용하고 있다. 땅속의 물인 지하수는 좋은 물이다. 그리고 수량을 좀 더 늘리기 위해 한강물을 유입시켰다. 이 물은 그냥 마셔도 좋을 만큼 깨끗하게 정화시켰다. 모두 청정수로서 수풍정에 해당된다.

물은 내려오는 물이 있고 올라가는 물이 있다. 산에서 내려오는 물은 당연히 내려오는 물이다. 이런 물은 뇌수해(雷水解, 癸卯)라고 하는데 가장 흔한 물이다. 물의 본성은 내려오는 것인바, 모든 물은 생성되는 순간부터 아래로 흘러 내려간다. 하지만 물이 생성되는 과정이 중요하다. 땅속에서 치솟는 물은 보통 물과는 종류가 다르다. 땅에서 정화되고 숙성되어 만들어진 물이기 때문이다. 그중에서도 지하에서 정화된 물이 최상이다. 이런 물은 샘물이라 하고 청계천 물이 바로 그것이다.

산에서 내려오는 물과 땅에서 치솟는 물의 괘상을 비교해보자. 앞의 그림에 있는 뇌수해와 수풍정의 괘를 보자. 수풍정은 치솟는 물로서 수가 위에 있다. 반면 뇌수해의 수는 아래에 있어서 위에 있는 물과 기운이 다르다. 물이란 위에 있을수록 가치가 높다. 수풍정에서 아래의 풍은 생명력을 상징하는바, 이 기운이 물을 떠받치고 있는 것이다. 그래서 사람은 샘물 근처에 살아야 한다. 단순히 물을 구할 수 있어서가 아니다. 땅 아래 있던 물이 위로 치솟는 지역은 생명력이 높기 때문에 특히 노약자에게는 최상의 땅이다.

청계천은 땅에서 치솟아 올라와 서울의 중심을 흐르고 있다. 다만 아쉬운 것은 수량이 적다는 것이다. 물론 한강물을 정화하여 유입시킨 것으로 충분히 보강이 된다. 인위적인 개입이 무슨 의미가 있느냐고? 아니다. 풍수란 인위적이든 자연적이든 그 결과가 중요하다. 멀리 한강에서부터 물이 찾아든 것 역시 청계천의 위대함을 보여준다.

이 물은 종로와 을지로의 중간을 관통하고 있다. 종로와 을지로는 서울의 핵심 지역으로서 조선왕조 500년의 기운이 서려 있다. 주변과 연계해서 보면 청계천은 풍택중부(風澤中孚, 元土)인데, 이는 희망을 품고 있다는 뜻이다. 고여 있고 또한 흐른다는 의미로서, 풍수의 뜻이 바로 이것이다.

풍택중부

지택림

풍수에서 풍은 바람만을 뜻하는 것이 아니다. 흐르는 것은 모두 풍이다. 산맥도 풍수에서는 풍이라고 말한다(이에 관한 것은 뒤에서 자세히 다루겠다). 풍택중부의 아래쪽은 택으로서 이는 물이 고여 있는 것을 뜻한다. 물이란 고여 있어야 귀하다. 오로지 흐르기만 하는 물은 다른 물에 비해 값어치가 떨어진다. 특히 빠르게 흐르는 물은 배산임수背山臨水에 해당되지도 않는다.

청계천 물은 땅에서 치솟아 맑게 고이고 천천히 흐른다. 게다가 도심의 중앙을 흐르는 냇물로서 이런 곳은 세계적으로도 드물다. 청계천은 풍수적으로 서울의 명물 제1호라고 말할 수 있다. 이런 곳에 오래오래 머물면 몸이 건강해지고 좋은 운명이 생겨난다. 나는 건강과 운명이라는 두 가지 목적 때문에 청계천을 찾았다. 수년 동안 이곳을 거닐어본 결과 건강과 운명이 모두 좋아졌다. 처음부터 목표를 세우고 의도적으로 청계천을 걸었기 때문이다.

청계천의 구조를 보자. 물길을 따라 양 옆에 산책로가 있는데, 도로에서부터 상당히 깊게 내려가 있다. 완만한 V자 모양이 아니고 움푹 파인 U자 모양이다. 이 모양은 청계천을 새로 단장할 때 축대를 높이 쌓은 결과다. 이로써 청계천은 지면에서 깊게 가라앉아 별천지를 이루었다. 이러한 위치 모양은 전형적인 지택림(地澤臨, 乙丑)의 터로서 깊게 안정되어 있다는 뜻이다. 영혼은 이런 곳에 오면 요동을 멈춘다. 생명현상에 유익을 얻으려면 먼저 영혼을 안정시키는 것이 최상이다. 그다음이 육체의 활성화인데, 영혼이 안정되면 육체도 자연스럽게 활력을 되찾는다.

청계천은 바로 영혼을 안정시키는 곳이니 평생 이곳을 산책해도 좋다. 나

지풍승

뇌지예

는 청계천을 매일 산책한 결과 영혼의 안정에 큰 도움을 받았다. 깊게 가라앉은 땅에 물길이 있는 곳은 서울에서 이곳이 유일할 것이다. 청계천은 동서로 흐르는데 폭이 좁아 기운의 밀집도가 높다. 보통의 개천은 폭이 넓어서 풍의 기운, 즉 흩어지는 기운이 있는데 청계천은 완벽한 택으로서 기운이 계속 쌓여 가는 곳이다.

청계천의 옹벽을 살펴보자. 먼저 북벽을 보면 도로면에서 깎여 내려오는 도중 둑을 만나게 되어 있다. 이는 도로의 기운이 바로 청계천으로 쏟아지는 것이 아니라 한 번 쉰다는 뜻이다. 이렇게 함으로써 지풍승(地風升, 己亥)의 기운이 발생한다. 청계천 바깥 도로에 기운을 공급한다는 뜻이다. 청계천은 스스로 아래쪽 깊은 데서 안정을 취하면서 그 위의 도로에도 기운을 공급해준다. 둑이 그 힘을 제공하고 있다.

예전에는 청계천이 그저 땅의 아래쪽에서 흘렀을 뿐인데, 새로 공사를 할 때 둑을 지음으로써 완성도를 크게 향상시켰다. 도로에 의해 자칫 청계천이 짓눌릴 수도 있었는데, 둑으로 그 기운을 차단한 것이다. 이로써 기운의 낙하 속도가 느려졌고 청계천은 짓밟힘의 형상에서 벗어났다. 못자리를 정할 때도 주변 지세로부터 짓밟히는 것을 경계해야 한다.

청계천으로 쏟아지는 땅의 기운은 부드러워졌고 둑에 나무를 심음으로써 땅의 기운을 더욱 정제되었다. 풍수에 있어 내리 깎인 수직 절벽 바로 아래는 나쁜 터인데 청계천은 큰 공사를 통해 이를 변형시켰다. 이것이 바로 현대문명의 힘이다. 오늘날 인류는 풍수를 주무르는 능력까지 갖추게 된 것이다. 청계천 북벽 아래에 있는 둑은 동쪽으로 길게 이어지고 있는데 이것이 개천을 끝까지 보호해준다. 북벽의 둑 아래로는 다시 옹벽이 있어 산책로를 확보했다.

이제 남쪽 길을 보자. 개천 건너편이다. 남쪽 길은 북쪽 길보다 높게 지어져 있다는 것이 한눈에 보인다. 그리고 남쪽은 북벽 같은 둑이 없다. 이럴 경우 을지로 쪽에서 내려오는 기운이 쉬지 않고 청계천으로 쏟아진다는 뜻이다. 이로써 남쪽의 기운이 북쪽으로 몰리게 된다. 북쪽이 정적인 기운이라면 남쪽은 동적인 기운이다. 음양의 원리에 의해 동적인 기운은 정적인 기운 쪽으로 쏠리는 법이다.

그렇다고 해서 나쁘다는 뜻은 아니다. 청계천은 어차피 종로와 을지로의 기운을 간직하는 곳이다. 이곳에서 기운의 변화가 있다는 것은 오히려 청계천을 살아나게 한다. 흐르는 물의 기운은 땅을 새롭게 하고 옹벽의 차별은 땅을 움직이게 한다. 청계천의 남쪽은 뇌지예(雷地豫, 壬寅)로, 이는 땅이 꿈틀거리는 것이니 고요한 것에서 크게 일어난다는 자연의 법칙을 상징한다.

여기서 '상징'이라는 것은 실제 자연현상이 그렇다는 것이고, 인간이 이를 알아서 표현했다는 의미다. 주역의 괘상은 시인이 느끼는 심상이나 기분을 말하는 것이 아니다. 공학적·생리적 내용을 담은 것이다. 주역은 만물의 뜻을 규명하는 학문으로서 천지인의 모든 현상을 최종적으로 설명한 것이 바로 괘상이다. 괘상을 알면 온 세상을 아는 것이니 풍수도 이 범위를 넘지 않는다. 청계천 풍수에 있어서도 그 세세한 작용은 괘상이 아니면 표현할 방법이 없다.

청계천 남쪽이 뇌지예라는 것은 을지로 자체의 풍수이기도 한데, 이를 청계천 안에다 그대로 표현해놓은 것은 우연이든 필연이든 대단한 위업이 아닐 수 없다. 청계천은 동쪽으로 흐른다. 이는 태양을 바라보며 흐르는 것이니 수와 화가 직접 섞인다는 뜻이 있다. 만물은 물의 정제작용과 불의 태우는 작용이 어우러져야 발전하는 법이다. 청계천은 유난히 그 작용이 두드러지는 곳이다. 이는 인간의 작품은 아니다. 고래로부터 청계천은 동쪽을 향해 흘렀다.

여기서 알아두면 좋은 것이 하나 있다. 산책을 하려면 북쪽에서 하고 앉아서 쉬려면 남쪽 벽에서 쉬라는 것이다. 청계천 안은 고요가 서려 있는 곳이지만 이 중에서도 땅의 기운은 차이가 있다. 남쪽은 양이고 북쪽은 음이다. 그래서 양인 곳(남쪽)에 앉아서 쉬면 몸의 활력을 일으킬 수 있고, 음인 곳(북쪽)을 걸으면 영혼이 안정될 수 있다.

우리나라에는 무수히 많은 명당이 있다. 이런 곳을 우리가 개인적으로 소유하지 못한다 하더라도 충분히 이용할 수는 있다. 주변을 살펴 좋은 곳을 많이 알아두고 그곳을 자주 방문한다면 그 땅의 기운을 내 것으로 만들 수 있다. 인간의 노력만으로 되지 않는 일이 참으로 많다. 그럴 때는 천지 대자연을 이용하여 극복해야 한다.

하늘은 이미 인간에게 많은 것을 주고 있는데 인간이 이를 받아들이지 못하는 게 문제다. 인간이 한발 움직이면 천지도 내게 한발 다가온다. 그러면 마침내 우리는 천지와 하나가 될 수 있다. 운이란 이렇게 개발하는 것이다.

풍수는 영혼에 관한
풍과 택의 이론이다

최근 A는 새집으로 이사했다. 그리 넓은 집은 아니지만 전에 살던 집에 비하면 상당히 넓어졌다. 혼자 사는 A로서는 방이 넓어져서 꽤 만족스러웠고 시원하다고 느꼈다. 가구는 최소한의 것만 들였다. 방이 좁아지는 것이 싫었기 때문이다. 이 방은 원룸형 구조인데 설계가 잘되어 있어서 실제 면적보다 넓게 느껴졌고, 사는 데 별다른 불편함이 없었기 때문에 기분도 좋았다. 지인들도 널찍하고 자유로워 보여서 좋다고 칭찬했다.

A의 집은 전체적으로 안정된 구조였다. 현관문을 열면 우측에 신발장 등 수납장이 있고 한 걸음 들어서면 좌측에 화장실 문이 있다. 그리고 한 걸음 더 들어서면 좌측이 주방인데, 반대편의 거실 쪽을 바라보면 베란다 창문이 보인다. 창문은 한쪽 벽을 다 사용하여 시원한 느낌을 준다.

현관에서 거실까지의 통로는 불편하지는 않았지만, 폭이 좁은 편이었다. 이로서 거실은 좀 더 안정된 느낌이다. 만일 통로 없이 현관문을 열자마자 거실이 휑하니 보이면 이는 너무 드러난 집이 된다. A는 방의 구조가 모든 면에서 잘 짜인 것에 감동마저 느끼고 있었다. 그리고 이사를 참 잘했다고 생각했다.

전체적으로 방은 하나이고 거실과 겸하고 있었다. 이 공간에 칸막이를 해서 방을 따로 만들어도 그리 좁지는 않았겠지만, 전에 살던 집이 좁았던 이유도 있고, 방을 만들면 거실이 옹졸해질 수도 있어서 그대로 쓰기로 했다. 그런데 여기서 짚고 넘어갈 것은 거실이 A에게 만족스럽다는 것이지 객관적으로 아주 넓은 것은 아니라는 점이다. 웬만한 집이라면 거실은 대개 그 정도이고 방은 따로 있다.

A가 사는 방은 주방과 거실이 하나로 트여 있고 주방에는 바가 설치되어 있어 상당히 편리했다. 이 정도면 혼자 사는 집으로 나무랄 데가 없었다. A도 방에 대해 어떠한 불편이나 불평이 없었다. A가 새집으로 이사한 이유는 공간을 넓혀 시원스러운 분위기를 만들고자 했던 것이고, 운명을 적극적으로 개선하기 위함이었다. 새집은 그런 그의 뜻에 완벽하게 부합했다.

그런데 A는 언제부터인가 이상한 증상을 느끼기 시작했다. 새집이 만족스러웠지만 전에 살던 집에서는 없던 일이 일어났다. 오래 자고 일어나도 피로가 풀리지 않고, 왠지 많이 먹어도 배가 부르지 않았다. 잠을 잘 자지만 피로가 풀리지 않는다? 먹어도 먹어도 배가 고프다? 이는 당뇨병 증상과 비슷하다. 하지만 A에게는 그런 병이 없었다. 그러면 어째서 그런 일이 일어났을까?

답은 간단하다. 놀랄 것이 없다. 풍수의 문제였던 것이다. 방의 구조를 다시 보면, 현관문을 열고 좁은 통로를 지나 거실에 이르게 되는데, 거실은 시원한 느낌을 준다. 마치 운동장 같은 느낌이다. 거실이 넓어서? 그렇지 않다.

풍

택

A의 거실은 객관적으로 그리 넓은 것이 아니다. 하지만 A는 넓게 느끼는 것이다. 이유는 뭘까?

현관문과 거실이 직통으로 이어져 있기 때문이다. 여기에 풍수의 생리가 숨어 있다. 방이란 원래 택이어야 한다. 적당히 막혀 있어서 영혼이 날아가지 못하게 붙잡아주어야 한다. 그런데 이 거실은 택이 아니라 풍인 것이다. 앞에서 설명했듯이 풍이란 벌판과 같은 곳이다. A는 비록 방에 들어왔지만 택이 아닌 풍인 곳에 머물고 있다. 벌판에서 자면 피로가 잘 풀리지 않는다. 영혼은 열려 있는 곳에서는 휴식을 취할 수 없다.

풍은 항상 기운이 발산되어 달아나는 곳이다. 이런 곳에서는 잘 먹어도 배가 고프다. 풍의 성질이 원래 그렇다. 이런 곳에서 오랜 세월 동안 머물게 되면 계속 먹게 되어 살이 찌고 피로가 풀리지 않아 잠을 더욱 많이 자게 된다. 결국 좋은 것은 흩어지고 나쁜 것은 쌓이게 된다. 몸은 살찌고 돈은 사라지는 것이다. 좋을 리 없다. 그렇다면 A는 또 이사를 가야 하는 것일까?

그렇지 않다. 간단한 해결책이 있다. 가리개만 있으면 된다. A는 나의 조언을 듣고 즉시 4폭짜리 파티션을 준비해서 거실과 현관문 사이에 세워 놓았다. 그 후로 거실은 닫혀 있는 아늑한 느낌이 생겼고, 비로소 방처럼 느껴지게 되었다.

영혼은 이제 거실을 거실이 아니라 방으로 생각하게 된다. 이제는 안심하고 쉴 수 있다. 영혼이란 열려 있으면 뇌가 자고 있어도 사방으로 돌아다닌다. 그래서 잠을 잘 때는 방문을 닫아야 한다. 넓은 방이라면 문 쪽에 칸막이를 설치하면 좋다. 공기도 안 통하게 꽉 막으라는 것이 아니다. 닫힌 느낌을 주는 것이면 된다. 높이는 사람의 키 정도면 되고 색깔은 가급적 고상해야 한다. 빨간 색이나 지나치게 알록달록한 색은 뇌가 요동한다. A는 칸막이 하나로 방을 풍에서 택으로 바꾸었다. 비용은 파티션 하나에 6만 원 남짓. 이로써 원래 좋았던 방이 그대로 좋아진 것이다.

한마디로 요약하면, 풍수란 풍과 택의 이론이다. 밖은 풍이어야 하고 안은 택이어야 한다. 풍과 택의 수용체는 몸이 아니라 영혼이다. 사람이 사는 방은 전체적으로 좋아도 어느 한 곳에 결함이 있으면 제 기능을 발휘하지 못한다. 건강한 사람이 발가락 하나만 다쳐도 힘을 못 쓰는 경우와 똑같은 것이다. 방에 문제가 있다고 해서 급하게 이사부터 갈 궁리를 하면 안 된다. 실내의 시설 하나만 간단히 바꾸어도 큰 공사와 맞먹는 효과를 발휘할 수 있다.

천지의 작용은 기묘하다. 풀 한 포기, 돌멩이 하나가 큰 작용을 일으킨다. 집 안에 있는 모든 것이 제대로 준비되어 있는지 항상 살펴봐야 한다. 실내풍수는 1분만 투자해도 바꿀 수 있다. 풍과 택의 논리에 관한 문제는 이 책에서 두고두고 논의할 것이다.

땅에 대한 갈망은
인간을 움직이게 한다

땅은 영원하다. 인간의 수명은 한계가 있지만, 땅은 죽는 법이 없다. 죽으려야 죽을 수 없는 것이 땅이다. 인간은 사는 동안 땅의 성품을 배워야 한다. 땅은 지키고자 하는 성품이 강하므로 믿음직하고 신뢰할 수 있는 덕성을 갖추고 있다. 인간은 쉽게 지치기 때문에 쉽게 변하고, 그래서 믿을 수가 없다. 변해야 발전도 할 수 있는 법이지만 항구적으로 지켜야 할 덕목도 있다. 《옥허진경》에 "연이 하늘 높이 날 수 있는 것은 끈이 땅에 묶여 있기 때문이다."라는 글이 있다. 이것은 지키는 것의 중요성을 가르치고 있다. 그래서 항심恒心은 군자의 기본 덕목이다.

인간은 변해야 할 것과 변하지 말아야 할 것을 구분해야 한다. 땅처럼 묵묵히 견디며 지키는 능력이 있다면 그 사람은 성취하는 바가 많을 것이다. 조급하고, 쉽게 변하고, 인내심이 없다면 모든 것이 허망해질 것이다. 인간의 영혼은 양이기 때문에 덕을 향상시키려면 먼저 땅의 음덕을 길러야 한다.

누구에게나 머물고 싶은 어떤 장소가 있다. 짧은 시간이든 긴 시간이든, 그런 장소가 있는 것이다. 처음부터 그곳이 좋았을 수도 있고, 지내다보니 좋아지는 경우도 있다. 어떤 장소는 너무 좋은 나머지 그곳으로 이주해서 살기도 하고, 심지어 평생 그곳에서 살다가 묻히기를 원하는 경우도 있다.

땅은 사람에게 가족과도 같은 무한한 의미가 있다. 어떤 사람들은 주위 사람 모두와 결별하면서까지 땅에 대한 집념을 버리지 못한다. 땅에서 인간이 나왔다는 것을 생각해볼 때 땅에 대한 영원한 그리움은 자연의 섭리인 것이다.

인간은 낙원을 그리워한다. 낙원이란 특별한 게 아니다. 한 영혼이 한없이 만족할 만한 땅을 발견한다면 그곳이 바로 낙원이다. 더구나 죽어서까지 어떤 곳을 좋아한다면 그 땅이야말로 죽음도 두려워하지 않게 만드는 진정한 낙원이 아닐 수 없다. 땅에 대한 갈망은 인간을 움직이게 하는 가장 강력한 동기가 아닐 수 없다. 먼 옛날부터 인간은 땅을 찾아 헤매었다. 국가와 민족이 그러했고 개인도 그러했다. 우리 인류는 앞으로도 영원히 땅을 찾아다닐 것이다.

다만 현실은 그런 땅을 찾기가 쉽지 않고, 찾았다 하더라도 그곳에서 살 권리를 갖기 힘든 경우가 대부분이다. 인간의 근본적인 불행은 바로 이것이 아닐까! 그러나 인간에게 땅에 대한 그리움이 남아 있다면 그 또한 행복일 터, 꿈을 꾸면서 살아가야 할 것이다. 땅에 대한 이상향은 그 자체로서 행복하다. 현실적으로 그런 곳을 찾아서 소유하는 것이 어렵다 하더라도 노력을 멈추어서는 안 된다. 이상적인 땅을 찾아다니는 것 자체가 또한 행복이기 때문이다.

좋은 땅은 어디에 있을까? 세상이 넓은 까닭에 낙원도 무수히 많다. 그런 곳은 풍수를 따질 것도 없다. 우리의 영혼은 완벽한 곳에 도달한 순간, 그것을 깨닫는다. 영혼이 싫어하면 아닌 것이다. 인간의 영혼은 천부적으로 풍수에 달관했다.

다만 그것을 일일이 표현할 수가 없어서 풍수학이나 풍수이론이 만들어진 것이다. 공부해서 나쁠 것은 없지만 풍수이론을 모른다 해도 각자 나름대로 열심히 땅에 대해 연구해야 한다. 그러다가 완벽한 곳을 찾을 수 있고 가질 수 있다면 이는 살아생전에 누릴 수 있는 최상의 복일 것이다.

땅을 사랑하는 사람은 땅이 먼저 그를 찾는다. 땅은 주인, 아니 동반자를 기다리고 있다. 인간은 땅을 찾아가고 땅은 인간을 기다린다. 이 얼마나 행복한 세상인가! 이미 그것을 성취한 사람은 더 말할 나위가 없다.

나는 오랜 세월 동안 땅을 그리워하며 공부를 게을리하지 않았다. 틈틈이 여러 곳을 다니면서 땅을 탐색하기도 했고, 세상에 좋은 땅이 무수히 많다는 사실도 직접 경험하고 깨달았다. 내 땅이 아니더라도 좋은 땅을 발견했을 때 나는 부러움보다는 기쁨이 앞섰다. 누군가가 저토록 좋은 곳에 사는구나 생각하면 마음이 즐거워졌기 때문이다.

세상은 좋은 땅이 있어서 행복하다. 멀고 먼 옛날 조물주가 인간을 땅에 내려보낼 때, "인간이여, 좋은 땅을 찾아라. 그리고 그곳에 살아라."라고 축복해준 것이 아닐까! 땅과 함께 살면 이는 하늘의 섭리에 순응하는 것이다. 그리고 이로서 우리 인간은 행복하다. 좋은 땅을 찾을 때까지 우리의 인생 역정은 끝나지 않을 것이다.

하늘의 조화는
땅에서 이루어진다

　서두에서 밝혔듯이, 서울의 강남땅은 예전에는 논밭이었으나 어느 날 갑자기 도시로 변했다. 땅이 거기에 있었기에 그런 운명을 맞이한 것이다. 그럴 수밖에 없었다는 뜻이다. 서울에 닥친 변화의 물결이 강남에 이르렀다. 이는 서울이 그쪽으로 향했다거나 혹은 강남이 서울의 확장을 기다렸다는 것과 같은 뜻이다. 서울의 운명이고 강남의 운명일 뿐이다.

　땅이란 원래 그런 것이다. 어떤 땅은 오래오래 그 모습을 유지하겠지만 언젠가는 변화를 맞이한다. 지구의 모든 곳이 다 그렇다. 땅도 생물처럼 살아 있는 존재다. 물론 땅은 그 위에 사는 인간처럼 변화의 역사가 빠르지 않다. 하지만 우주 전체의 역사로 보면 땅도 쉽게 변해가고 있다.

　땅이 생물보다 변화의 역사, 즉 운명의 속도가 느린 것은 땅의 속성이 음이기 때문이다. 원래 양은 빠르고 음은 느리다. 그래서 음의 변화는 알아차리기가 쉽지 않다. 그러나 우주의 광대한 눈으로 바라보면 땅의 변화속도는 적당할 뿐이다. 모든 것은 음양의 작용 범위 내에 있다. 땅은 음이기 때문에 끌어당기는 힘이 강하다. 음인 곳에 건물이 찾아오고 인간이 찾아온다. 인간은 그 땅에 와서 함께 운명을 맞이하는 것이다. 어떤 땅 또는 건물이 흉하면 인간도 흉하고, 땅이나 건물이 길하면 그곳에 사는 인간도 길하다.

예전에 퇴계로에 대연각 호텔이 있었다. 어느 날 이것이 불타버렸다. 그로 인해 그 안에 있던 많은 사람들이 흉사를 당했다. 흉한 건물이었던 대연각 호텔은 사람들을 끌어들였고, 그들은 처참한 운명을 맞았다. 물론 대연각 호텔도 사라졌다. 그것은 그 땅의 운명이고 그 건물의 운명이었다. 또한 그 건물을 차지하고 있었던 사람들의 운명이기도 했던 것이다. 즉 불에 타 죽을 운명을 가진 사람 때문에 호텔에 화재가 난 것이 아니라 불에 탈 호텔의 운명 때문에 공연한 사람들이 흉사를 당한 것이다. 물론 그곳에 있던 사람들의 운도 나빴다. 하지만 호텔의 운이 더 나빴다고 볼 수 있다.

이렇듯 땅은 스스로의 운명을 갖는다. 그러므로 사람은 땅과 건물을 잘 보고 그곳에 머물러야 한다. 이것을 잘 고르는 것이 풍수의 목표다. 풍수를 무책임한 잡담거리 정도로 생각해서는 안 된다. 그렇기 때문에 풍수는 함부로 주장해서도 안 된다. 원리를 철저하게 따져가며 진실을 규명할 필요가 있다.

땅의 원리는 간단히 말하면 음양의 원리인데, 이것을 모두 통달하기는 쉽지 않다. 하지만 땅이 살아서 활동하고 있다는 것을 먼저 염두에 두고 경건한 마음으로 살펴본다면 땅의 운명을 느낄 수도 있다. 전문가가 아니더라도 조심하는 마음이 있으면 큰 위험을 피할 수 있고 소소한 행운을 잡을 수 있다. 땅에 대한 관찰은 마음먹기에 따라 점점 세련되게 발전할 수 있다. 이는 운명을 대하는 마음가짐과도 일맥상통한다.

인간에게만 운명이 있다는 생각은 아주 위험하다. 온 세상의 큰 축인 땅과 하늘, 그리고 인간은 운명 앞에 대등하다. 대등한 존재인 땅과 인간은 운명을 함께하기도 하고 각각의 운명을 맞이하기도 한다. 이는 땅과 인간이 얼마나 밀착되어 있느냐에 달려 있다.

지진의 경우 인간은 그 땅에 살았다는 이유만으로 운명을 함께 맞는다. 참사의 현장에서 탈출한다면 그 또한 인간의 운명이다. 요는 인간이 불길한 땅에 오래 머물지 말아야 한다는 것이다. 문제는 어떤 땅이 불길한 땅인지 모른다는 것이다. 우선 경건한 마음으로 항상 땅을 살피는 자세를 갖는 것만으로도 많은 흉사를 피할 수 있다.

나는 예전에 어떤 집에 들어서자마자 이곳이 흉한 집이라는 사실을 깨달았다. 그 집에 사는 사람들의 얼굴이 하나같이 어두웠기 때문이었다. 나쁜 땅은 그곳에 사는 사람을 어둡게 만든다. 때문에 나는 그곳에 오래 머물고 싶지 않았다. 또 어떤 땅은 천하에 나쁜 땅임을 간파한 적도 있다. 그때는 전문적인 식견으로 그곳의 풍수를 진단했다. 나는 이렇게 단정했다. 저곳에 사는 사람은 그 자신은 물론이고 그의 자손도 나쁠 것이라고. 그리고 나는 다른 사람들에게 그곳을 견학시키기 위해 여러 차례 방문하기도 했다. 그 땅의 상황은 뒤에서 좀 더 자세히 설명할 것이다. 다시 말하지만 땅은 운을 간직하고 있다. 그곳에 사람이 오래 머물게 되면 드디어 땅의 운도 발동한다.

나는 어떤 집에서 4쌍의 부부가 이혼해 나가는 것을 목격한 적도 있다. 이혼을 앞둔 4쌍의 부부가 우연히 그곳에 머물게 되었을까? 그럴 확률은 거의 제로다. 이 상황은 집터의 문제에서 기인한 것이다. 더구나 문제는 한 방에서 3쌍이 이혼을 했고, 나머지 1쌍은 그 옆방에서 이혼을 했다는 것이다.

집주인은 나중에 외국에 나감으로써 남편과 별거하게 되었고, 그 방에서 살았던 다른 부부 2쌍은 신경쇠약 증세가 심해져서 그곳을 떠났다. 그 집은 한 마디로 흉한 집이었다. 나도 이 집에서 얼마간 살았었는데, 그때 당한 사고는 40년이 지난 지금도 후유증이 남아 있다.

흉한 집터는 흉하다. 청량리에 있었던 대왕코너는 화재 후 새 건물을 지었지만 또 한 번의 화재로 완전히 자취를 감추었다. 우리가 조금만 신경 써서 살펴보면 좋은 터와 나쁜 터가 주변에 참으로 많다는 것을 느낄 수 있다.

55년 전 나는 용산구 어느 동에 살았다. 그곳은 내가 태어난 곳이기도 한데, 55년 만에 다시 찾아가보니 많이 변해 있었다. 55년이면 강산이 5번도 더 변했을 터이니 당연한 일이다. 그런데 그 동네에 있던 단 한 가구는 65년 전에 살았던 사람이 아직도 살고 있었다. 그 동네는 원래 가난한 동네여서 뜨내기가 많았다. 내가 살던 집은 주인이 몇 차례 바뀌고 화재를 만난 끝에 지금은 그 자리에 큰 건물이 들어서 있었다.

예전에 살던 동네 사람들은 모두 떠나가고 오로지 한 집만 남아 있다. 그 집은 당시 동네에서 유일한 부자였는데, 55년 만에 가보니 여전히 그 집이 동네에서 제일 부자였다. 그 집에 살던 사람이 똑똑해서일까? 절대 아니다. 그 집터가 좋았던 것이다. 그 집은 앞으로 후손들까지 좋을 것이라고 나는 단언할 수 있다. 어린 시절에 나는 그 집에 종종 드나들었는데, 그때마다 집의 느낌이 한없이 좋았다. 그런데 그 집에 사는 사람들은 모두 싫었다. 수십 년이 흐르고 나서도 그 집에 사는 사람들은 여전히 싫지만, 그 집은 너무 좋아서 그곳에 살고 싶을 정도다.

한 가지 예를 소개하겠다. 공평동에 살고 있는 어떤 분 이야기다. 이분은 명리학의 달인인데, 아주 특별한 품성을 가졌다. 90세를 바라보는 고령임에도 아주 건강하다. 젊은 사람을 뛰어넘을 정도다. 그것은 체질이 특이해서라기보다는 땅의 이치를 터득했기 때문이라고 나는 확신한다. 그분의 고향은 원래 공평동이 아니다. 그곳은 그분의 수도장 혹은 사무실일 뿐이다. 특별히 연고가 있는 곳도 아니다. 우연히, 어쩌면 높은 식견으로 그곳을 선택했는지도 모르겠다. 그것은 그리 중요한 문제가 아니다.

우리가 깊이 음미할 내용은 그분이 그곳에서 오래 머물렀다는 사실이다. 자그마치 58년이나 말이다. 고향도 아니고 자기 집도 아닌 곳에 그토록 오래 머물렀다는 것은, 그분의 영혼이 안정성이 뛰어나기 때문일 것이다. 원래 공평동은 풍수가 아주 좋은 동네다. 그런 곳에 그토록 오래 머물렀으니 그 땅의 복을 듬뿍 받았을 것이고 나아가 그 땅의 기운을 장악했을 것이다.

'장악'이란 말의 뜻은 난폭하게 지배했다는 것이 아니다. 땅과 조화를 이루어 그 효용을 다했다는 뜻이다. 옛날 장수들은 병마를 선택하고 그 말의 장점을 완전히 소화하기 위해 말과 오랫동안 조화를 이루었다.

공평동 도인은 도심에 사는 지선地仙이라 할 수 있다. 그 사무실은 58년 동안 구조나 장식까지도 바꾸지 않았다고 한다. 그 사이에 화재사고도 한 번 일어났지만 기어이 그곳을 떠나지 않고 그 주변 일대의 땅을 굳건히 지켜냈던 것이다. 이런 사람이야말로 그 땅의 주인이 아닐 수 없다. 공평동의 수호신은 바로 그분이 아닐까!

그분은 한곳에서 그토록 오래 머물며 많은 위업을 성취하면서 후회 없는 삶을 영위했다. 나는 그분의 많은 위업 중에서 그 땅을 그토록 오래 지켜냈다는 것을 최고로 꼽고 싶다. 땅의 이익은 한없이 많다. 그것을 극한까지 끌어안는다면 이는 하늘도 가상히 여길 것이다.

원래 땅은 인간을 위해 만들어진 것이다. 그런데도 인간은 조급한 성격 때문에 한곳에 오래 머물지 못한다. 어디에나 이런 부류의 사람들이 많다. 집시가 그렇고, 우리나라에는 '나그네'라 불리는 사람들이 그렇다. 이들은 땅의 이득을 보지 못했다. 도대체 영혼에 어떤 한恨이 있어 그토록 돌아다니는 것일까?

고향이 아닌 곳도 고향으로 만들 수 있다면 그야말로 땅을 지배하는 사람이라 할 수 있다. 우리 민족은 한반도에 충분히 머물렀을까? 1만 년 남짓이다. 그렇다면 우리 민족은 우리 땅의 기운과 이점을 얼마나 수용했을까?

좋은 터는 계속해서 발전한다. 물론 운명에 기복은 있기 마련이지만 땅의 운명은 좀처럼 변하지 않는다. 나쁜 땅의 경우 대대적인 공사로 변형시키고 운명이 좋은 사람이 그곳을 장악하면 땅의 운명이 바뀌기도 한다. 운명이란 땅이든 사람이든 바꾸면 바뀔 수 있다. 하지만 우리 같은 나약한 서민들은 땅을 대대적으로 개조할 형편이 못 된다. 그러니 삼가 살펴서 집터를 잘 정해야 할 것이다.

그런데 땅을 보거나 잘 정하는 기술은 하루아침에 얻어지는 것은 아니다. 평소에 꼼꼼히 살피는 습관을 들여야 한다. 풍수를 전혀 모르는 사람도 잘 살피는 습관이 몸에 붙으면 어느덧 많은 것을 알게 된다. 처음에는 상식적인 수준에서 생각하면 된다.

땅의 길흉은 좁은 곳에 국한되지 않는다. 경우에 따라 넓은 지역이 공통의 운명을 갖기도 한다. 이것은 동네 자체의 운이다. 우리는 좋은 집을 구하지는 못해도 약간만 노력하면 좋은 동네에서 살 수는 있다. 지역의 운이라는 것은 대자연이 큰 규모에서 만들어낸 것이다.

예를 들어 고대 도시 폼페이는 한 국가 전체가 재앙을 뒤집어썼다. 일본의 센다이 지역의 지진해일은 그 지방 일대를 영구적으로 쓸 수 없게 만들었다. 관동 대지진 역시 오랫동안 기다려왔던 그 지역의 운명이었다. 우리나라는 과거에 국토 전체의 운명 때문에 수시로 일본으로부터 침략을 당하곤 했다(이 문제에 대해서는 4부에서 자세히 다룰 것이다). 세계 곳곳은 지형의 특성, 즉 땅의 운명에 따라 많은 역사적 사건을 겪고 있다.

광대한 땅을 살피든 좁은 곳을 세세하게 살피든, 땅에는 그곳만의 운명이 도사리고 있다. 내가 사는 땅은 나의 운명에도 많은 것을 제공한다. 어떤 사람이 계속해서 불운을 당하고 있다면 최우선적으로 그 땅에서 떠나야 한다. 반대로 좋은 일이 자주 생기는 사람은 현재 살고 있는 집터가 좋기 때문이라고 생각해도 무방하다.

사람의 운명이 좋아도 땅이 방해하면 오래가지 못하고, 사람의 운명이 나빠도 땅이 계속 도와주면 그 운명은 차차 풀려나가는 법이다. 그러므로 우리는 항상 사는 곳의 운명에 관심을 두며 살아가야 한다. 하늘의 조화는 땅에서 이루어진다는 것을 잠시도 잊어서는 안 된다.

사는 장소를 선택하는 것은
가장 중요한 삶의 기술

사람은 태어날 때 이미 부모와 고향이 정해져 있다. 그다음부터는 길러지고 교육받으며 점점 성장하게 된다. 이윽고 혼자 독립할 나이가 되면 자신이 살아갈 장소를 선택할 수 있다. 이때부터가 명실공히 자신의 인생이라 할 수 있다.

각자에게 살아갈 조건은 이미 어느 정도 주어져 있을 것이다. 어떤 사람은 풍족하고 또 어떤 사람은 빈곤하다. 이는 부모로부터 또는 조상으로부터 상속받은 것이다. 그다음부터는 오롯이 자기 몫이다. 인생은 원래 정해진 운명이 있고, 차차 자신이 정해가는 운명이 있다. 주어진 조건이 풍족하면 살아가는 데 남보다 유리할 것이 당연하다. 그러나 이 유리한 조건이 영원할지는 두고 봐야 한다. 인생 레이스는 이제부터 시작인 것이다.

사람은 먼저 공부를 통해 사는 기술을 터득하고 열심히 살아간다. 이때 제일 먼저 하는 것이 무엇일까? 바로 살 장소를 선택하는 것이다! 도시 혹은 시골을 선택할 수 있고, 큰 집, 작은 집, 아파트, 단독주택 등을 선택할 수도 있다. 신중히 선택해야 함은 두말할 나위가 없다.

인생에 있어 길흉화복의 원천은 여러 가지다. 그중에서도 사는 곳은 가장 중요하고 핵심적인 원천이다. 땅은 천지인 3재 중에서 뿌리에 해당하기 때문이다. 땅을 중심으로 돌아가는 것이 하늘의 섭리다. 대자연의 섭리는 하늘에서 시작하고 땅을 통과해서 사람에게 이르러 완성된다. 그러므로 군자는 머무는 곳을 경건히 한다.

어디에 살고 어디에 머물 것인가? 너무나 광대한 질문이어서 쉽게 대답할수는 없다. 단순히 좋은 곳에서 살아야 한다고 말한다면 이는 답이 아니다. 그런 곳을 쉽게 알 수 없기 때문이다. 차분히 접근해야 한다. 땅의 좋고 나쁨은원래 상대적이다. 그래서 자신의 역량에 따라 끊임없이 살펴야 하는 것이다.

실제 사례를 들어 설명해보겠다. A는 내가 잘 아는 사람이다. 그는 성년이되자 스스로 살 곳을 찾았다. 누구나 그렇듯이 A는 형편에 맞게 장소를 정했다. 서울의 중심부에서 많이 떨어져 있는 곳에서 삶을 시작한 것이다. 특별히풍수가 좋은 곳을 정한 곳은 아니고 그저 돌아다니다가 즉흥적으로 골랐다.

이후 40년 동안 A는 수십 번을 이사했다. 이문동, 미아리, 문정동, 암사동, 중화동, 중곡동, 거여동, 화양리, 교문리, 청량리 등이다. 그런데 이곳들은 모두 서울의 동쪽이다. A는 주로 동쪽에서 40년이나 머문 것이다. 일부러 동쪽을 선호한 것은 아니고 어쩌다 보니 그렇게 된 것이다.

최근 한 통계조사에 따르면 사람은 이사를 가도 대개는 반경 5km를 벗어나지 않는다고 한다. 원래 살던 곳에서 많이 벗어나지 못하는 것이다. A도 거의 그런 식으로 이사를 다녔다. A의 생활형편은 최하수준이었다. 40년 동안이나 죽도록 고생했지만 처참한 생활을 전전했던 것이다. 이는 A의 타고난 운명인 듯 보였으나 다른 이유도 있는 것 같았다.

사실 그것은 사는 곳을 잘못 선택해서 그렇게 된 것이었다. A 자신은 그렇게 생각했다. 전문가의 의견도 그랬다. 사는 곳을 획기적으로 바꾸어야 했다. 그런 이유로 A는 서쪽으로 아주 많이 이동해 종로에 이르렀다. 평생 처음으로 시내 중심가로 이사를 온 것이었다.

그 후로 A는 어떻게 되었을까? 처음 몇 년간은 형편이 별로 달라지지 않았다. 하지만 날로 희망이 보이더니 마침내 과거의 생활과 삶의 양상이 크게 바뀌었다. 궁핍한 살림도 개선되고 사업의 규모가 커지면서 만나는 사람도 획기적으로 많아졌다. 이후 순탄한 생활이 계속되고 있다. A는 이렇게 말한다. 사는 곳을 바꾸니 인생이 바뀌었다고.

보통 사람은 자신이 어디에 사는 것이 좋은지 쉽게 알 수 없다. 하지만 무조건 사는 곳을 잘 골라야 한다. 어떻게? 여러 가지 방법이 있으나 우선 한 가지 방법만 얘기하겠다. 어떤 사람이 특정 장소나 특정 지역에서 오랫동안 곤궁했다면 일단은 무조건 그곳을 떠나야 한다. 어디로 가느냐는 그다음 문제다. 우선은 멀리로 떠날 것을 작정해야 한다. 무엇이 어려운가? 나쁜 곳에서는 떠나야 한다. 설사 더 나쁜 곳을 만나는 한이 있더라도.

화택규

곤궁했던 곳에서 떠나는 행위는 주역의 괘상으로는 화택규(火澤睽, 丁卯)에 해당된다. 이 괘상은 밤새 잠자고 있던 태양이 바다로부터 떠오르는 형상이다. 평소 이 괘상을 염두에 두고 그동안 살았던 곳을 냉정하게 음미해보라! 좋았던가? 발전했던가? 나쁜 일이 발생하지는 않았나? 건강은 어땠나? 여러 가지를 생각하여 나빴던 것으로 결론이 나면 더 이상 시간을 끌 필요가 없다. 태양처럼 밖으로 뛰쳐나와야 한다.

옛날부터 한 국가도 지내온 역사가 나쁘면 도읍을 옮겼다. 서울도 그렇게 선택된 곳이다. 개인이나 단체, 국가나 민족 등도 나쁜 세월이 길어진다면 다른 무엇보다 먼저 이사부터 생각해야 한다. 이는 자연의 이치다. 나와 맞지 않으면 이동해야 한다. 우리 민족도 몽골에서 시작해 중국을 거치고 한반도에 이르게 되었다. 처음 있는 곳에서 행복했다면 옮길 필요가 없었을 것이다.

또 다른 예를 보자. B는 젊은 사람인데 사는 장소를 잘못 고르기로(?) 주변에 정평이 나 있었다. 지지리 재수 나쁜 곳으로만 옮겨 다녔는데 최근의 일만 살펴봐도 그렇다. B는 종로구의 어느 동으로 이사했다. 나는 방향과 장소가 잘못되었다고 지적했는데 B는 그곳을 고집했다.

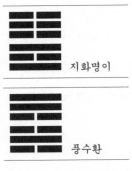

지화명이

풍수환

그 전에 B가 살던 곳은 서울의 서쪽이었고, 그 집과 지역은 전형적인 지화명이(地火明夷, 甲戌)의 터였다. 사방보다 지대가 낮아 움푹 파인 곳이다. 이런 땅은 오래 머물수록 해가 된다. 그 동네가 전체적으로 풍수가 나쁜 것이다. 나는 첫눈에 보고 이를 알았는데, 움푹 파인 곳은 최악의 장소 중 하나로 지화명이는 '밝음이 침몰한다'는 뜻이 있다. 이런 곳에서는 사업도 잘될 리가 없고 정신건강도 크게 나빠진다. 명예를 유지하기도 어렵기 때문에 당장 떠나야 한다.

B는 주변 사람들로부터 그곳을 떠나라는 충고를 많이 들었다. 풍수를 모르는 사람조차 왠지 그곳이 싫었던 것이다. B는 결국 이사를 하기로 결심했다.

그런데 이번에는 더 나쁜 곳으로 갔다. 서울 근교의 어느 신도시 중심가였는데, 그곳은 아주 산만한 곳으로서 풍수환(風水渙, 戊戌)에 해당된다.

나는 극구 말렸지만 B는 계속 그곳을 고집했다. 지역이 정돈되지 않고 주변에 도로가 지나치게 많이 뚫려 있으면(고속도로 주변도 그렇다) 풍수환이다. 이 괘상은 흩어진다는 뜻이 있으므로 모든 것을 상실할 우려가 있다. 이혼을 위해 별거 중이라면 이런 장소로 옮겼을 때 이혼에 성공(?)하겠지만, 특별한 이유가 없는 한 이런 장소에서 오래 머물면 안 된다.

B는 이곳에서 인생이 점차 무너지는 것을 느끼고 이사를 단행했다. 풍수를 알고 이사한 것은 아니었다. B는 변덕이 심한 사람인데, 무작정 그 지역이 싫어진 것이었다. 결과적으로 잘한 일이었다. B는 다시 서울로 돌아와 동대문구의 어느 동에 집을 정했다. 우연이었지만 이번에는 아주 좋은 곳을 골랐다.

이 지역은 고요하지만 적당히 활력이 있는 동네였다. 그곳에 가보면 누구나 그런 기운을 느낄 수 있다. 전문적인 식견이 없어도 인간은 본능적으로 아는 것이 참으로 많다. B는 이사를 한 이후에 인간관계가 확 달라졌다. 성격도 밝아지고 이해심도 많아졌기 때문이다. 이는 분명히 장소의 덕이 크다. 나는 그곳에 여러 번 방문해보고 좋은 곳이라는 것을 확인했다.

이 지역의 구체적인 풍수는 생략하겠다. 누구나 천부적인 능력으로 느낄 수 있을 것이다. 풍수는 느낌이 중요하다. 구체적인 이론은 차차 공부하면 된다. 전문가의 식견을 갖췄다 하더라도 느낌이 아주 중요하다. 짐승은 장소를 느끼는 본능적인 감각이 있다. 인간도 이를 본받을 필요가 있다. B는 이사 이후에 결혼도 하고 장래도 점점 밝아지기 시작했다.

집 안만
제대로 가꿔도
인생이 바뀐다

집은 영혼을 보호하는 곳으로서, 그중에서도 천장은 영혼이 움직이는 방향이므로 가장 중요하다. 우리가 머무는 방에는 무엇 하나 의미 없는 것이 없다. 신비로 가득 차 있다. 운명을 바꾸고 싶다면 집과 방에 신경을 쓸 일이다. 아름다운 조명을 갖추되 살림살이는 최소화하고, 문에 신경 써야 한다. 사무실은 사무공간과 통로를 확보하는 일이 급선무다. 제대로 된 땅이나 집이 없다 하더라도 걱정할 필요가 없다. 집 안을 제대로 가꾸면 인생이 바뀐다.

영혼을 보호하지 못하는 집은
흉한 집이다

인류가 집이라는 것을 지어서 사용한 지는 1만 년 남짓이다. 먼 옛날에 인류는 동굴이나 숲 속 같은 곳에서 살았다. 당시에는 집의 개념이 없었던 것이다. 참으로 불편하고 위험했을 것이다. 인류는 이런 시절을 거치며 오래 살아남았다. 그리고 마침내 집이라는 것을 만들어냈다.

《주역》 원전에도 집 얘기가 나오는바, 먼 옛날 성인이 뇌천대장(雷天大壯, 乙巳)이란 괘상을 보고 집을 만들었다는 것이다. 대단한 일이다. 주역은 인류가 집을 만들어 사용하기 전에 있었던 것인데, 괘상 속에 집의 개념이 있다니! 주역은 만물을 표상하는 학문이므로 집의 개념이 그중에 있다는 것은 크게 놀랄 일이 아니다. 당연할 뿐이다.

어쨌거나 인류의 생활에 집이 등장했고 이로써 인류는 비약적으로 발전하기 시작했다. 집이 주는 혜택 때문이었다. 집의 중요성은 아무리 강조해도 지나치지 않다. 집은 생존의 첫걸음이기 때문이다. 그런데 집의 뜻은 무엇일까? 집의 뜻을 알아서 무엇하느냐고? 그렇지 않다. 집이란 인간이 머무는 시설 이상의 의미가 있다. 그 의미에 따라 길흉화복이 발생한다. 이는 집마다 작용이 모두 다르다는 뜻이다. 그래서 집의 뜻이 무엇인지를 연구해야 한다. 건축학을 공부하자는 것이 아니라 만들어진 집의 작용을 살펴보자는 것이다.

먼저 옛 성인이 어떻게 집을 생각해냈을지 추적해보자. 이는 땅과 집에 관한 가장 기초적인 이론이다. 풍수의 원리도 다 여기서 나온다. 옛 성인은 뇌천대장이란 괘상에 주목하여 그 원리를 찾았던 것이다.

쉽게 풀어보자. 여기 집이 있다. 무엇이 가장 중요한가? 천장이다! 집이란 모름지기 하늘이 닫혀 있어야 하는 법이다. 하늘이 휑하니 뚫려 있으면 그것은 집이라 할 수 없다. 그런데 집에 반드시 천장이 닫혀 있어야 하는 이유는 무엇인가?

비를 피하려고? 그런 뜻도 있다. 하지만 비가 오지 않는 날에도 천장은 닫혀 있어야 한다. 왜냐? 그것은 밖으로 달아나는 기운을 보호해주어야 하기 때문이다. 또한 하늘의 날카로운 기운을 막기 위함이다. 인체는 땅의 기운을 받아 안정되는데, 이 기운이 새어나가지 않도록 하는 것이다.

여기서 말하는 기운은 온기를 말하는 것이 아니라 신神의 기운을 말하는 것이다. 신의 기운은 영혼에서 방출되고 땅의 기운과 합쳐지면 몸을 감싸고 활동한다. 이것이 바로 생명력이다.

우리 몸에는 3가지 기운이 있는바, 첫째가 신의 기운이다. 이 기운은 물질이 아니고 영혼 그 자체의 힘을 말한다. 이것이 몸에 많이 쌓이면 병도 저절로 치유된다. 이 문제는 뒤에 가서 다시 설명할 것이다. 두 번째 기운은 정精의 기운이다. 이는 인체에 있는 유용한 생리물질을 말한다. 흔히 스태미너라고 하는 것은 바로 이것이다. 세 번째 기운은 기氣라고 하는 것인데, 운동을 열심히 하면 생기는 것이 바로 이것이다.

이 3가지 기운은 삼보三寶라고 불리며 생명력의 근간이 된다. 이 중에서 신의 기운을 막아주는 것이 천장이다. 선도仙道의 경전에 나오는 "막힌 곳에서 되돌아오고 열린 곳에서 나아간다."는 말을 앞에서도 소개한 바 있다. 천장이 닫혀 있으면 신의 기운은 몸으로 되돌아온다. 집이란 겉보기에는 오로지 몸만을 보호하는 것 같지만 실은 영혼도 보호하는 것이다.

여기서 주역의 괘상을 알아보자. 앞에서 말했듯이, 옛 성인이 집을 발명하게 된 괘상은 뇌천대장이다. 이 괘상의 위쪽에는 뢰가 있다. 아래에는 천이 있는데, 천은 하늘의 기운으로서 우리의 영혼 속에 내재된 힘이다. 이것은 위로 치솟는 성질이 있다. 이 힘을 도망가지 못하게 막아주는 것이 바로 뢰다.

옛 성인은 영혼의 기운이 허공으로 분산되는 것을 막기 위해 천장의 필요성을 간파했던 것이다. 집의 원리는 바로 이것이다. 노인들이 흔히 모자를 쓰는데, 이는 집의 원리를 적용한 것이다. 모자를 쓰면 신의 기운이 새어나가는 것을 막아준다(물론 머리의 열도 지켜주는 효과가 있다).

집은 이렇게 만들어졌다. 이제 바람을 막아주고 열을 보호할 필요가 있다. 그것은 벽의 역할이다. 그렇다면 이로서 집이 다 만들어진 것인가? 그렇지 않다. 다른 사항이 더 필요하다. 그것은 차차 논하기로 하고 여기서는 천장과 벽이 완성된 집의 뜻을 다시 살펴보자.

이는 주역에서 택이라고 표현하는데, 이 괘상은 보호된다는 뜻이 있다. 이

것이 바로 결론이다. 집은 보호막인 것이다. 물질이든 영혼이든 집은 모두 보호해준다. 집은 주역의 괘상으로 택이다.

옛 성인은 집의 뜻을 깊게 통찰하고 있었다. 그 후 건축가들이 집을 만들기 시작했다. 하지만 건축가들은 집의 물리적 기능만 이해했을 뿐이다. 그들은 영혼이 기거하는 집은 생각하지 않았을 것이다. 그렇다 해도 괜찮다. 건축가들이 지어놓은 집은 어차피 영혼도 보호하고 있으니까 말이다. 다만 더욱 세밀해질 필요는 있다.

'집이란 무엇인가?'의 답을 말하자. 결론은 이렇다. 집은 영혼과 몸을 보호하는 시설이다. 여기서 영혼을 배제해서는 안 된다. 그런 집은 이른바 흉한 집이다. 당연히 피해야 한다. 주역풍수는 인간의 영혼과 관련된 기생리氣生理를 다루는 학문이다. 주역풍수의 견지에서 보면 인간의 몸도 집이라고 할 수 있다. 인간의 몸이 영혼을 잡아두는 곳이니까 말이다. 한 걸음 더 나아가서 구체적인 건축물인 집에 도달하는데, 이러한 집의 생리를 규명하는 것이 이 책의 목표다.

주역을 몰라도 집의 생리학은 어느 정도 이해할 수 있다. 물론 집의 생리학, 즉 주역풍수는 주역의 원리를 바탕으로 하기 때문에 주역을 조금 알아두면 더욱 이해하기 쉬울 것이다. 그래서 앞으로 간간히 주역의 원리를 소개할 것이다. 독자 여러분께 미리 양해를 구해두고 싶다.

기운을 보호하는 방,
운명에 이익을 주는 집

집은 건축물로서 구조와 역할이 있는바, 존재 목적에 얼마나 잘 부합하느냐에 따라 선악善惡이 정해진다. 이른바 훌륭한 집, 상서로운 집이 있다는 말이다. 집이라고 해서 무작정 크고 튼튼하기만 해서는 의미가 없다. 집은 모름지기 인간에게 최대한 이익을 주어야 한다. 여기서 말하는 이익이란 영혼과 육체, 그리고 운명에 주는 이익이다.

집에 관한 이론은 워낙 광대하여 책 한 권에 간략하게 요약할 수는 없다. 당장 한 가지만 생각해보면 '집은 어떤 곳에 지어야 하는가?'라는 문제도 복잡하기 그지없다. '어떻게 지어야 하느냐?'라는 문제도 마찬가지다. 집은 그 존재의 효용과 목적을 알아야 평가할 수 있는 법이다. 이 장에서는 집이 인간 생활에 어떻게 작용하느냐를 살피면서 집이란 존재를 구체화하고자 한다.

먼저 집과 관련된 주역의 원리를 생각해보자. 앞서 우리는 집이 생명체의 기운을 밖으로 빠져나가지 못하게 막아주는 존재라는 것을 배웠다. 그러나 사실 이 논리는 방의 논리였다. 방은 사람의 기운이 밖으로 나가지 않도록 지켜주는 존재다. 인간은 방이 무엇인지 잘 알고 있다. 한마디로 방은 그곳에 머물렀을 때 마음이 편안해지고 보호받는 느낌이 드는 곳이다.

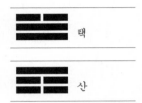

하지만 집의 개념은 이보다 좀 더 어렵다. 방은 주역에서 택이라고 표현하는데, 이 괘상의 뜻은 담겨 있다, 즐겁다, 편안하다 등이다. 집은 어떤 뜻이 있을까? 괘상으로는 산이다. 이는 간艮이라는 개념인데, 구체적 사물로는 산山이 이에 해당된다. 그러나 산이란 단순한 흙더미가 아니다. 주역에서 산은 특별한 의미가 있다. 부연하자면 간은 정지라는 뜻인데, 영혼은 움직이는 존재이므로 부동의 시설이 필요하다. 그래서 튼튼한 집이 좋다. 또한 간은 땅에서 솟아난다는 뜻도 있다. 이는 땅의 속성을 유지하고 있다는 의미다.

비유해서 살펴보자. 우리가 직장에 다닌다고 치자. 직장은 우리의 생활을 지켜준다. 우리는 직장에 의지해서 산다. 직장은 우리가 믿고 의지하는 존재인바, 주역에서는 그것을 산과 같은 존재라고 말한다. 남편도 아내에게는 산처럼 든든한 존재다. 이럴 때는 직장이나 남편의 뜻이 같다. 은행에 예금이 있으면 이것도 산이다. 믿고 의지할 수 있는 존재이기 때문이다. 아이들에게 아버지도 바로 그런 존재다. 이는 집이 갖는 뜻과 완전히 부합한다. 집은 바로 산인 것이다.

이에 비해 방은 뜻이 완전히 다르다. 방은 택인바, 이는 편안함을 상징할 뿐 믿음직하다는 뜻은 아니다. 집이란 방을 보호하는 존재인 것이다. 집이 든든하면 그 안에 있는 방은 당연히 안정성이 높아질 것이다. 벌판에 천막을 쳤다고 생각해보자. 이곳에 머물면 천막은 방의 역할을 한다. 그러나 집의 역할은 못한다. 그래서 벌판 같은 곳에서 천막생활을 오래 하면 육체와 영혼의 기운이 심하게 소모된다. 하지만 벌판에 거대한 건물, 즉 집이 있고 그 안에 방이 있다면 그곳은 훨씬 더 안정적일 것이다.

그리고 집의 역할 중 방의 역할과 현저히 다른 것이 있다. 집은 밖에서 파고 들어오는 기운을 막아주고, 방은 안에서 밖으로 새어나가는 것을 막아준다. 집은 방의 보호자인바, 이는 부부의 역할과 비슷하다.

여기서 잠깐 우스운 얘기를 해보자. 남편 없이 사는 사람은 집이라도 좋아야 하는 법이다. 반면 현재 좋은 집에서 살지 못하는 사람은 남편이라도 장래성이 있어야 한다. 남편과 집은 같은 뜻이다. 국가에 있어서는 경찰이나 군대가 그러하다. 이 정도면 집의 뜻을 분명히 알았을 것이다.

여기서 한 걸음 더 나아가보자. 집이 있는 장소를 얘기해보겠다. 방은 집안에 있다. 그런데 집은 어디에 있는가? 집은 땅 위에 있다. 그런데 땅이란 끝없이 연결되어 있는 것이기 때문에 주변의 영향을 받는다. 이에 따라 집에 길흉화복이 도래한다. 마찬가지로 방은 집으로부터 영향을 받는 것이므로 집 주변 환경의 영향이 방에까지 미치는 것이다.

그렇기 때문에 집이 어디에 있느냐는 아주 중요하다. 집을 마련하려면 제일 먼저 그 장소의 풍수를 살펴야 하고, 그다음으로 집을 잘 지어야 하는 것이다. 최종적으로는 방에 관해 생각해야 하는데 집과 방은 주인이 의지만 가진다면 얼마든지 좋게 꾸밀 수 있어서 비교적 쉬운 편이다. 하지만 장소 선택은 그리 쉽지가 않다. 장소는 더 넓은 지역과 연계되는 것이므로 안팎의 풍수를 감안해야 하기 때문이다.

물론 고작 개인의 집 한 채를 짓기 위해 여타의 광활한 지역까지 전부 따져볼 수는 없을 것이다. 그래서 풍수의 판단은 적당한 규모를 먼저 설정해야 한다. 여기서 적당한 규모는 집의 크기를 감안해 정하면 된다. 하지만 아주 좋은 집을 갖기 위해 넓은 지역의 풍수까지 꼼꼼히 따지는 것은 나무랄 일이 아니다. 특히 거대한 사옥을 지으려면 먼 곳까지 따져봐야 함이 당연하다.

그렇다면 어떤 장소가 좋을까? 장소의 선택은 4,096가지나 되는 논리유형을 따져봐야 한다. 왜 4,096가지인가? 만물은 64가지(64괘) 유형이 있고, 자신과 다른 64가지 유형과 연계되어 있다. 그래서 64×64인 4,096가지의 유형이 있다는 것이다. 때문에 장소의 선택은 여간 어려운 것이 아니다. 하지만 집이 있는 장소를 판단하는 좋은 방법이 있다. 물론 약식으로 대충 판단하는 것이지만, 그래도 효과는 기대 이상이라서 전문가들도 종종 사용하는 방법이다.

먼저 자신의 집 주변을 한데 묶어 큰 집으로 생각한다. 그다음에 자신의 집을 하나의 방으로 간주하는 것이다. 이 방이 마음에 드는가? 아늑한가? 지역 전체가 큰 집이고, 그것이 내 집이라고 할 때 나는 내 방(실제 자신의 집)에 머물고 싶은가? 이 질문에 대한 대답이 중요하다. 내가 사는 동네를 큰 집이라고 할 때 우리 집은 어떤 방인가를 생각해보는 것이다. 흔히 큰 집으로 이사를 가면 어른이 먼저 방을 정하고 나서 아이들이 저마다 좋은 방을 차지하게 된다. 바로 이런 식이다. 방의 크기가 중요한 것이 아니다. 위치가 중요하다. 내 집이 동네 전체에서 얼마나 좋은 위치에 있는가를 따지는 것이다.

여기서 좋은 위치라는 것은, 내 방(내 집)이 다른 방(다른 집)들에 의해 보호받느냐 아니냐를 뜻한다. 즉 다른 집들이 내 집의 호위병 같은 느낌을 주는지가 중요하다. 마찬가지로 우리 동네의 풍수를 대충 살펴보고자 한다면 동네 밖의 지역들이 우리 동네를 보호하고 있는 듯한지를 보면 된다. 풍수는 양파 껍질처럼 속으로 파고들 수도 있고, 밖으로 한없이 확장될 수도 있다.

이러한 방식은 산이 방패를 의미하는 것에서 나온 것이다. 우리의 인생은 밖에서 침투하는 기운을 막아야 하기 때문에 항상 산에 의지하게 되어 있다. 이른바 풍수에서 산을 등지고 있는 곳을 좋은 곳이라고 하는데, 이는 뒤쪽이 불안하지 않아야 하기 때문이다. 우리가 널찍한 실내에 들어갔을 때 한가운데 앉지 않고 벽 쪽에 앉는 것도 이러한 심리다. 대체로 집이란 사면이 전부 노출되어서는 안 된다. 적어도 한 면이라도 막혀 있어야 한다. 산이나 언덕이면 더할 나위가 없을 것이다. 산과 택의 논리를 잘 이해하면 당장 집과 방을 판단하는 식견을 높일 수 있다.

예를 들어, 무덤 좌우에 돌기둥이 세워져 있는 것을 종종 볼 수 있는데, 이것도 산에 해당된다. 무덤을 지킨다는 뜻이다. 풍수에서 좌청룡, 우백호도 마찬가지다. 산을 등지고 집을 지었는데 그것도 부족하여 앞에 내 집을 보호하는 자그마한 언덕도 필요해서 세운 것이다. 이 모든 것은 택을 보호하는 산의 논리다. 이 논리를 적용하면 집에 관해 더 많은 것을 알 수 있다. 다음 장에서는 좀 더 구체적인 집의 형태를 살펴보겠다.

운명을 바꾸는
가장 손쉬운 방법

　바깥의 터가 어떻든 집이 만들어지고 나면 우리는 그 안에서 산다. 터가 좋아야 하고 집도 훌륭해야 함은 물론이다. 그러나 그런 조건을 모두 갖추기란 쉬운 일이 아니다. 오늘날 아주 많은 사람들이 자기 집을 갖지 못하는 실정이다. 참으로 애석하지만 이는 또 다른 문제다. 우리는 좋은 운명을 맞이하기 위해 노력하는 중이다. 그렇기 때문에 주어진 조건에서 최선을 다해야 한다.

　우리는 방이라는 출발점에 섰다. 이곳이 우리가 가꾸어야 할 최우선 과제다. 훗날 땅이 바뀌고 집이 바뀌면 그때 가서 또 다른 할 일이 있을 것이다. 하지만 지금은 현실적으로 생각하자. 풍수공부는 미래를 위해서 해두든 취미로 하든 상관없지만 절대로 현실을 망각해서는 안 된다.

　우리의 현실은 어떤가? 방에서 산다. 그런데 그 방을 꼼꼼히 살펴본 적 있는가? 대개는 바쁘게 사느라 대충 해놓는다. 몸은 이 방에 있는데 마음은 먼 곳에 가 있는 것이다. 멀고 먼 어느 희망의 땅에 말이다. 이를 나무랄 수는 없다. 인간은 누구나 이상을 품고 살아가는 존재이기 때문이다.

하지만 현실을 가꾸지 않는다면 대단히 큰 손해다. 밖에 나가서 열심히 일하는 것도 좋지만 방을 꾸미는 작은 노력만으로도 운명을 개선할 수 있다.

방을 고치면 운명이 바뀐다

누누이 강조했듯이 우리는 누구나 지속적으로 운명을 개선할 의무가 있다. 방법은 무수히 많다. 모든 것이 운명과 결부되어 있기 때문에 노력 자체만으로도 큰 도움이 된다. 하지만 효율이 중요하다. 좋은 운명을 이끌어오는 가장 효과적인 방법 말이다. 천지인이라는 3가지 핵심요소가 있지만, 여기서는 지地에 관해서만 생각해보자.

우리는 대체로 방에 대해 무심한 편이다. 쓸고 닦고 정돈하고 가구를 배치하기는 한다. 그러나 좀 더 치밀하게 할 필요가 있다. 방이란 노력한 만큼 새로워지고 그로서 운명을 개선할 수 있기 때문이다. 혹자는 말한다. 방을 장식하는 것은 그저 기분을 좋게 하는 것뿐이지 그게 운명에 도움될 리 없다고….

그렇지 않다. 우리의 영혼은 사는 곳이 어떤 곳이냐에 따라 민감하게 반응한다. 어떤 이유로든 영혼이 변화하면 곧바로 운명도 영향을 받는 법이다. 운명 개선은 다른 것이 아니다. 영혼을 고쳐나가는 것이 바로 그것이다. 특히 사는 장소를 고치는 것은 노력에 대비해 얻는 것이 많다.

이는 아주 희망적인 소식이다. 방을 고치는 것은 어렵지도 않고 오히려 기분이 좋아진다. 그런 사소한 노력으로 운명이 좋아진다면 얼마나 기쁘겠는가?

우리의 방이 비록 작을 수도 있지만, 그 속에는 신비가 가득 차 있다. 무엇 하나 의미 없는 것이 없다. 우리는 방이라는 세계에 살고 있다. 그러므로 좁은 방이라도 넓게 봐야 한다. 그리고 아무리 오래 살았다 하더라도 새롭게 봐야한다. 방은 알면 알수록 다르게 보인다. 그리고 거기에 할 일이 있다는 것을 발견할 수 있다.

잠깐 재미있는 얘기를 하고 넘어가자. 나는 1969년에 일본을 방문한 적이 있다. 형님이 그곳에 살고 있었기 때문인데, 그분의 일화를 얘기하려고 한다. 그분은 아주 잘사는 편이었다. 부지런하고 유능하기도 했다. 그런데 그분은 나를 심하게 괴롭히는 일을 자주 했다. 아니, 괴롭힌다기보다 곤란하게 만드는 일이었다. 재미있기도 하고….

형님은 독특한 취미가 있었다. 방을 고치는 취미인데, 소소한 장식을 바꾸는 정도가 아니었다. 커다란 가구들의 배치를 자주 바꾸는 것이었다. 심하면 1주일에 두 번 정도, 적어도 한 달에 한 번은 했다. 한번 작업(?)을 시작하면 거의 이사를 하는 수준이다. 무거운 가구를 옮기고, 모든 물품의 자리를 새롭게 정한다. 방의 구석구석을 다 뒤져 드러내고 뭔가를 새로 만들거나 뜯어고쳤다. 이런 일을 한 번 하고 나면 하루가 다 가고 지쳐 떨어졌다.

나는 일본에 6개월 정도 머물면서 10번 정도 이것을 경험했다. 당시에는 그 일이 하도 고돼서 한국으로 빨리 돌아오고 싶을 정도였다. 하지만 훗날 그 뜻을 알고 속으로 미소를 지었다. 우리 형님은 밖에 나가서 충분하고도 남을 만큼 열심히 일하는 분이었다. 하지만 그것도 모자라 매일매일 방을 살피고 연구하고 고쳐나갔다. 더 좋은 운명을 맞이하기 위해 특별히 땅(방)에 노력을 기울인 것이다. 그 결과까지 얘기할 필요는 없겠지만, 그분의 노력만큼은 크게 칭찬해드리고 싶다. 물론 다소 지나친 면이 있긴 하지만 말이다.

천장은 영혼이 움직이는 방향이다

다시 우리의 방으로 돌아오자. 잘 살펴보면 모든 방에는 공통점이 존재한다. 우선 천장이 있다. 모든 방에는 천장이 있는바, 천장이 없으면 방이라고 이름 붙이지도 않는다. 누차 말했지만 인류가 처음으로 방을 만들 때 제일 먼저 떠올린 것이 천장이다. 천장을 받들어 올려주는 기둥은 그다음이다. 만들기는 기둥을 먼저 만들었겠지만, 이것은 천장을 만들기 위한 수단이었을 뿐이다.

뇌천대장

뇌화풍

천수송

천장이 하늘로의 노출을 막아주는 기능을 한다는 것은 앞서 밝힌바 있다. 오늘날에는 누구나 뻔히 아는 얘기지만 먼 옛날 집이라는 것이 없을 때는 지붕, 즉 천장을 생각하는 것이 쉽지는 않았으리라. 주역에서는 뇌천대장(雷天大壯, 乙巳)이라는 괘상이 있어 진작부터 집의 구조는 예시되어 있었다.

뇌천대장의 윗부분인 뢰를 보면 맨 아래에 양이 있는데 이것을 눌러주는 것이 음의 중첩이다. 여기서 알 수 있는 것이 하나 있다. 지붕은 두껍게 지어야 한다는 것이다. 그저 빗물 정도만 막아준다고 해서 똑같은 천장이라 할 수는 없다는 뜻이다.

이는 물리적인 문제가 아니다. 영혼의 입장에서 보면 얇은 천장은 불안하다. 또한 기운이 새어나가는 것과 같다. 주역의 섭리는 영혼의 생리 그 이상의 뜻이다. 천장을 두껍게 만들면 좋은 운명을 끌어들일 수 있다는 것이다.

그렇다면 천장을 어떻게 꾸미는 것이 좋을까? 다시 말하지만 일단은 두꺼워야 한다. 그래서 한옥의 지붕은 기와로 덮어씌우지 않았던가. 물론 기와보다 더 좋은 것이 있으면 그것으로 해도 된다. 그 재질은 토土의 성질, 즉 지여야 한다. 플라스틱이나 유리, 철재 등은 안 된다.

거기까지는 생각하지 말자. 이미 만들어져 있는 우리 집에만 집중하자. 천장이 너무 낮으면 안 된다. 이렇게 되면 뇌화풍(雷火豊, 戊辰)이라는 괘상이 되는바, 이는 억눌리고 갇혀서 빛을 발하지 못한다는 뜻이 있다. 인간은 화, 즉 유기체에 해당하는데, 이것은 위에 뢰가 있으면 나쁜 뜻이 발생한다. 굳이 주역의 논리를 끌어오지 않아도 천장이 낮으면 무언가 답답하고 상기증이 생긴다는 것은 누구나 알 수 있다.

지나치게 높은 천장도 나쁜데, 이는 천수송(天水訟, 庚辰)이라는 괘상이 된다. 이 괘상은 소송에 휘말리고 혼란스러운 상태에서 고생한다는 뜻이 있다. 높은 천장 아래에서 오래 살면 헛고생만 하고 결실은 날아가버린다. 천장의 높이는 방의 넓이와 조화를 이루면 되는 것이니 척 보면 알 수 있다. 인간은 누구나 천장의 높이를 느낌으로 판단할 수 있다. 왠지 갑갑하거나 불안하면 문제가 있는 것이다.

다른 주제에 대해 생각해보자. 천장의 장식은 어떻게 하면 좋을까? 높이만 맞으면 되지 굳이 장식까지 할 필요가 있을까? 필요하다. 천장을 꾸미는 것은 방에서 해야 할 일 중 제1순위다. 왜냐하면 영혼은 천장으로부터 가장 강력하게, 그리고 가장 먼저, 가장 분명하게 영향을 받기 때문이다.

영혼은 우주에서 양의 기운이 가장 강한 존재로서 이보다 더한 양은 없다. 물질은 음인데, 그중에서 빛은 가장 양적인 존재다. 하지만 영혼과 비교하면 빛은 거북이 같은 존재에 불과하다. 영혼은 빛보다 빠르기 때문에 스스로 안정하기가 몹시 어렵다. 그래서 음을 찾아서 이 세상에 내려왔다. 영혼은 가장 음적인 존재인 흙에 의지하며 살아간다.

천장은 영혼이 움직이는 방향이다. 때문에 영혼이 천장에 신경 쓰는 것이다. 천장이 뻥 뚫려 있으면 영혼은 가만히 있질 못한다. 옛 성인은 이러한 섭리를 잘 알고 있기 때문에 영혼의 안정을 위해 집을 고안했다.

뇌천대장을 다시 보자. 아래에는 천이 있는데 이것이 바로 양으로서 영혼을 상징한다. 위의 뇌는 음으로서 뚜껑이다. 천장은 영혼을 덮어주는 뚜껑인 것이다. 우스운 말로 "나 뚜껑 열렸어!"라고 한다. 이 말은 무슨 뜻인가? 영혼이 막간다는 뜻이다. 속된 말로 미친 또라이(?)가 된다는 의미다. 이러면 무섭지 않겠는가! 영혼은 항상 안정상태를 유지해야 한다.

천장에 신경 써야 할 이유는 충분히 설명했다고 생각한다. 지금 독자 여러분이 머무는 방의 천장을 올려다보자. 적당한 높이이긴 하지만 그저 평평하거나 밋밋하지 않은가? 대부분의 집이 이런 식으로 되어 있다. 도배를 그럴듯하게 해봐야 평평한 것은 그냥 그대로다.

이럴 때 영혼은 억압을 느낀다. 뚜껑을 닫아놓는 것과 억누르는 것은 다른 개념이다. 솥뚜껑을 보자. 가운데 부분이 둥글게 올라와 있다. 우리의 천장은 어떤가? 판자때기처럼 평평하게 굴곡 없이 붙여놓았다. 여기에 형광등이라도 달려 있으면 흉물스럽기 그지없다. 그러나 대부분의 사람들은 그 아래에서 10년을 살아도 그것을 느끼지 못한다. 영혼은 왠지 갑갑하다는 것을 느끼며 매일매일 상처를 받았을 것임에 틀림없다.

가장 먼저 천장을 고쳐야 한다. 천장은 입체감이 있어야 좋다. 가장 흔한 것은 천장 둘레에 사각형으로 두툼한 나무를 붙여놓은 것이다. 이렇게 해놓으면 천장 가운데 부분이 약간 위로 올라간 것처럼 보인다. 이로써 방은 더 넓어 보이고 여유가 생긴다. 거기에 추가로 등을 아름답게 설치해놓으면 천장은 생명력을 갖게 된다. 영혼은 덮여 있으되 여유가 생긴다.

이것이 바로 뇌천대장이다. 천장은 육중하고 입체감이 있어야 한다. 색깔도 지나치게 밝으면 안 된다. 노란색이나 빨간색은 물론 안 되고 복잡한 곡선도 피해야 한다. 천장은 어디까지나 음적인 존재여야 하므로 절도가 있어야 한다. 천장은 위치로 볼 때 천天에 해당한다. 천지인의 천이다. 만물은 천지인의 섭리를 통해 이루어지는 법이다. 천은 남자 또는 아버지 같은 존재다. 인생에서 천은 명예, 직위, 직업, 권력, 지혜 등을 상징한다. 그렇기 때문에 육중하고 절도 있는 천장은 방이 갖추어야 할 최우선 조건인 것이다.

천장에 무심하면 안 된다. 번거롭더라도 고쳐야 한다. 살림살이를 장만할 생각만 하지 말고 천장을 제대로 살려야 함을 명심하자. 비용이 많이 드는 것도 아니다. 운명도 바꾸고 기분도 좋아지는 일이니 망설일 필요가 없다.

바닥은 네모반듯하고 아늑한 온돌이 가장 좋다

이제 방바닥을 보자. 방바닥은 천지인 3재 중 지이고, 여자, 어머니, 물질 등을 의미한다. 이런 의미가 아니라도 우리는 방바닥이 없으면 살아갈 수가 없다. 몸은 음적인 존재로서 방바닥이 필요하다. 천장은 양이고 방바닥은 음이다. 참으로 쉽지 않은가! 흔히 방이란 방바닥을 얘기하는 것이다. 우리가 바닥에 의지해서 살기 때문이다.

택

풍

산

그렇다면 바닥을 어떻게 꾸며야 할까? 방은 총체적으로 택, 즉 연못이라는 뜻이 있다. 우선은 택의 뜻에 부합되게 꾸며놓으면 무탈하다. 택은 평안함, 아늑함 등을 뜻한다. 앞에서 많이 다루었으므로 쉽게 감이 잡힐 것이다.

방을 아늑하게 하는 것은 풍수학자가 할 일은 아니다. 하지만 인테리어 디자인의 지침을 정해주거나 금기사항을 지적해줄 수 있으니 방을 잘 만드는 데 충분히 역할을 할 수는 있을 것이다. 원래 방을 아름답게 꾸미는 일은 인테리어 디자이너가 할 일이지만 이들은 풍수의 원리를 모르기 때문에 종종 실수를 저지르기도 한다. 그들이 보는 것은 오로지 편리함 또는 아름다움이기 때문인 것 같다.

나는 두 분야가 서로 조화를 이루면 좋겠다고 늘 생각했다. 언젠가는 인테리어 디자이너나 건축가들이 풍수이론을 접목할 날이 올 것이라고 믿는다. 그리고 인테리어 디자인은 대대적인 공사가 아닌 경우라면 일반인들도 얼마든지 실천해볼 수 있다.

방의 조건을 보면, 먼저 네모반듯해야 하고 바닥이 조금이라도 기울어져서는 안 된다. 그리고 둥그런 방도 안 된다. 그런 방은 마음과 몸의 건강을 해치고 운명마저 나쁘게 한다. 방이 지나치게 작거나 완전히 정사각형인 것도 나쁘다. 하지만 방의 크기는 형편에 따르는 것이므로 여기서 논하지 말자. 일단 이 정도의 조건이 제대로 갖추어진 방을 생각해보자.

그렇다면 이제 무엇부터 가꾸어나가야 할까? 제일 중요한 것은 출입문 근방이다. 밖은 풍, 즉 바람이고 안은 택, 즉 연못이므로 문에서 조화를 잘 이루어야 한다. 문은 원래 풍이지만 닫혔을 때는 산의 역할을 해야 한다. 그래서 문 근처를 꾸미기가 가장 어렵다. 한 가지 기억할 것은, 문은 육중해야 한다는 것이다. 알루미늄이라든가 허름한 합판이어서는 안 된다. 좋은 기운이 새어나가고 나쁜 기운이 들어오기 때문이다.

방바닥은 온돌이 제일 좋다. 온돌은 토土이고 이는 우리 몸과 친화성이 높기 때문이다. 그다음은 목재다. 목재는 두꺼울수록 좋은데, 목재처럼 보이기만 하는 장판은 그 기능을 제대로 못한다. 눈속임만 할 뿐이다. 아무리 유사하게 만들더라도, 그리고 우리가 그것을 구별할 수 있든 없든 간에, 목재가 아니라는 사실 자체가 중요하다. 몸이 알고 영혼이 안다.

그리고 나무는 오행의 상생원리인 목생화木生火이기 때문에 우리 몸에 활력을 불어넣어준다. 우리 몸은 화火의 기운이 활동하고 있기 때문에 방바닥은 당연히 이를 도와야 하는 것이다. 바닥이 그렇지 못할 때는 카펫 같은 것으로 보강할 수도 있다. 천으로 된 진짜 카펫은 목木에 해당하므로 나무에 버금가는 역할을 한다.

방의 원리는 간단하다. 앉아 있을 때 아늑하고, 잠이 깊이 들어야 한다. 방바닥과 벽은 반드시 구별되어야 하고 바닥의 색깔은 약간 어두워야 한다. 음의 작용을 만들어야 하기 때문이다. 음의 작용은 구조와 색깔, 장식품 등 무엇을 사용해도 된다. 꽃병이나 화분 등은 방의 한쪽에 모아서 배치해야 할 것이다. 꽃은 양이기 때문에 침실에 놓으면 휴식을 방해할 수 있다.

단, 문 쪽에는 녹색식물을 놓는 것이 제격이다. 문을 가려주어 방에 안정감을 준다. 앞에서도 말했지만 문 쪽을 꾸미는 일에 가장 신경을 많이 써야 한다. 방의 성공은 문 쪽에 달려 있다고 해도 과언이 아니기 때문이다.

한 가지 사례를 들어보자. 내가 아는 어떤 사람이 방을 봐달라고 해서 찾아가본 적이 있다. 보자마자 나는 문제가 있음을 간파했다. 문에서 안으로 들어서자 우측에 육중한 시설물(꼭 필요한 것이다)이 있었는데, 이로 인해 좌측이 허술해졌다. 그 탓에 문에서 들어온 바깥 기운이 유난히 잘 통과하는 것이었다. 마치 도로를 닦아놓은 것과 같은 느낌이 들었다. 실제로 그곳으로 기운이 드나들었고, 이로 인해 방 전체가 광장으로 변해버렸다. 시원해서 좋을 수도 있겠지만 휴식이 안 된다. 방은 택이어야 하는데 풍이 된 것이다.

그렇다면 문을 하나 더 만들어야 하는가? 그렇게 되면 문이 이중이 되고 바깥문과 안쪽 문 사이의 널찍한 공간은 아예 죽어버린다. 필요한 시설과 여유공간이 방 밖으로 쫓겨나는 셈이다. 이런 조치는 불합리해 보인다.

알맞은 처방은 의외로 간단했다. 시설물을 지나는 공간에 몇 cm 정도의 높이로 턱을 만드는 것이다. 턱은 칸막이처럼 느껴지지 않도록 넓게 만들었다. 약간 높은 지대를 한 걸음 밟는 정도였다. 이로써 도로는 차단되었고 방은 아늑함이 급격하게 상승했다. 문제가 해결된 셈이다. 이제 방은 깊은 맛을 충분히 발휘하고 있었다.

살림살이는 최소화하고 아름다운 조명을 갖춰라

방의 다른 조건을 보자. 이번에는 가구나 살림살이 등이다. 가장 먼저 해야 할 일은 짐을 최소화하는 것이다. 방을 창고처럼 만들지 말라는 뜻이다. 대부분의 가정에는 필요 없는 물품이 너무 많다. 방 안의 물건들은 꼭, 당장, 아

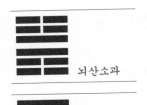
뇌산소과

산천대축

주 많이 필요할 경우에만 있어야 한다. 의미 없는 물건은 빨리 치워버려야 운명에 좋다. 방에 임계량 이상의 물건이 있으면 뇌산소과(雷山小過, 元土)가 되는바, 옹졸한 운명이 된다.

　그리고 모든 물건은 벽면을 따라 질서 있게, 각이 지게 배치해야 한다. 방에 곡선이 많으면 좋지 않다. 지리멸렬해서도 안 된다. 선이 분명하고 반듯해야 하는 것이다. 이는 "하늘은 둥글고 땅은 모났다."(天圓地方)라는 주역의 원리를 응용하는 것이다. 방은 땅이기 때문에 두루뭉술한 것을 경계한다.

　방의 목표는 정지(停止)다. 방을 체육관처럼 만들어서도 안 되고 음침한 창고처럼 만들어서도 안 된다. 고요한 것과 음침한 것은 개념이 다르다. 그리고 벽에는 반드시 책장이 있어야 한다. 책장은 산천대축(山天大畜, 己未)인바, 이는 방의 요동을 막아준다. 그리고 방은 출입문과 창문이 적을수록 좋다. 방은 어디까지나 휴식처여야 한다. 관광지의 풍, 즉 소통이 많은 방과는 구별되어야 하는 것이다.

　벽은 그대로 두지 말고 반드시 장식을 해야 한다. 그림이든, 붓글씨든, 사진이든, 무엇이든 좋다. 벽지는 권위 있어 보이는 것일수록 좋다. 벽을 잘 꾸며놓으면 그 자체로 방을 지키는 청룡, 백호가 될 수 있다. 벽의 역할은 산이라는 것을 잊어서는 안 된다.

　방의 소음은 일종의 병으로 보면 된다. 기찻길 옆의 터는 좋은 운명이 지속되는 것을 막는다. 이는 진위뢰(震爲雷, 甲寅)이기 때문인데, 방 자체의 소

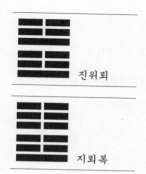

진위뢰

지뢰복

음은 이보다 더 나쁘다. 고요함은 영혼의 약이다. 도인들이 깊은 산중을 찾는 것은 그런 이유 때문이다. 방의 고요와 정지 등에 관한 것을 뒤에 가서 더 자세히 설명할 것이다.

또한 방은 약간의 구분이 있는 것이 좋다. 너무 단조롭거나 일정하기만 하면 안 된다는 뜻이다. 꽃병은 위치만 잘 잡는다면 아주 좋은 장치가 된다. 특히 생화生花가 갖는 뜻은 화, 즉 아름다움으로서 풍수에 신속한 영향을 준다.

방은 약간 밝은 것이 좋고, 조명기구가 아름다우면 더 좋다. 여러 단계로 밝기를 조절할 수 있는 것이면 아주 편리하다. 상황에 따라 밝기를 즉시 조절할 수 있기 때문이다. 방의 밝기는 뜻이 깊다. 조명은 약간의 차이로도 영혼의 생리에 큰 영향을 미친다. 따라서 운명에도 큰 차이가 일어난다.

나는 40년 이상 많은 방을 봐왔는데, 대부분 짐이 너무 많고 장식은 엉망이고 조명은 크게 잘못되어 있었다. 이는 한탄할 일이다. 방은 조금만 신경 쓰면 쉽게 개선할 수 있는데 그저 수수방관하고 있으니 말이다. 특히 살림을 전담하고 있는 사람은 방의 개선이 살림 중에 가장 중요한 살림이라는 것을 깨달아야 한다.

한 가지 더 유의할 사항이 있다. 방에 의자가 많아서는 안 된다. 방에서는 가급적 방바닥에 앉아서 지내는 것이 좋다. 이른바 땅에 가까이 다가가야 한다는 것이다. 현대인은 의자생활에 익숙한데, 이는 풍수적으로 바람직하지 않다. 우리 몸은 방의 고요를 흡수해야 하는데 의자는 우리를 일으켜 세운다. 이로써 신경과 영혼은 긴장한 상태가 된다.

방바닥에 앉아 있으면 허리가 강해진다. 도인들이나 명상가들의 자세를 보면 알 수 있지 않은가! 그들이 그렇게 하는 것은 허리의 힘을 강화하기 위함이다. 허리는 몸의 기둥으로서(기둥은 산이다) 영혼을 안정시키고 오장육부의 생리활동을 원활하게 한다. 의자에 계속 기대는 자세는 장기적으로 해롭다.

그리고 의자의 외형은 반듯하지도 않고 짜임새도 없어서 방 전체를 흔들어 놓는다. 꼭 필요한 책상의 의자라면 평소에는 보이지 않게 안으로 바짝 붙여놔야 한다. 의자는 그저 흉물이라고 보면 된다. 인간은 깊어지고 고요해질수록 좋은 운명이 많이 쌓이는 법이다. 방에서는 생활의 절도節度도 필요한데 이는 풍수와 관련이 없기 때문에 여기서는 다루지 않겠다.

벽에 대해서는 할 수만 있다면 입체적인 구조를 만들어놓으면 아주 좋다. 이는 고요 속의 진동인바, 지뢰복(地雷復, 甲子)의 의미가 된다. 이는 회복과 저력을 뜻한다.

방 안에 가끔 뜻깊은 음악이 흘러나오는 것 역시 아주 좋다. 이는 방의 하늘, 즉 천에 생기를 불어넣어주는 것이다. 음악은 사람만 듣는 것이 아니다. 방도 음악을 듣는다. 오래도록 사랑받아온 위대한 음악가들의 명곡에는 좋은 기운이 담겨 있다. 좋은 음악을 들은 방은 반드시 인간에게 보답한다. 이는 율려律呂의 작용으로서 하늘의 기운과 소통하는 것이다.

방을 꾸미는 일은 예술을 넘어서 도道의 영역에 접근하는 신성한 작업이다. 평소에 미안美眼을 높이고, 방의 풍수적인 뜻을 곰곰이 생각하면서 실천하면 된다. 이것이 이 장의 요점이다. 사람이 밖에 나가서 열심히 일을 하고 안에 들어와서 쉬는 시간에 언제나 방의 새로운 꾸밈을 생각한다면 운명은 날로 발전할 것이다.

방은 사람의 손길을 기다리고 있다. "날이면 날마다 새로워져라."(日新又
日新)라는 옛말이 있듯이 우리는 사는 곳을 새롭게 해 만물의 작용을 일으켜
야 한다. 만약 어떤 사람이 방에 대해 아무런 노력도 하지 않고 지낸다면 이는
방을 미워하는 것이 된다. 방은 사랑과 관심을 받아야만 인간의 운명에 보답
한다.

가장 사소해 보이지만
가장 중요한 옥내풍수

풍수는 원래 먼 지역부터 순차적으로 점검하여 현재 위치에 이르는 것이다. 광화문을 보자. 광화문은 조선의 왕궁으로서 우리나라 최고의 터라고 할 수 있다. 이 터의 주변을 살펴보면 뒤쪽으로 삼청동을 지나 북악산에 이르고 앞으로는 을지로를 지나 남산에 이른다. 또한 우측 전면으로는 지세가 하강하여 서울역을 통해 한강 쪽으로 뻗어나간다. 서쪽으로도 지세가 하강하고 신촌을 통해 한강으로 나아간다. 동쪽으로 역시 지세가 하강하여 동대문 쪽으로 나아가 청량리에 도달한다.

어떤 지역의 풍수를 보고자 한다면 주변 조건을 꼼꼼히 살펴야 한다. 멀리 볼수록 좋다. 서울은 주변 사방으로 산이 둘러져 있는데, 이 산들은 백두대간 지맥에서 흘러나온바 백두대간은 멀리 백두산에서 시작된 것이다. 서울은 백두대간의 태백산맥 서쪽에 자리 잡고 있는데 먼 곳까지 보면 태백산맥 줄기가 동쪽을 막아주고 있다.

그래서 태백산맥은 서울을 감싸고 있는 동쪽 벽이라 할 수 있는데, 이는 동해바다에서 들어오는 기운을 막아준다. 더 멀리는 일본이 있어 태평양에서 들어오는 기운을 막아준다. 서울의 큰 주변은 한반도이고, 이는 중국 대륙에 붙어 있다. 아시아 중심에 자리 잡고 있는 중국 땅은 수많은 산과 강으로 이루어져 있는바 이들 모두가 한반도의 주변 지세인 것이다.

이처럼 풍수를 자세히 보자면 광활한 지역을 다 살펴봐야 한다. 한반도의 풍수는 4부에서 다시 논하겠지만 서울의 자그마한 동네의 풍수를 살피는 데도 멀리 한반도 전체의 의미부터 설정해야 한다. 하지만 이 모든 것을 생략하고도 그 공간의 운을 살필 수 있는데, 이것을 옥내풍수라고 한다.

방의 내부구조는 우리가 항상 접하는 것으로 이는 밖에 있는 원거리 풍수 못지않게 중요하다. 즉 내가 사는 집의 모양은 내가 사는 지역의 풍수만큼이나 중요하다는 뜻이다.

아무래도 일반적인 서민이라면 터를 마음대로 정할 수 있을 만큼 재력이 대단하지는 않으므로 사는 곳의 내부에 노력을 집중해야 할 것이다. 당장 먹고 자고 머무는 곳이기 때문이다. 운명이란 것도 실은 옥내풍수의 영향을 가장 먼저 받는다. 이 장에서는 옥내풍수의 예를 살핌으로써 풍수의 원리를 음미하고, 실제로 우리가 사는 곳에 적용할 수 있는 능력을 키우고자 한다.

직장인들은 하루 중 대부분을 직장의 사무실에서 보낸다. 그래서 휴식을 취하는 집도 중요하지만 사무실도 중요하다. 잠깐 설명하자면, 사무실도 천장과 벽, 문, 가구 4가지에 중점적으로 신경 써야 한다. 가장 중요한 것은 개개인의 사무공간이고 그다음은 통로다. 너무 좁거나 지저분한 물건이 쌓여 있으면 안 된다.

사무실은 양의 공간이므로 활력을 북돋워주는 것이 좋다. 집이나 방이 휴식을 중시하는 것과는 좀 다르다. 업종에 따라 약간씩 다르겠지만, 영업장을 겸하는 곳이라면 소통을 강조하는 게 좋다. 그렇지 않다면 지나치게 소통을 강조할 필요는 없다. 활력과 소통만 지나치게 강조하면 시장통처럼 산만해져서 일에 집중할 수가 없기 때문이다. 또한 자신의 사무공간은 가급적이면 간결하고 깔끔하게 정리하는 게 좋다. 책상 위는 곧 그 사람의 머릿속과 같다. 불필요한 잡동사니는 빨리빨리 치우고, 서류나 참고자료 등을 눕혀서 쌓아두는 습관은 좋지 않다.

뇌수해

다시 본론으로 돌아와서, 인사동에 지리산이라는 상호를 가진 한정식집이 있다. 이 음식점을 선전하려는 것은 아니다. 이 집터와 내부구조는 꼭 얘기하고 싶다. 풍수를 공부하는 사람에게 기본개념을 보여주기 때문이다.

이 집은 인사동에 있지만, 뒤쪽으로 올라가보면 운현궁 앞쪽 도로와 이어진다. 이쪽으로 자그마한 골목길이 있는데 좌우의 집들은 현대식으로 지어진 고급가옥이다. 단정한 느낌을 준다. 언덕은 높지 않고 경사도 완만하여 누구나 쉽게 올라갈 수 있다. 지리산은 언덕의 정상(정상이라고는 해도 높지는 않다)에 위치하고 있는데, 집의 뒤쪽에는 풀밭이 있고 주변이 아주 조용하다. 풀밭 주변은 공터인데 이곳으로 향한 집은 없고, 그래서 지리산은 홀로 돋보인다.

이런 터는 괘상으로 뇌수해(雷水解, 癸卯)다. 험난함으로부터 벗어난다는 뜻으로 흔히 볼 수 있는 좋은 터다. 먼저 주목할 것은 뇌수해 괘상 아랫부분인데, 이는 수다. 하지만 수는 물만을 뜻하지 않는다. 자잘한 사물들이 옹기종기

106

모여 있으면 수다. 평범한 서민들의 자그마한 집들이 널리 모여 있으면 이것 역시 수다.

수의 성립조건은 크지도 높지도 않은 집들이 여러 채 널려 있어야 한다. 흔히 볼 수 있는 동네의 모습이다. 주역에서는 사물의 뜻이 중요하기 때문에 사물이 와글와글 모여 있으면 수가 된다. 물의 모습을 보라. 흐물흐물하며 모든 부분이 각자 놀고 있다. 자잘한 물건이 많고 사람들이 자유롭게 돌아다니는 재래시장이 수의 전형적인 모습이다.

지리산은 작은 집들이 군집을 이루고 있는 가운데 불쑥 솟아 있다. 아주 높은 것은 아니고 약간 돋보이는 정도다. 하지만 누가 봐도 한눈에 보이는 위치에 있다. 주변의 집들과 차별화된 것이다. 이런 모습은 인사동 쪽에서 보면 더욱 두드러진다. 잡다한 곳에서 두드러진 것이 뢰, 즉 우레가 된다.

시골에 가면 원두막이 있는데 이것 역시 뢰다. 원두막은 주변을 널리 둘러볼 수 있도록 높게 지어져 있다. 주변의 밭은 수다. 주변과 원두막을 합치면 뇌수해의 모습이 되는데, 내 집과 주변 집들의 관계가 이와 같은 모습이면 좋은 터다. 지리산은 인사동의 자잘한 집들 중에 우뚝 솟아 있다.

인사동 쪽에서 이 집 안으로 들어서려면 돌계단을 올라야 한다. 옥내풍수에 있어 돌계단은 아주 좋은 뜻이 있다. 계단은 집을 떠받들고 있기 때문에 급경사를 올라 대문에 이르는 것은 좋지 않다. 자동차의 통행을 위한 경사로가 있다면 그 옆에 걸어 올라가는 계단이 있어야 한다. 지리산 골목은 차가 다닐 수 없는 곳이므로 계단은 아주 적절했다. 집 자체의 높음을 강조하고 주변 집들과 확실하게 차별화했다. 뇌수해의 전형인 것이다. 풍수를 공부하는 독자라면 그 집 앞 정도는 실제로 방문해봐도 좋을 것이다.

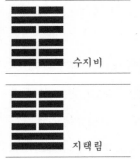

수지비

지택림

나는 그 집 안으로 들어가 보았다. 우연히 식사를 하기 위해 들어갔었는데, 옥내풍수의 또 다른 좋은 사례가 그 안에 있었다. 방의 모습이다. 계단을 올라가 대문 안으로 들어서면 뜰에 이르는데, 우측에는 맑은 물이 고여 있다. 연못도 아니고 샘물도 아니지만 물은 생동감이 있었다.

집 주변의 맑은 물은 어느 곳에 있어도 대체로 좋다. 주역에서 물의 종류는 16가지인데, 이 집의 물은 수지비(水地比, 癸亥)로서 화합을 상징한다. 음식점 영업을 하는 데 적절한 뜻을 취한 것 같다. 물론 이 집 주인이 구체적으로 그 물의 뜻을 알아서 그렇게 조성해놓은 것인지는 알 수 없다. 어쩌면 그저 상쾌한 느낌을 얻기 위해서 물을 사용했을 것이다.

마루로 올라가보았다. 여기부터가 실내다. 마루는 높지 않아서 쉽게 올라설 수 있었다. 좌우로 몇 걸음 걸으면 식당이 나온다. 이 집에는 방이 여럿 있었다. 인사동 근처 식당들은 거의 다 마루를 걸어서 방에 이르는 구조로 되어 있다. 마루에서 방문을 지나 들어가면 식사를 하는 장소다. 대부분의 집이 이렇게 되어 있으니 그다지 특별할 것은 없다.

그런데 지리산은 방이 특별했다. 방의 위치가 마루보다 조금 낮았다. 마루에서 약간 파여 있는 구조였다. 그렇다고 해서 마루에서 방으로 들어갈 때 고꾸라질 정도로 깊게 파진 것은 아니고 약간 깊은 정도다. 방에 들어선 순간 쑥 들어간 느낌이 들었고, 안정되고 아늑한 기운이 감돌았다. 그런 기분이 들도록 집주인이 일부러 방을 그런 식으로 만들어놓은 것이 틀림없다.

방의 구조는 지택림(地澤臨, 乙丑)이었다. 이 모양은 크게 안정되고 깊게 자리 잡는다는 뜻이다. 동네의 터줏대감을 뜻하기도 하고, 유서가 깊다는 뜻도 있다. 이런 곳에서는 영혼이 안도감을 느낀다. 이 방에서 다른 것은 특별히 볼 것이 없었다. 사람이 많이 드는 곳이니 가구가 있을 리 없고, 벽은 고풍스럽게 꾸며놓아서 깊은 맛을 강조했다. 이런 곳이 가정집이라면 잠이 잘 오고 어린아이도 잘 울지 않는다. 노인의 경우라면 병들지 않고 장수할 수 있다.

　여기서 생각해볼 것이 있다. 이런 방을 어떻게 만들었을까? 방을 깊게 파는 공사를 했을까? 그렇지 않다. 자세히 관찰해보니 마루를 약간 높인 것이다. 그렇게 하면 상대적으로 방이 깊어진다. 기발한 발상이다. 간단한 공사로 방의 뜻을 깊게 만든 것이다. 가정집에서도 이렇게 만들어놓으면 좋을 것이다. 집 전체의 안정력을 높일 수 있기 때문이다. 이는 작은 노력으로 큰 효과를 이룩해놓은 걸작이다.

　또 다른 작품 하나를 음미하자. 장소는 서울에서 멀리 떨어진 충북의 어느 산골 마을이었다. 나는 대나무 숲을 보기 위해 그 동네를 찾았다. 멋진 풍경을 기대하지는 않았고, 무작정 대나무 숲을 찾아 떠났는데 뜻밖의 집을 만났던 것이다. 이 집은 큰 산의 맥이 집의 바로 뒤까지 이어져 있고 앞에는 널찍한 연못이 있다. 우측으로는 대나무 숲이 언덕을 따라 펼쳐져 있고 좌측으로는 큰 산으로 올라가는 완만한 길이 있었다.

　집은 산길을 기준으로 약간 높은 곳에 있어 풍수를 두루 갖추었다. 단지 아쉬운 것은 앞마당에 경사가 있다는 것이었다. 이는 주역의 괘상으로 천지부(天地否, 元土)에 해당되는데 땅으로서는 가장 나쁘다. 물론 약간의 공사로 땅의 모양을 바꿀 수 있다. 어쨌건 지금은 옥내풍수를 관찰하는 중이므로 안으

천지부

지택림

로 들어가보자.

집주인이 안내한 곳은 객실로서 등산객이 식사를 하며 쉴 수 있는 곳이다. 이 집은 산장식당인 셈이다. 사방의 넓은 지역에 집이라곤 이곳뿐이다. 산의 정적과 대나무 숲은 신비롭게 조화를 이루고 있었다. 객실은 널찍한 공간에 바닥이 나무로 되어 있다. 마루방이다. 벽은 시골스럽게 꾸며져 있어 한가롭고 평화로운 느낌을 주었다.

마루방 한가운데에는 큼직한 나무 상이 있었는데 방이 크기 때문에 그다지 넓은 자리를 차지하지는 않았다. 상은 일부러 벽 쪽으로 가까이 붙여놓은 듯했다. 그럴 만한 이유가 있었다. 벽에는 아주 특이한 시설이 있었는데 풍수적으로는 작품성이 최고였다. 무엇일까?

마루와 벽 사이에 널찍하고 기다란 공간이 있었다. 깊숙이 파여 있고 파 들어간 면과 바닥은 그저 돌이었다. 만일 이곳에 물이 있다면 깨끗한 연못이었을 것이다. 하지만 물이 없어도 이곳은 연못이었다. 다만 청량감보다는 한적한 느낌과 고풍스러운 신비감을 자아냈다. 나는 그 방에 앉아 있는 내내 그곳을 연못으로 느꼈다. 이로서 방은 마치 나지막한 정자 같아진 것이다. 그렇기 때문에 방은 시원하고 가볍게 날아오르는 듯한 기분을 주었다.

이 방의 총체적 의미는 지택림(地澤臨, 乙丑)이다. 이 괘상은 앞에서도 언급했었지만 여기서는 다소 차이가 있다. 인사동에 있는 지리산과 산장의 마루방을 비교하자. 먼저 괘상을 보면 지택림으로 지와 택이 합쳐져 있다. 이 중에서 지리산은 택이었던 것이다. 이는 아래에 있어서 안정된다는 뜻이다. 반면 산장 마루방은 지다. 이는 받들려 가볍다는 뜻이다.

같은 지택림이라도 뜻이 상하로 구분되어 있다. 만물의 뜻은 쉽게 보면 8가지로 구분할 수 있고 조금 더 자세히 보면 64가지가 된다. 일반적인 풍수는 땅을 64가지로 분류하면 충분하다. 굳이 더 자세히 보자면 128가지가 될 수 있다. 물론 이보다 정밀하게 철저히 본다면 384가지가 된다. 지금 여기서는 128가지로 확대된 옥내풍수를 전개하는 중이다.

지택림의 위쪽 지에 해당되는 곳에 오래 머물면 높은 직위에 오르게 된다. 산장주인의 관상을 보건대 그럴 사람은 아닌 것 같고, 필경 그 자식들 중에 누군가가 크게 될 것 같다. 산장주인이 산장을 팔아버리면 아무리 큰 돈을 받더라도 손해일 것이다. 그토록 좋은 곳은 팔면 안 된다.

산장 마루방의 모양을 좀 더 설명하겠다. 독자 여러분도 확실히 이해한 후 훗날 그런 방을 만들어보기 바란다. 쉬운 예로 일식집의 방을 생각해보자. 방 한가운데를 깊이 파놓고 그 속으로 다리를 내려놓을 수 있다. 이곳은 다리를 내려놓게 만들었을 뿐 특별히 다른 용도는 없다.

하지만 그 위에 상을 덮고 다리를 그 안에 내려놓고 둘러앉으면 아주 편안하다. 보통 방에서는 이런 작용이 나오지 않는다. 탁자 주위를 빙 둘러 의자 위에 앉아도 별로 재미가 없다. 방 가운데를 깊게 파놓고 상을 얹은 후 다리를 집어넣고 둘러앉으면 이상하게 편안하다. 그런 구조가 일본의 전통방식인지는 모르겠으나 이렇게 해놓으면 지택림이 되는 것은 분명하다.

산장 마루방은 이것을 벽 쪽으로 옮겨 연못 같은 느낌을 창조했다. 그런 곳에 오래 앉아 있으면 잔병이 사라지고, 그 앞에서 책상을 놓고 공부한다면 공부도 잘될 것이다. 그곳에서는 술을 많이 마셔도 별로 취하지 않을 것이다.

그런데 그 방은 처음에 지을 때부터 그렇게 한 것 같았다. 바닥을 깔 때 나무를 벽 끝까지 붙이지 않고 한쪽에 공간의 여유를 둔 것이다. 방은 실제보다 넓게 느껴졌고 방바닥 전체는 살아 있는 느낌이 들었다. 필경 우리의 영혼은 안도감과 시원함을 함께 느꼈을 것이다.

다만 이런 곳은 잠을 자는 것보다는 앉아서 활동하는 공간으로 활용하는 게 적합할 것이다. 특히 명상을 한다면 바로 이런 곳에서 해야 한다. 물 없는 연못, 그 앞에서 명상을 한다면 맑음과 고요함을 동시에 얻을 수 있다. 명상의 목표는 바로 맑고 고요함인바, 명상이 잘되는 지역이나 집 등은 풍수가 좋은 법이다.

운을 좋게 만드는
방의 핵심은 아름다움과 안정감

형상이란 껍질에 불과한 것 같은데 실제로 그 작용은 한없이 깊다. 미술작품은 그 형상을 꾸미는 행위에 불과하다. 우리가 미인을 좋아하는 이유가 무엇인가? 바로 그 형상 때문이다.

생물의 진화과정을 보면 처음엔 힘이 득세했다. 그러나 지혜가 등장함으로써 판세가 뒤집어졌다. 인간은 지혜를 구사하면서 자연계의 최고 강자로 부상했다. 이로써 자연계는 결론이 난 것처럼 보였으나 여인의 미가 진화함에 따라 남자의 지혜는 그 앞에 굴복하게 되었다. 힘과 지혜는 아름다움을 당할 수가 없다.

미는 곧 형상이자 자연의 결론이다. 이는 앞에서도 누차 얘기했다. 주역에서는 이를 화풍정(火風鼎, 辛巳)이라 하며, 만물의 종점을 의미한다. 이것도 앞에서 설명했지만 여기서는 우주의 진화 방향을 특별히 강조하고자 한다. 진화는 원래 종점이 없고 영원히 계속되는 것이다. 주역의 화풍정 역시 역사의 한 단락을 얘기할 뿐이다.

화풍정

아울러 풍수는 만들어진 것에 대한 해석이다. 풍수는 결국 형상과 같고, 형상은 어느 곳에나 존재하는 사물이다. 산과 바다에도 있고, 숲속이나 도심에도 있으며, 실내공간에도 있다. 형상은 어느 곳에 있든 그 작용이 동일하다.

따라서 우리는 이를 활용할 수 있다. 실내공간을 알맞게 꾸밈으로써 강산의 작용을 내부로 끌어오는 것이다. 현대문명은 벌판에 대규모 공사를 일으켜 풍수를 창조하기도 한다. 벌판은 원래 풍이다. 하지만 도시가 들어서면 산 또는 뢰로 바뀔 수 있다. 공사의 규모가 크기 때문에 가능한 것이다.

그리고 실내장식이 진화함에 따라 세밀한 풍수도 창조하게 되었다. 바로 앞에서 살펴본 바와 같이 옥내풍수는 중요한 의미를 갖고, 특히 어린아이는 옥내풍수의 영향을 더 많이 받는다. 노약자나 여자도 마찬가지다.

옥내풍수라고 신비하게 얘기할 것도 없이 인테리어 디자인이라고 쉽게 말하면 된다. 서양에서도 실내장식과 풍수의 결합에 관한 연구가 한창 진화하는 중이다. 이 연구는 미술과 심리학 등을 아우르고 있는데, 그들은 아직 절대 학문인 주역에 이르지는 못하고 있다. 하지만 그들은 주역의 뜻은 몰라도 결과적으로 영혼에 작용하는 훌륭한 풍수를 창출하고 있다. 그들은 그들 나름의 방식이 있을 것이다.

동양에는 다행히 먼 옛날부터 이론이 확립되어 있었다. 물론 동양의 이론은 강산에만 적용되어 왔었던 것이 사실이다. 하지만 자연의 법칙은 큰 곳이든 작은 곳이든 평등하게 작용한다. 따라서 우리는 서양보다 앞선 이론을 이미 가졌고 생활에 적용할 수 있다. 옥내풍수는 다소 복잡한 면이 있는데, 그만큼 다양한 형상을 자유롭게 구사할 수 있다는 장점도 있다. 신들이 땅에 그것을 해놓았다면 우리는 방에 할 수 있다.

한 가지 예를 들어 옥내풍수의 한 측면을 살펴보자. 인테리어 디자인은 무수히 많지만 그 모든 것에는 일정한 패턴이 존재한다. 이것은 동양풍수의 진면모다.

종로에 한일장이라는 식당이 있다. 실명을 밝힌 이유는 앞서 얘기한바 있고, 식당을 예로 든 것은 사람이 자주 드나드는 곳에서 풍수의 진면모를 볼 수 있기 때문이다. 한일장으로 들어가보자.

우선 자그마한 공간이 나온다. 아직 식당 안에 들어선 것이 아니다. 안으로 들어서기 전에 여유공간을 만든 것이다. 원래 문을 열자마자 방이 정면에 나타나는 구조는 좋지 않다. 문이란 성질이 풍이고 문짝 그 자체는 산이다. 풍은 출구를 뜻해 밖으로 통한다는 의미를 가졌다. 그런데 우리가 안에서 문을 바라볼 때 그 뒤가 곧바로 밖이라면 불안한 느낌이 든다.

그래서 보통은 현관문을 열었을 때 방이 곧바로 나타나지 않고 좌측 또는 우측으로 잠깐 비켜서 방에 도달하게 만든다. 구조적으로 그렇게 되기 어렵다면, 문 앞에 가리개를 설치해두면 된다. 이미지월이나 나무 병풍 같은 것으로 말이다. 방 안에 있을 때 바깥이 느껴져서는 안 된다. 문을 열고 들어섰을 때 바깥 공간과 방 사이에서 한 템포를 늦추게 하는 것이 풍을 막는 산의 역할이자 개념이다.

한일장은 바깥문을 열면 칸막이 정도가 아니라 별도의 공간을 만들어놓고 거기에 꽃을 잔뜩 차려놓았다. 영업장이니까 이렇게 만들었나보다 하고 생각할 수도 있겠지만 일반 가정집도 이런 식으로 만들어놓으면 나갈 때도 여유가 생기고 들어오려고 문을 열 때도 바깥 기운, 즉 풍이 차단된다.

옥내풍수에서 입구는 아주 중요한 요소다. 입구가 제대로 되어 있으면 방에 들어갔을 때 바깥의 기운을 완전히 잊을 수 있다. 방에서 바깥이 신경 쓰인다면 이는 방의 기능이 손상된 것이다. 그래서 여러 번 강조했듯이, 특히 문에 대해서는 대단히 신경을 써야 한다. 칸막이 정도라도 가려놓는 게 좋지만, 화분을 놓아두면 방에 들어가 있는 사람에게도 좋은 기운을 준다. 방이 더 깊어지고 아늑해지기 때문이다. 바깥이 멀리 있다는 느낌을 영혼에 주입하는 것이다. 만약 가정집이 문을 열자마자 곧바로 도로와 연결되어 있다면 당장 이사를 가야 한다. 그런 곳에서 오래 살면 모든 것이 날아가버릴 수 있다. 건강, 재산, 친구, 지위 등 모든 것이 말이다.

한일장의 문 앞 꽃밭은 한 평 남짓이었는데, 여기에서 좌측으로 꺾어 들어가면 실내로 들어설 수 있다. 여기서도 아직 식당은 보이지 않는다. 우측으로 한 번 더 꺾어서 들어가야 비로소 식당의 전모가 드러난다. 꽃밭의 칸막이는 유리로 되어 있어 청량한 느낌이 든다. 단순히 나무였다면 일순간 답답함을 느낄 수 있을 것이다. 한일장 주인은 이 점까지도 배려했을 것이 틀림없다. 꽃밭을 지나 내부로 들어서면 우측에는 식당, 좌측에는 카운터가 위치해 있는데 카운터는 바깥, 즉 도로 쪽을 등지고 있다. 카운터 뒤쪽은 나무가 아니라 유리로 된 벽이다. 이것도 밝은 기운을 제공하고 있다.

이제 식당에 들어섰다. 우측으로 넓은 공간이 나오고 조금 더 들어가면 이어진 공간이 있다. 이곳은 더 아늑하다. 바깥과 식당 안의 벽, 꽃밭의 안쪽이 ㄷ자 모양이고 ㄷ의 터진 곳은 좌측인데, 식당의 중앙과 맞닿아 있다. 원래 꽃밭이 없었으면 ㄷ자 공간도 없고 바깥에서 들어오면 바로 직사각형의 널찍한 홀이 나왔을 것이다. 보통 식당은 거의 그런 식이다. 한일장은 꽃밭 칸막이 때문에 공간을 많이 소모했다. 하지만 손님 10명을 더 받을 공간을 줄여서 아늑함을 창조해낸 것이다.

자, 이제 식당 안을 살펴보자. 꽃밭을 등지고 보면 우측의 기다란 벽에 옹벽을 쌓아놓았다. 이미 벽이 있는 곳에 한 겹을 더 쌓아서 층을 만든 것이다. 벽이 두툼해 안정감을 준다. 이것은 산으로서 그 작용은 바로 안정감이다. 넓은 공간이 허전할 때는 산의 원리를 이용하는 것이 좋다. 이 식당의 탁자는 매우 크고 육중하다. 이것도 산에 해당한다. 의자도 그렇다.

하지만 이미 안정적인 실내에 벽을 한 겹 더 쌓은 이유는 무엇일까? 대단한 이유가 있었다. 그 위에 화분을 잔뜩 올려놓아 커다란 꽃밭을 만들기 위한 것이다. 문 입구에 만들어놓은 작은 꽃밭에서 큰 꽃밭으로 안내된 셈이다. 홀은 육중한 의자와 탁자 때문에 안정감이 있었고 꽃들로 인해 환한 느낌이 가득 찼다. 벽은 홀의 공간을 소비했고, 큰 탁자 때문에 손님을 덜 받게 되긴 했었지만 홀 전체는 평화로움 그 자체였다.

이런 곳은 태위택(兌爲澤, 甲辰)이라 부른다. 꽃은 화, 즉 아름다움이고 탁자는 산, 즉 안정이지만 이들이 어우러져 만든 공간 자체는 택, 즉 정원이다. 택은 인간이 보호받는 곳, 영혼이 머물고 싶어 하는 곳이다. 정원이란 꽃이나 연못, 바위 등으로 꾸밀 수도 있지만 사물들의 뜻(괘상)을 적용하면 다른 것으로도 정원을 만들 수 있는 법이다. 정원의 완성도가 높으면 태위택이 된다.

이 식당은 화분과 탁자, 입구의 꽃밭, 도로를 등진 카운터 등으로 작품성

태위택

지택림

이 뛰어난 밀실화원을 만들어냈다. 땅은 인간이 어떻게 가꾸느냐에 따라 한없는 변화가 가능하다. 그러니까 좋은 땅에 너무 집착하기보다는 주어진 공간을 낙원으로 만드는 기술을 터득하는 것이 더욱 바람직하다.

밖으로 나와서 이 식당을 다시 살펴보자. 전면에 도로가 좌우로 통해 있고 사람이 다닐 수 있는 보도가 있다. 그리고 건물들이 도로와 수평으로 나란히 줄지어 있는데, 특이한 것이 눈에 띈다. 한일장 건물은 좌우 옆 건물과 비교해서 안으로 쑥 들어가 있다. 건물주가 자기 땅을 사용하여 실외에 별도의 터를 만들어놓은 것이다. 요즘 세상에 한 발짝이라도 더 삐져나와서 자기 집을 넓히려는 사람이 대부분인데 한일장은 거꾸로 자기 땅을 양보해 지나다니는 사람들을 위한 터를 만들어놓았다. 물론 의도한 바는 아니었을 것 같다. 아마도 관련 법령에 따라 건물을 짓다 보니 그리 되었을 것이다.

그리고 그 터에 반듯한 꽃밭을 조성해놓았다. 행인이 지나가다 잠시 멈추어 그 꽃을 감상할 수도 있게 만든 것이다. 식당으로 들어가지 않아도 그곳에 서서 쉴 수 있다. 꽃밭의 아름다움과 평화스러움, 즉 택의 기운을 잔뜩 느낄 수 있게 만든 것이다.

집 앞에 약간의 공간이 있으면 집에 들어설 때 깊은 맛을 준다. 반면 집 바깥 면이 도로와 직접 맞닿아 있거나 가까이 접할수록 안에서는 불안감이 커진다. 이 집은 도로에서 후퇴한 공간을 만들어 실내를 깊게 했고(이는 지택림이다), 이에 더해 실내로 들어서자마자 홀을 보호하는 꽃밭을 만들었다. 또한 실내에는 별도의 공간을 마련해 옹벽으로 꽃밭을 만들었다. 풍수를 대범하게, 아름답게 창조한 것이다.

식당 주인은 어떤 사람일까? 꽃을 좋아하는 사람일까? 어쩌면 옥내풍수의 대가일 수도 있다. 나는 그 집 앞을 지나갈 때마다 미소를 짓는다. 도심에서도 혹은 번잡스러운 식당에서도, 이렇게 아름다운 공원을 느낄 수 있다는 것이 즐겁기 때문이다. 이런 곳에 잠시라도 다녀간다면 그곳의 기운을 받을 수 있으리라. 인간의 선한 손길이 아름답다.

통로가 좁은 집은
불화가 끊이지 않는다

나는 얼마 전 광화문에 있는 정부서울청사를 방문했다. 그 건물은 잘 지어진 것으로, 수십 년 전 공사 중일 때도 구경을 와본 적이 있었다. 특히 건물의 위치가 참 좋다. 경복궁을 지키는 우백호 역할을 하기 때문이다. 그곳에 건물이 없었다면 광화문 광장이 다소 약한 느낌이었을 것이다. 맞은편의 교보빌딩도 정부서울청사와 함께 광장을 근엄하게 만드는 역할을 한다. 이는 터에 산의 기운을 불어넣어주는 것이다. 우연히 그렇게 지었는지도 모르겠지만 광장을 제대로 돕고 있다.

정부서울청사는 교보빌딩에 비해 아주 잘 지은 건물이다. 하늘을 찌를 듯 웅장하게 세워진 이 건물은 뢰, 즉 위엄을 나타내고 있다. 수십 년 전 처음 그 건물을 지을 당시에는 그 위엄이 더더욱 대단했다. 요즘은 워낙 큰 건물이 많아져 정부서울청사도 예전만큼 빛을 발하지 못하고 있지만 그만하면 괜찮은 편이다. 나는 그날 건물 내부에 처음 들어가봤는데, 그 자체로 나에게는 좋은 징조였다. 내가 간 곳은 모 부서가 입주해 있던 크지 않은 사무실이었고 거기에 풍수거리가 있어서 소개하겠다.

내가 그곳에 간 이유는, '주역과 인격'에 관해 강의를 하기 위해서였다. 담당자로부터 좋은 질문을 받았다. "저희 사무실이 어떻습니까?"였다. 그리고 강의 도중에 천장의 중요성에 대해 얘기할 기회도 있었다. 어쨌거나 그 사무실의 천장부터 얘기하자면 한마디로 0점이었다. 나는 이렇게 얘기했다.

"구제불능이에요. 천장은 이렇게 꾸며놓으면 안 돼요. 아무 뜻도 없는 그냥 천장일 뿐입니다."

뇌천대장

뇌산소과

천장은 원래 뢰다. 옛 성인이 뇌천대장(雷天大壯, 乙巳) 괘상을 보고 집이라는 것을 만들었다고 앞서 설명했는데, 건물의 천장은 바로 뢰다. 이게 무슨 뜻일까? 이는 하늘에 땅을 올려놓는다는 의미다. 뢰에서 윗부분에 있는 음의 중첩은 흙이다. 묵직하게 올려놓는다고 이해하면 된다. 우리나라 전통 가옥들은 기와로 지붕을 덮었는데, 그 묵직함은 완전히 뢰에 부합한다.

천장은 내부에 있는 것이지만 지붕의 연장이므로 권위 있게 지어야 한다. 뢰의 뜻이 지붕이고 또한 권위이기 때문이다. 영혼에 영향을 미치는 것들 중 제1순위가 바로 지붕과 천장이다. 집은 지붕과 천장을 기본으로 지어나가야 한다. 정부서울청사의 그 사무실은 천장이 밋밋한 석고텍스로 되어 있고, 꾸민 것은 아무것도 없었다. 풍수적으로 역할이 전혀 없다는 뜻이다.

천장에 관해서는 뒤에 다시 논하기로 하고 사무실을 살펴보자. 그곳에서 일하는 공무원이 "저희 사무실이 어떻습니까?"라고 물었을 때 나는 즉각 대답했다.

"남대문시장 창고 같습니다!"

사무실의 각종 집기들은 배치가 형편없었다.

풍수적으로 집기를 올바르게 배치하는 방법은 두 가지 조건을 충족시켜야 하는데, 첫째는 공간 확보다. 어떤 방법으로든 사람이 머물 수 있는 공간을 최대한 넓혀야 한다. 정리정돈만 잘해도 의외로 넓은 공간을 확보할 수 있다. 우리가 사는 방도 연구만 잘하면 제법 넓게 쓸 방도가 있다. 공간이란 사람이 오래 머물수록 좁아지는 경향이 있다. 이는 자연의 법칙이다. 엔트로피 증대의 법칙이라고 하는데, 물체들이 넓게 퍼지고 잡동사니들이 증가하는 것을 말한다. 어떤 집이든 처음 이사 왔을 때는 넓은 법이다. 하지만 살면서 무엇인가가 계속 쌓인다. 결국 짐이 사람을 위축시킨다.

두 번째 조건은 통로 확보다. 그 사무실은 안에서 이동하기가 힘들었다. 통로가 너무 좁아서 옆으로 비켜서서 이동해야 하는데, 그러다 보니 이동의 효율이 아주 낮았다. 걸리적거리는 것이 많다는 뜻이다. 이는 아주 중요하다. 좁은 데다 걸리적거리는 것이 많으면 위험이 발생한다. 사무실의 경우는 약간 다르지만 가정집의 경우에는 문제가 심각하다.

나는 그 사무실을 보는 순간, 먼 옛날의 기억이 새롭게 떠올랐다. 좁고 걸리적거리는 방! 네 쌍의 부부가 싸우고 헤어졌던 그 방 말이다. 이제 그 흉가가 왜 흉한지 그 이유를 설명해보겠다.

공간이 좁을 경우 뢰라고 말한다. 이는 압축이다. 뢰의 괘상은 음이 중첩되어 양을 짓누르고 있는 형상이다. 공간이 너무 좁으면 뢰의 기운이 쌓인다. 그리고 걸리적거리는 물체가 있으면 이는 산, 즉 덩어리라고 부른다. 산은 원래 안정을 도모해주는 사물인데, 그것이 과하면 안정을 넘어 활동력을 집어삼키는 역할을 한다. 터에도 나무나 돌이 통로를 지나치게 침범하면 이는 산으로 풀이한다. 산은 집 밖에 있으면 나를 보호하는 역할을 하지만 방 안에 있거나 지나칠 경우는 나를 해치는 역할로 바뀐다. 산은 적을 꼼짝 못하게 해야지 나를 꼼짝 못하게 해서는 안 된다.

뇌산소과

택풍대과

총체적으로 협소한 공간에 방해물이 많으면 뇌산소과(雷山小過, 元土)가 되는데, 이는 위축되고 상하가 서로 대립한다는 뜻이다. 이는 부부싸움의 전형이다. 부부란 원래 서로 성품이 다르기 때문에 그 자체로 긴장이 고조되어 있는 상태다. 긴장을 풀어주는 것은 아늑함, 즉 택인데 산처럼 단단히 굳어 있으면 결국은 폭발하는 법이다.

나는 이런 집을 종종 보는데, 역시나 그곳에서 사는 부부의 과도한 긴장상태를 자주 목격했다. 물론 항상 이혼으로 끝났던 것은 아니었다. 그러나 부부 사이의 싫증 상태가 계속되는 상황이었다. 무려 네 쌍이 이혼했던 흉가는 터가 나빠서 그랬던 것은 아니다. 인간이 가구 배치를 잘못해서 그랬던 것이다.

그 방의 내부구조를 구체적으로 살펴보자. 방은 골목과 나란히 위치해 있고 모양은 길쭉한 사각형이었다. 이 방으로 들어가려면 골목길로 나 있는 조그마한 문이나(이런 문은 흉하다) 우측에 있는 대문을 통과해야 하는데, 안으로 들어서면 전면에 두 가구가 살고 있고, 대문 바로 좌측에 문제의 방이 있다. 대문에서 몇 걸음 들어가면 좌측으로 마루가 나타나는데, 이곳이 안채다. 마루로 올라서면 좌측에 또 문이 나타난다. 이곳도 그 방으로 들어가는 문이다.

그 방에는 문이 3개 달려 있는 셈이다. 하나는 바깥의 골목, 두 번째는 대문 안쪽, 또 하나는 마루 쪽인데, 이 마루는 집주인의 방과 연결되어 있다. 문제의 방은 셋집으로, 처음 그곳에 살게 된 사람은 중년의 A부부였다. 언젠가부터 A부부는 심하게 싸우기 시작했는데, 평균적으로 일주일에 10번 정도는 싸웠던 것 같다. 나는 그 방에 싸움을 말리러 들어간 적이 한 번 있고, 또 한 번은 식사 초대를 받아 들어가보았다.

당시 내가 살던 곳은 대문에 들어섰을 때 정면에 보이는 구석방이었다. 나는 그곳에서 3년 정도 살면서 A부부의 방을 관찰했는데 그 방은 끝없이 싸움이 일어나는 곳이라는 생각이 들었다. A부부가 살던 방은 어지럽기 그지없었다. 정돈은 잘되어 있었지만 방이 좁고 살림살이가 많아서 사람이 비집고 들어갈 틈이 없었다. 내가 그 방에 들어섰을 때도 앉을 곳을 만들기 위해 가구들을 한쪽으로 밀어야 했다. 이런 곳이라면 인간은 거의 100% 싸움으로 치닫게 된다.

방에 사람이 많아서 포화상태가 되면 이는 택풍대과(澤風大過, 壬午)라 하고, 물건이 너무 많거나 정리가 안 되어 있으면 뇌산소과다. 두 괘상 모두 싸움을 피할 수 없다.

그 방의 두 번째 주인은 젊은 B부부였다. 이들은 처음 이사를 와서 마루로 통하는 문을 장롱으로 막아버렸다. 다른 방법이 없었다. 장롱을 반대편에 놓으면 창문을 막아 방이 완전히 어두워지기 때문이었다. 부엌은 바깥(골목)으로 통하는 쪽인데, 통로를 조금 막아 화장대를 설치했다. 대문 안 마당으로 통하는 문 근방에는 TV 등 잡동사니가 쌓여 있었다.

누구든 이 방에 들어서는 사람은 제대로 운신할 수가 없고 잠시 갇힌 듯한 느낌이 든다. 마음이 급해지고 짜증이 날 수밖에 없다. 특히 밀실공포가 있는 사람은 이 방에서 숨이 막힐 것이다. B부부는 여러 가지 인생의 고통을 싸움으로 해결했다. 분노는 고통, 특히 공포를 해소하는 좋은 수단이기 때문이다. 결국 B부부도 이혼했다. A부부에 이어 두 번째인 것이다.

세 번째인 C가족(좁은 방에 자녀까지 있었다)도 같은 환경에서 살았는데, 남편이 가출한 후 돌아오지 않았다. 여기까지만 얘기하겠다.

사는 데 꼭 필요한 물건들은 있어야 한다. 하지만 짐이 너무 많고 정돈되어 있지 않으면 내분이 발생하는 법이다. 부부들은 싸움을 할 때 상대방 때문이라고 말하지만, 실은 사람이 아니라 방에 문제가 있는 경우가 대부분이다.

운명을 개선하고 싶다면 조금이라도 넓은 방을 구해야겠지만, 그것이 여의치 않으면 살림살이라도 최대한 줄여야 한다. 자꾸 물건을 사들여 방을 좁게 만들어서는 안 된다. 좋은 터에 살고 제법 넓은 방에서 사는 사람도 자꾸 물건을 쌓아놓기 시작하면 종래에는 뇌산소과가 된다.

집 밖 동네도 같은 원리가 적용되는데, 길이 공연히 돌아가게 되어 있고 통로에 걸리적거리는 게 많으며 1년 내내 공사가 끊이지 않으면 이 동네는 글러 먹었다. 자신의 집이 어지간히 좋지 않으면 이런 동네에서는 떠나야 한다. 동네는 한적할수록 좋고 외부로 나가는 길은 시원하게 뚫려 있어야 한다. 통로가 좁고 구불거리는 데다 걸리적거리는 게 많은 동네라면, 거기다 주민 수마저 많으면 지옥이 따로 없다. 당장 나오지 않으면 반드시 그 땅의 흉한 기운을 뒤집어쓰게 된다.

세상은 아주 넓어서 나쁜 땅은 대개 드물게 존재하는 법이다. 인류가 오래 살면서 나쁜 땅을 꾸준히 도태시켜왔기 때문이다. 하지만 나쁜 방은 의외로 많다. 첫째는 그곳에 사는 사람이 무심하게도 방을 죽여버렸기 때문이고, 두 번째는 건물구조가 이상하기 때문이다. 세 번째는 건물 바깥의 환경 또는 그 지역 풍수 때문인데, 세 가지 중에서 가장 시급히 살펴야 할 곳은 바로 내가 사는 방이다.

일본 사람들은 대개 좁은 곳에서 사는데, 방을 꾸며놓는 데는 일가견이 있다. 방의 평균 크기는 민족마다 다르고 빈부에 따라 차이가 난다. 하지만 인간은 일단 주어진 공간을 잘 가꾸며 살아야 한다. 만약 어떤 사람이 좁은 곳에 살면서도 그곳을 최대한 넓어 보이게 꾸며놓는다면 이로서 행운을 얻어 더 넓은 곳으로 이사할 운명이 생기는 법이다.

사는 곳의 운명은 수동적으로 지켜보기만 해서 될 일이 아니다. 열심히 고민하고 끝없이 개선해나가야 한다. 의자 하나, 그림 하나, 책장 하나도 방의 운명을 바꾼다. 이 장의 요점은 활개 칠 수 있는 방을 만들어야 한다는 것이다. 앞에서 말한 그 사무실은 좁은 통로 때문에 활개 치기가 쉽지 않았다. 그래서 그곳 직원들까지 운명의 불이익을 당할 수 있다. 가정집의 경우 뇌산소과의 방은 터에 병이 난 것과 같다. 빨리 치료해야 한다. 방법을 모르면 연구하고 배워야 할 것이다.

세상에서 가장
편안한 곳은 어디인가?

왕이 사는 곳, 부자가 사는 곳, 권력자가 사는 곳은 아마도 일반인이 사는 곳보다 더 편안할 것이다. 또한 천국이나 극락이 있다면 그런 곳은 아마 더욱 편안할 것이다. 인류의 꿈은 그런 곳에 머무는 것이다. 지상에는 그런 곳이 없을까? 있다! 함께 생각해보자. 그곳은 옥황상제가 사는 곳보다 더욱 좋은 곳이다. 어딜까? 어떤 사람이 갈 수 있을까? 누구나 갈 수 있다! 어디?

과거에 우리는 모두 딱 한 번 그곳에 있었다. 그곳은 천국도 부럽지 않다. 착한 사람이든 죄 많은 사람이든 누구나 가본 곳이다. 나도 그곳에 가봤다. 독자 여러분도 예전에 그곳에 있었다. 너무 편안해서 영원히 머물고 싶었지만 그곳은 머물 수 있는 기한이 정해져 있다. 그곳은 평등한 곳이고, 누구나 고통 없이 행복하기만 할 뿐이다. 다시 가보고 싶지만 갈 수가 없다. 가능하다면 그런 곳을 만들어 영원히 살고 싶다. 대체 어디일까?

바로 어머니의 자궁 속이다! 우리는 누구나 그곳에서 머물다 나왔다. 매우 좋은 곳이었다. 이제는 다시 돌아갈 수 없다는 사실이 한스러울 뿐이다. 이곳

지택림

수뢰준

의 괘상은 지택림(地澤臨, 乙丑)이다. 깊숙이 안정된 곳이라는 뜻이다. 우리의 영혼은 불안한 존재이기 때문에 그와 같이 편안한 곳에 언제까지나 머물고 싶어 한다.

하지만 쫓겨났다. 이유가 무엇이든 간에. 어머니의 자궁 속은 우리의 영원한 고향으로, 이 세상에서 가장 아늑한 곳이다. 그래서 불안이 많은 영혼조차 그곳을 그리워한다. 영혼이 그리워한다고? 그렇다! 증거가 있는가? 있다. 이제부터 어머니의 자궁, 우리의 영원한 고향에 대해 고찰해보자. 그로 인해 우리는 앞으로 공부할 주역 풍수에 대해 중요한 식견을 얻을 것이다.

오래전 정신생리 과학자들은 중요한 실험을 진행했다. LSD라는 강력한 마약을 활용하여 10만 명을 연구·조사한 것이다. LSD라는 마약은 아편보다 훨씬 강한데, 이것으로 깊은 최면상태를 유도할 수 있다. 과학자들은 최면을 통해 인간을 과거로 보내 뱃속에 있는 상태까지 유도했다. 태어나지 않은 상태의 심리상태를 조사하려는 것이었다.

기억은 생생했다. 아이는 어머니의 복중을 떠나 산도産道에 들어섰다. 이곳은 아주 좁았다. 전신이 조이면서 숨이 막혔다. 태어나면서 최초로 겪는 고통이었다. 이는 아이가 성장하면서 오래오래 남아 있는 마음의 상처로서, 바로 밀실공포의 근원이다.

밀실공포란 좁은 곳에 갇히는 순간 발동되는 아주 근원적인 신경증이다. 이 공포는 영혼을 감싸는 혼란으로서 주역의 괘상으로는 수뢰준(水雷屯, 乙亥)에 해당된다. 사람이 사는 집이 이래서는 안 된다. 영혼이 요동치기 때문이다.

어떤 집이 이런 집인가에 관한 문제는 차차 논의하기로 하고, 다시 산도에 들어선 아이의 상황으로 돌아가보자.

아이는 협소한 산도를 거쳐 어머니의 몸 밖으로 나왔다. 밀실의 공포에서 벗어난 것이다. 그러나 또 다른 공포가 기다리고 있었다. 그것은 다름 아닌 광장공포다. 갑자기 세상이 넓어졌기 때문이었다. 이는 뱃속에 있던 아이가 넓은 세상을 맞이할 때 겪는 두 번째 경험이다.

광장공포는 넓은 세상을 두려워하는 마음으로서 사회공포도 이와 맥락을 같이 한다. 영혼은 휑하니 뚫린 곳에서 당황한다. 벌판의 집은 인간의 원초적인 불안인 광장공포를 자극하여 영혼의 활동을 마비시킨다. 집이 지나치게 넓은 땅에 홀로 외롭게 있으면 안 되는 이유가 이것이다. 사람은 너무 좁지도, 너무 넓지도 않은 곳에서 머물러야 한다. 이는 풍수의 기본이다.

아기가 태어날 때의 상태를 다시 살펴보자. 아이는 태어나면서 밀실공포와 광장공포를 겪은바 있다. 이제 최면 속 시간을 조금 더 과거로 돌려 아이가 자궁을 떠나는 순간을 살펴보자. 과학자들은 이 순간마저 포착했다. 아이는 자궁 속에서 더할 수 없이 행복한 나날을 보냈다. 그러던 어느 날 갑자기 퇴거 명령이 떨어진 것이다. 명령이랄 것도 없다. 무작정 쫓겨나게 되었다.

이때 아이는 불안과 함께 죄의식을 느낀다. 자신이 모종의 죄 때문에 쫓겨난다는 생각을 갖는 것이다. 자아비판과도 같다. 어쨌건 아이는 원초적인 죄의식을 갖고 태어났다. 이는 살아가는 동안 사람의 내면에 영원히 자리 잡고 있는 마음이다. 어떻게 보면 불안 혹은 양심과도 같은 것이다. 허무한 마음도 여기서 파생된다. 그리고 인간은 영원히 좋은 곳을 그리워한다. 천국이나 낙원 등이 모두 그런 곳이고, 그곳을 그리워하는 것은 자궁을 그리워하는 것과 같다.

이로써 우리는 집을 선택하는 풍수의 기본 하나를 더 얻게 된다. 집이란 생명체가 존재하기 위해 갖춰야 할 가장 중요한 조건이다. 우리가 먹고 입고 자는 것도 영혼의 집인 몸을 유지하기 위함이다. 건축물인 집은 이런 활동의 연장선상에 있고, 집 밖의 시설이나 주변 환경을 정하는 것도 모두 같은 뜻이다. 나아가 우리가 사는 지방, 사는 국가도 마찬가지다. 더 나아가 지구 밖 행성도 결국은 우리 집으로 이어질 수 있다.

사는 곳은 우리가 직접 설계하고 건축할 수 있다. 하지만 그 어떤 집도 어머니의 뱃속을 뛰어넘지는 못한다. 그래서 우리는 현재 완벽한 집으로부터 떠나 있지만 그에 준하는 곳을 찾기 위해서 평생 부단히 노력한다.

제대로 된 집이 없다면
집 안을 제대로 가꿔라

여기 아담한 집이 한 채 있다고 치자. 집 뒤쪽에는 자그마한 언덕이 있어서 그 집은 언덕에 기대어 있는 셈이다. 앞쪽으로는 담이 있다. 이런 집은 어떠한가? 포인트는 두 가지다. 하나는 집이 언덕에 기대어 있는 것이고, 또 하나는 앞에 담이 있다는 것이다.

기댈 언덕이나 담은 주역의 괘상으로 산이다. 이것은 안정과 믿음을 주는 것으로 여기서 언덕은 터를 잘 선택한 결과다. 이 지역 전체가 어쨌든 언덕을 찾아 집을 지었으므로 일단 좋은 일이다.

그리고 담이다. 비용이 많이 들었겠지만 집에 있어서 담이라는 것은 최고의 시설이다. 풍수가 다소 나쁘더라도 담은 그 약점을 보강해준다. 담은 집을 감싸고 보호해준다. 덕수궁의 돌담을 생각해보라. 그 담은 바깥세상과 완전한 단절을 이루어냈다. 모든 고궁이 이렇게 되어 있다. 건축물 자체의 아름다움도 중요하지만 그에 못지않은 고궁의 위대함은 바로 담벼락이 있다는 사실에서 기인한다.

담은 산을 둘러싸고 있는 또 다른 산이다. 집 안에 있는 방을 이중으로 감싸고 있는 존재다. 어머니의 자궁도 그렇게 생겼다. 자궁이 집이라면 인체는 담벼락이다. 옛날 양반집도 본채가 있고 사랑채가 있었다. 사랑채와 담벼락이 본채를 든든하게 감싸고 있는 것이다. 용인 민속촌에 가면 전형적인 양반집이 있는데, 이는 인간이 지어낸 최고의 작품이다.

이런 곳에서 살면 영혼이 안정되고 몸이 건강해진다. 몸의 건강이란 정신의 안정이 최우선적인 조건이다. 영혼이 안정된다면 정신은 나날이 더욱더 안정되어갈 것이다. 환자들도 이런 곳에 있으면 치료가 잘된다. 단, 중환자는 벌판을 한 번 바라보는 것도 위험하다. 산책이란 것도 어느 정도 건강할 때나 가능한 일이다.

산천대축

하지만 담벼락으로 둘러싸여 있는 마당은 환자에게 결정적인 도움을 준다. 물론 원래 건강한 사람은 더욱 건강해지고 수명이 길어지며 행운도 잡게 된다. 원래 산이란 '잡는다'는 뜻이 있는바, 천지의 기운을 산이 잡아주는 것이다. 주역의 괘상에 산천대축(山天大畜, 己未)이란 것이 있는데, 잘 지어진 담벼락 안에 사는 사람은 이런 상태에 놓인다. 하늘의 기운이 쌓여가는 것이다.

만약 어떤 사람이 풍수가 좋은 지역에 좋은 지점을 골라서 덕수궁처럼 돌담을 건축하고 그곳에 산다면 이는 최선이다. 땅이 주는 혜택을 충분히 받기 때문이다. 이런 곳은 최고급 아파트를 부러워할 필요가 없다. 담은 땅의 기운이 발산되어 흩어지는 것을 막아준다.

그런데 여기서 잊지 말아야 할 것이 있다. 담은 돌이나 흙으로 된 것이 좋다는 것이다. 흙돌담은 땅의 기운을 보존해준다. 땅은 지이고 흙돌담은 산인바, 산은 지로부터 비롯된 것이기 때문이다. 담은 흙 또는 돌이 제일 좋고 그 다음이 나무다. 쇠로 된 벽은 최악이다. 쇠는 오행에서 금金인바, 금은 목木을 상하게 한다. 목은 생명성을 의미하는데, 우리 몸도 목의 성질이 있다. 그런데 쇠로 벽이 둘러져 있다면 그 힘이 우리 몸의 생명력을 공격하는 것이다. 이래서 벽은 쇠로 만들면 안 되는 것이다. 나무 벽은 쇠보다는 낮지만 흙이나 돌보다는 못하다. 나무는 생명활동을 촉진시키는 존재인바, 우리 몸의 기운을 요동치게 하는 경우가 있다. 나무는 마룻바닥 정도면 족하지 담까지 둘러쳐져 있으면 과한 것이다. 그리고 집을 둘러치고 있는 벽은 구멍을 뚫어놓을 필요가 없다. 그저 흙이나 돌로 꽉 막아놓는 것이 최상이다.

이제 담으로 둘러쳐진 곳이 마련되었다. 안마당이 생긴 것이다. 그렇다면 여기는 어떻게 꾸며야 할 것인가? 이것은 방을 어떻게 꾸며야 하는가와 비슷한 질문이다. 마당을 꾸미는 방법은 따로 있다. 집터는 원래 8가지 조건을 갖추어야 하는데(3부에서 설명할 것이다) 이 장에서 그중 하나인 산을 설명했다. 산의 개념을 좀 더 확실히 설명하기 위해 예를 하나 더 들어보겠다.

추운 날에는 외출할 때 코트를 입는다. 코트는 옷 위에 또 옷을 입음으로써 몸과 옷을 더욱 잘 보호한다. 집으로 치면 담과 같은 뜻이다. 집은 항상 바깥 기운에 노출되어 있기 때문에 담이 반드시 필요하다. 여자가 밤길을 걸어갈 때 남자가 에스코트를 해주면 좀 더 안전해지듯이 말이다. 기가 약한 사람은 거리에 오래 있으면 영혼이 상하고 몸도 위험해진다.

집도 마찬가지다. 집이 바깥세상에 직접 노출되면 위험하고 불리하다. 당장 집의 기운이 상하는 것도 문제지만 또 다른 문제도 있다.

형편이 곤란하여 좋은 집에서 살 수 없거나, 당장 담을 구비하지 못한다 하더라도 방법은 있다. 요점은 산이다. 담이 아니더라도 산은 도처에 널려 있다. 우리는 우선 이것을 가꾸어야 한다. 그리고 차차 더 큰 산을 만들면 된다. 오늘날 많은 사람들이 아파트에 모여 산다. 생활에 편리하기 때문이다. 하지만 이는 옛날 양반집만은 못하다. 그러나 아파트에 산다고 해서 속상해할 필요는 없다. 실내를 잘 가꾸면 산의 기운을 얻을 수 있기 때문이다.

건물의 외형도
운명에 영향을 미친다

사람의 외모는 그의 운명에 많은 영향을 미치는 것이 틀림없다. 이것을 일반적인 사물까지 확대할 수 있을까? 특히 땅이나 건물의 경우에는 어떨까? 답은 당연히 '그렇다'다. 만물은 뜻을 가지고 있는바, 그것에 의해 미래는 특정 방향으로 끌려간다.

형상이란 만물이 구성되는 최종적인 조건이다. 외형 없이는 그 무엇도 존재할 수 없다. 외형은 내부의 필요에 의해 필연적으로 존재하기 때문이다. 외형은 뜻이 집약되어 있고, 내부와 유기적인 관계에 있다. 그렇기 때문에 사람의 얼굴을 보고 미래를 짐작할 수 있다. 이른바 관상이다.

이와 같은 논리는 건물의 경우에도 적용될 수 있다. 건물은 그 내부를 사용하기 위해 존재하지만 외형이 어떠냐에 따라 바깥의 작용이 달라진다. 그렇기 때문에 건물의 미관은 아주 중요하다. 풍수는 땅의 미관을 살피는 학문이다. 그러니 이를 땅 위에 있는 건물까지 확대하는 것은 당연하다.

나의 전작 《돈보다 운을 벌어라》에서도 여러 번 강조했지만, 운은 밖에서 오는 것이다. 만물이 서로 작용을 하려면 각각의 외부가 가장 먼저 만나는 법이다. 남녀가 만날 때도 맨 처음에는 서로의 외모가 만난다. 여기서 외모란 단순히 얼굴이나 몸체만을 뜻하는 것은 아니다. 겉으로 나타난 것은 모두 외모다. 아름다운 목소리, 지적인 말솜씨, 단정한 몸가짐, 배려심 있는 매너 등 모든 것이 외모에 해당된다.

건물의 경우에는 외형이 모든 것을 대신한다. 그래서 건물은 인간에 비해 판별하기가 쉽다. 예를 들어보자. 광화문에 교보빌딩이 있다. 아주 커다란 건물로 광화문 요지에 자리 잡고 있다. 자리만 놓고 볼 때는 우리나라에서 가장 좋은 자리 중 하나이므로 대단히 좋다. 이런 자리에 있으면 아무리 오랜 세월이 흘러도 땅의 작용이 끝나지 않을 것이다.

여기서는 그 터의 작용보다는 건물의 모양에 주목해보자. 교보빌딩은 어떻게 생겼는가? 독자 여러분이 직접 가서 감상할 수 있다. 이것은 직육면체로 광화문 광장 쪽으로 넓적하게 모습을 드러내고 있다. 직육면체! 이는 모든 건물이 가진 가장 단순한 모양이다. 기둥을 세우고 곧바로 지어 올라가면 된다. 네모 상자 모양이니 설계비도 복잡한 모양의 건물에 비해 비교적 적게 들었을 것이다(이는 건축에 문외한인 내 생각이다). 건축평론가들이 어떻게 평가하는지는 몰라도, 내가 보기에는 건축물의 미美라는 것을 찾아볼 수 없다. 그저 쌓아 올렸을 뿐이다.

그토록 좋은 자리를 차지한 건물이 외모에 전혀 신경을 쓰지 않았다는 것이 매우 아쉽다. 나는 그곳을 자주 지나다니는데 그 건물은 별로 아름답게 느껴지지 않는다. 저기에 산 같은 것이 하나 있구나 하는 정도다. 아마 운명의 귀신(?)도 그렇게 느낄 것이다.

다만 교보빌딩은 제 역할을 하고 있다. 광장이 끝나는 자리에 거대하게 버티고 있어서 경복궁의 좌청룡 역할을 하는 것이다. 앞에서 예로 든 정부서울청사는 우백호다. 교보빌딩은 광장의 한쪽 면을 막아서고 있어서 경복궁을 더욱 깊게 만들고 있다. 이런 점에서 보면 교보빌딩이 공을 세우고 있는 셈이다. 그렇지만 내 생각에는 별로 아름답지가 않다는 것이 문제다! 남의 건물을 흉보는 것 같으니 이 정도로 해두겠다. 나는 그저 광화문 거리를 사랑하는 사람으로서 아쉬움을 표현했을 뿐이다.

다른 건물을 보자. 교보빌딩 뒤쪽으로 연이어 건물 세 동이 있는데, 그중 첫 번째 건물에 관한 이야기다. 이 건물은 공사가 완전히 끝난 것은 아니지만 전체의 모습은 확연히 드러나 있다. 건물 이름은 D타워다. D타워는 교보빌딩으로부터 이어지는 네 동의 건물 중에서 모습이 가장 특이하다.

나머지 세 동의 건물은 그저 평범한 직육면체일 뿐이다. 건물이 이렇게 생겼을 때는 풍수고 뭐고 없다. 외모에 의해 얻어지는 운명의 이익이 없다는 뜻이다. 오로지 위치에 관한 풍수만 있는데, 이 건물들은 풍수적으로 썩 좋은 위치라고 할 수는 없다. D타워도 마찬가지다.

하지만 D타워는 건물의 외모가 특별해서 운명적으로 이익이 많다. D타워의 모습을 주의 깊게 살펴보자. 이 건물은 두 동이 나란히 있는 쌍둥이 빌딩인데 두 건물이 서로 다르다. 쌍둥이 빌딩인데도 그렇다. 두 건물은 크기가 똑같고 직육면체로 올라가 있다. 하지만 직육면체 덩어리가 여러 개 쌓여 있는 모습이다. 상자가 쌓여 있는 모습을 상상하면 된다.

그런데 특이한 것은 상자의 크기가 각각 다르다는 것이다. 어떤 상자는 높고 어떤 상자는 낮다. 상자의 수평 넓이는 모두 똑같다. 이 건물은 높이가 각각 다른 상자를 쌓아올린 모양이다. 상자마다 색깔도 달라서 한눈에 층의 묶음이 다르다는 것을 알 수 있다. 교보빌딩은 큰 상자 하나로 되어 있어서 층간의 구분이 보이지 않는다. 하지만 D타워는 몇 층씩 묶여 있어 구분이 된다.

색깔로만 구분한 게 아니었다. 높이가 각각 다른 상자를 쌓아올릴 때 네 귀퉁이를 딱 맞추어 놓은 것이 아니라 약간씩 어긋나게 놓았다. 들쑥날쑥하다. 사과상자를 이런 식으로 높게 쌓았다면 쓰러질 수도 있지만 건물은 안에서 단단히 묶어놓았을 테니 그럴 염려는 없을 것이다. 겉보기에만 아주 조금 위험해 보일 뿐이다. 상자를 쌓은 듯한 이 건물은 묘하게 어긋나 있어 상하의 경계를 확실히 알 수 있다. 이 빗나감을 강조하기 위해 색깔도 다르게 해놓았다.

그런데 더 재미있는 것은 옆에 있는 쌍둥이 건물이 또 다르게 쌓여 있는 것이다. 두 건물은 높이도 같고 면적도 같다. 단지 층간 묶음의 높이가 다른 것이다.

이것은 거대한 돌탑을 연상시킨다. 건물로 쌓은 탑이라 하면 좋을까! 그래도 되겠지만 일반 탑하고는 현저하게 다르다. 보통 탑이라고 하면 돌을 층층이 쌓아올린 것인데 위로 올라가면서 들쑥날쑥한 돌출이 없다. 층간 이음새는 있지만 바깥 면은 사방이 매끈하다. 하지만 D타워는 층간 이음새가 두드러지고 벽면이 매끈하게 올라가지 않았다. 이 건물은 하나의 돌탑 예술이다.

자, 여기서 이 건물의 외형이 가진 풍수에 대해 얘기해보자. 이는 단순한 아름다움을 얘기하는 것이 아니다. 형상의 뜻을 논하는 것이다. D타워는 진

진위뢰

위뢰(震爲雷, 甲寅)라는 괘상으로 풀이된다. 이 건물은 진동하고 있는 모습이다. 가만히 있지 않고 꿈틀거리는 것이다. 주역의 괘상을 조금만 아는 사람이라면 이 건물이 진위뢰임을 즉각 알 수 있을 것이다.

큰 바위가 한 개가 아니라 여러 개 쌓여 있기 때문이다. 한 덩어리면 산이고 여러 덩어리면 뢰다. 규모가 클 경우에는 뢰를 중첩시킨 진위뢰가 되는 것이다. 이 괘상은 활동과 변화, 그리고 창조를 상징한다. 또한 강력한 생동력을 의미하기도 한다. 건물로서는 가히 최고에 해당한다. 건물이란 원래 고요한 산과 같은 것인데, D타워는 꿈틀거리는 산인 것이다. 특이하고 천재적이며 상서롭다.

이 건물에 입주할 사람들은 특별한 기운을 받을 것이다. 많은 것을 성취할 수 있을 것이 틀림없다. 또한 이 건물은 그런 사람을 끌어들일 것이다. 어떤 사람들이 모여들지 궁금하다. 필경 생명력이 넘치는 사람들이 모여들지 않을까?

판잣집, 텐트,
포장마차의 공통점은?

예전에 청계천변에는 판잣집이 줄지어 있었다. 6·25전쟁이 끝난 직후 가난한 사람들이 모여 살았던 것이다. 이러한 집들은 중랑천에도 있었고 용산 개천가에도 있었다. 전국적으로 강변 또는 산자락에 많이 있었다. 힘든 시절을 겪으면서 운명을 개척하기 위해 땅에 붙어 눈물을 머금고 겨우 살았던 것이다. 세월이 흐르면서 판잣집은 점점 없어졌고 그들은 좀 더 나은 곳으로 이동했다.

사람이 사는 곳은 아주 훌륭한 곳이 있는가 하면 아주 처참한 곳도 있다. 이것은 삶의 형편에 따라 다른 것이다. 인류의 먼 조상들은 판잣집보다 못한 곳에 살았다. 집을 지을 재료도 구하기 힘들었고 연장도 발달하지 못했던 때라 맨손으로 어렵게 지었기 때문이다. 그래도 그들은 하늘을 인위적으로 가리는 집이라는 것의 개념을 깨달은 후 크게 희망을 가졌다. 그리고 땅은 무한히 열려 있었다.

판잣집은 움막, 오두막, 하꼬방 등으로 불렸는데, 최소한의 노력으로 만들

택지췌

뇌천대장

수 있는 집이다. 이런 집들은 주역의 괘상으로 택지췌(澤地萃, 己丑)라고 하는데, 풍수가 좋을 리 없다. 터가 사방으로부터 기운을 받을 수 없는 경우도 이에 해당된다. 뒤에 산이나 언덕이 없으며, 좌우에 청룡이나 백호도 없고, 근방에 냇물도 없고 이웃도 없으면 바로 택지췌다. 더구나 건물 자체가 나쁜 재료로 지어져 겨우 지탱하고 있다면 택지췌의 뜻은 더 깊어진다. 어렵게 생각할 것 없이 집이 작고 허술하며 동네가 나쁘면 모두 택지췌라고 생각하면 된다. 소위 달동네의 집들이 여기에 해당된다.

택지췌의 괘상은 위의 그림과 같은데, 아래에 지가 있다. 이는 땅에 바짝 붙어 있다는 뜻이다. 집을 뜻하는 괘상인 뇌천대장과 비교해보자. 맨 윗부분이 천장을 뜻하는데, 뇌천대장은 음이 2개인데 반해 택지췌는 1개뿐이다. 그러니까 판잣집, 즉 택지췌는 천장부터 허술하다. 그래서 천장이 얇고 허술하면 무조건 택지췌로 분류된다. 이렇게 분류되는 판잣집, 즉 택지췌는 아직 집이 덜된 과도기의 집이라고 생각하면 된다.

이런 곳은 당연히 오래 살 곳이 못된다. 형제 또는 친지들과 헤어지게 되고 재물도 모으지 못하며 심약한 사람으로 변한다. 처량한 일이다. 재빨리 떠나야 한다. 어떻게 해서라도 떠나야 한다. 시간이 지날수록 떠날 수 없는 운명이 굳어지므로 비상사태라 할 수 있다.

세상에는 이런 집들이 아직도 많다. 어떤 사람들은 평생 그런 집에서 살면서 한탄한다. 운명이 나빠서 그런 집에 살 수밖에 없다고…. 그러나 이는 다시 생각해봐야 한다. 실은 그런 곳에 살기 때문에 운명이 나빠진 것이다. 일단 그런 집에서는 무조건 떠나야 한다. 판잣집을 말하는 것이 아니라 택지췌인 집을 말한다. 단칸방에, 좋지 않은 동네에, 소음이 많은 곳에 사는 사람들은 아무리 집을 잘 지어도 택지췌의 운을 맞이한다.

처량한 집에 대해서는 이 정도만 얘기하고 택지췌의 다른 일면을 보자. 만물은 그 뜻에 따라 여러 가지 용도가 있는 법이다. 다른 관점에서 바라보면 택지췌의 집도 활용가치가 전혀 없는 것은 아니다. 물론 괘상이 변하는 것은 아니지만 반대급부의 이점도 생각하자는 것이다. 대개의 사물은 해로우면서도 이로운 점이 숨어 있고 이로우면서도 해로운 점이 숨어 있는 법이다.

판잣집을 무엇에 쓰면 좋을까? 택지췌의 뜻을 알면 활용도를 크게 높일 수 있을 것이다. 판잣집을 닮은, 즉 판잣집과 뜻이 같은 집으로 어떤 것이 있을까? 생각해보자. 바로 천막이다. 요즘엔 텐트라고 해야 맞는 말이지만, 하여튼 이에 대해 잠시 고찰하자. 텐트는 산이나 바닷가에 놀러 가면 흔히 볼 수 있는 간이숙소다. 하지만 텐트는 단순한 간이숙소가 아니다.

요즘 캠핑이 대유행인데, 사람들은 왜 놀러가서 민박이나 모텔에 묵지 않고 군이 텐트를 택하는 걸까? 경비를 절약하려고? 그 문제는 아닌 것 같다. 그렇다면 이유가 무엇일까? 그것은 바로 땅이다. 텐트를 치고 그 속에 머물면 그 순간은 땅과 함께 있는 것이다. 땅과 가까이 있으면 땅의 기운을 흠뻑 받을 수 있어서 좋다. 민박이나 모텔에는 이런 장점이 없다.

잘 몰랐던 사람도 있겠지만 텐트를 치고 그 안에 있으면 왠지 모를 평화를 느낄 수 있다. 이는 바로 고향의 맛이다. 우리의 고향은 바로 땅인 것이다. 인간의 몸과 영혼에는 태곳적부터 내려온 향수鄕愁라는 것이 배어 있는데, 그것은 다름 아닌 땅에 대한 향수다. 우리는 의식하지 못해도 마음속 깊은 곳에서 늘 땅을 그리워하고 있다. 텐트 속에 있으면 그런 의식이 발동해 평화를 느끼는 것이다.

텐트의 이점은 바로 이것이다. 도시에서 느껴보지 못했던 땅의 기운을 가까이 접하는 활동 중에 이보다 더 좋은 것이 있을까? 우리는 도심에 있을 때도 종종 포장마차에서 술을 마신다. 왜일까? 사실 포장마차라고 해도 술이나 음식의 가격이 그리 저렴한 것은 아니다. 하지만 왠지 끌리는 곳이 포장마차다. 낭만? 그런 게 아니다. 땅이 그리워서다. 땅을 밟고 술을 마시면 식당에서 느끼지 못했던 것을 느낄 수 있다. 땅은 어머니의 품속과도 같다. 그래서 편안하면서도 자유롭다. 땅 그 자체는 격식이 없고 사람을 안정시킨다. 텐트나 포장마차는 의미가 같다.

둘 다 택지취의 뜻을 가졌는데, 다시 한번 그 형상을 살펴보자. 맨 위에 있는 음은 덮어주는 것이긴 한데, 최소한만 덮어주고 있다. 제대로 덮으려면 하나의 음이 아니라 중첩된 음이어야 한다. 텐트는 약간이나마 하늘을 가린 것인데, 이마저도 없으면 인간은 아늑함을 느끼지 못한다. 텐트에서 느끼는 아늑함은 땅으로부터 보호를 받을 때 느끼는 감정이다.

아래는 지인데, 이는 땅이고 바로 위에 있는 양의 중첩은 땅과 가까이 하려는 양, 즉 영혼인 것이다. 텐트나 포장마차에 머무는 것은 땅과 가까워지기 위해서다. 천장을 덮는 것이 최소한인 것은 안정보다는 약간의 자유를 취하기 위해서다. 그리고 이것은 선택의 문제다.

요점은 땅에 가까이 다가가서 그 기운 속에 젖어들고자 하는 것이다. 천장이 기와로 되어 있어도 바닥이 땅이면 기분이 좋다. 중요한 것은 땅이기 때문이다. 그래서 우리는 종종 텐트에서 머무르는 시간을 가져야 한다. 그것이 여의치 않으면 포장마차에라도 가봐야 할 것이다.

이도 저도 못하면 어떻게 할까? 산책이라도 해야 한다. 산책이란 풍, 즉 넓은 곳의 기운을 받고자 하는 것이지만 또 다른 효과는 땅을 밟으며 그 기운을 몸에 올린다는 뜻이 있다. 산책은 단순한 운동이 아니다. 헬스클럽에서 하는 것은 다리운동일 뿐이지만, 땅을 밟으며 하는 산책은 운동만을 위한 행위가 아니다.

땅은 인간생활 중에 가장 중요한 요소다. 만일 거의 텐트에 가까운 판잣집에서 잔다 해도 그곳에서 땅의 기운을 느낄 수 있으므로 너무 한탄할 필요는 없다. 이상하게도 요즘 고급스러운 집은 방에서 땅의 기운을 느낄 수 없는 구조로 지어지고 있다. 반면 싸구려 방은 그나마 땅을 가까이 할 수 있다는 장점이 있다.

인생에서 오로지 땅의 기운만 중요한 것은 물론 아니다. 그것 외에 다른 중요한 기운도 있다. 그것은 뒤에서 논하기로 하고 지금은 땅에 가까이 다가가는 텐트의 기능을 깊이 음미하기 바란다. 요즘 사람들이 가장 선호하는 주택이 아파트인데 아파트에서는 땅의 기운을 전혀 받을 수가 없다. 실은 텐트만도 못한 것이다.

인간이 사는 최고의 집은 순수한 땅이 있어야 한다. 자기 마당에 텐트를 칠 수 있다면 먼 곳에 가지 않아도 땅의 기운을 얻을 수 있다. 판잣집, 움막, 오두막, 하꼬방, 텐트, 천막집, 허술한 문간방 등은 오래 머물 곳은 아니지만 땅을 가까이할 수 있다는 이점이 있다는 것을 잊어서는 안 된다.

참고로 아파트에 사는 사람을 위해 짧게 조언을 하겠다. 일단 아파트에 살면 땅으로부터 멀리 떨어져 있으므로 항상 이러한 단점을 보충하는 데 신경써야 한다. 전망을 즐기는 것보다는 나와서 산책을 하거나 벤치에서 휴식을 취하며 땅의 기운을 자주 접하는 것이 좋다. 공원에서 돗자리를 펴고 앉거나, 여행을 가서 텐트를 치고 잠으로써 땅의 기운을 보충하는 것도 방법이다. 요점은 땅의 기운이다. 땅의 기운이 부족하면 몸에 비타민이 부족한 것보다 더 위험하다.

아파트의 경우 실내를 꾸밀 때는 지나치게 밝은 것보다 고풍스럽고 차분하게 꾸미는 것이 좋다. 벽에 거는 그림은 요란하거나 조악한 것보다는 풍경화나 동양화, 붓글씨 작품 등이 좋다. 앉아 있을 때 느낌이 편안하도록 방바닥을 잘 꾸며야 한다. 의자는 너무 많이 놓지 않는 것이 좋다. 중요한 것은 땅으로부터 먼 곳에 살면 음의 기운을 받을 수 없다는 것이다. 아파트는 양이 많으므로 이것을 죽이는 데 역점을 두어야 한다.

편안한 공간과
위험한 공간

날씨가 더워지면서 거리 곳곳에 노천카페가 나타나기 시작했다. 건물이나 가게 앞에 탁자와 의자를 구비해 놓고 그곳에서 차도 마시고 음식도 먹는 것이다. 하늘을 가리는 것이 없어 노천이란 이름이 붙어 있다. 요즘은 편의점 밖에도 간이 탁자를 놓고 그곳에 앉아서 쉬기도 하고 음료를 마시기도 한다. 공원에도 이런 곳이 있다. 비가 오면 이런 시설을 이용할 수 없지만 날씨가 좋으면 실내보다 이런 곳이 좋을 때가 있다.

사람이 사는 곳은 원래 천장이 있어야 안정되는 법인데, 노천카페는 천장이 없는데도 왠지 편안하다. 오히려 하늘을 가려놓으면 신경에 거슬린다. 포장마차의 분위기와는 완전히 다르다. 포장마차는 하늘이 가려져 있다는 것이 특징이다. 하늘을 가리면 영혼이 편안해지는 법이지만 노천카페는 하늘이 열려 있는데도 기분이 좋다.

어째서일까? 풍수이론에서 중요한 역할을 하는 내용이므로 확실히 알고 넘어가자. 노천에 앉아 있다고 생각해보자. 건물과 가까운 곳일 것이다. 공원이라면 나무 근처일 것이고 바닷가라면 바윗덩이 근처일 것이다. 노천의 좌석은 앉기 편한 곳에 배치되어 있다. 아늑한 곳이거나 튼튼한 건물 옆이다.

요점은 무엇인가? 우선 뒤가 든든한 곳이라는 점이다. 그리고 하늘이 열려 있다. 이를 요약하면 편안한 곳에서 하늘을 바라본다는 것이다. 올려다본다는 뜻이 아니고 휑하니 뚫린 곳을 멀리 바라본다는 의미다.

삼라만상은 뜻이 있는바, 그것의 괘상을 알면 함축되어 있는 모든 뜻을 알 수 있다. 편안한 곳에서 하늘을 바라보는 것은 어떤 괘상인가?

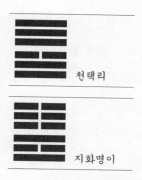

천택리

지화명이

천택리(天澤履, 丙辰)다. 이 괘상을 살펴보면 위에 천이 있다. 이는 하늘 또는 탁 트인 공간을 말한다. 괘상의 아래는 택인데, 이는 편안한 것을 뜻한다. 천택리는 곧 편안한 곳에서 하늘을 바라보는 형상인 것이다. 뜻을 그냥 그대로 그려놓은 것뿐이다.

괘상의 뜻은 잠시 미루고 비슷한 사물을 생각해보자. 백두산 천지를 보면 연못이 거대한 산에 둘러쳐져 있어 편안하다. 그리고 하늘 아래 자리를 지키고 있다. 한라산 백록담도 그런 형국이다. 움푹 파인 땅도 같은 뜻이다.

물론 움푹 파인 땅처럼 지대가 낮으면 이는 지화명이(地火明夷, 甲戌)로서 나쁜 땅이다. 그러나 움푹 파여 있되 하늘 외에는 그것을 내려다볼 수 없으면 천택리가 되는 것이다. 그러기 위해서는 지대가 다소 높아야 한다. 움푹 파였다고 해서 구덩이처럼 깊게 지하로 파인 것을 뜻하는 것이 아니다. 주변에 보호물이 벽을 이루고 그로 인해 약간 낮게 되어 있어서 편안하다면 그것이 천택리다.

또한 땅이 파이지 않았다 하더라도 주변과 차별화된 지역이고 그것이 노출되어 있지 않으면 된다. 물론 하늘을 향해서는 개방되어 있지만 행인이 넘볼 수 없어야 한다. 산 높은 곳의 터는 대부분 이렇게 되어 있다.

편안한 상태에서 하늘을 멀리 바라보려는 것은 영혼의 본능 중 하나다. 편안한 곳은 영혼을 안정시켜주기 때문에 우선적으로 요구되는 사항이다. 그다음에는 전망이 필요하다. 전망이란 미래의 희망을 의미하는바, 영혼은 편안하기를 바랄 뿐 갇혀 있기를 원하지 않는다. 신선 같은 특별한 영혼은 다르겠지만 평범한 영혼들은 편안하고 자유롭게 움직일 수 있는 곳이 필요하다.

안정과 희망 또는 발전이다. 우리가 노천에 자리 잡고 앉아서 느끼는 마음이 바로 이것이다. 앉아 있는 곳이 별 탈 없고 자유스럽다는 뜻이 있는바, 이런 터가 천택리다. 이 괘상은 하늘이 안내를 해준다는 뜻으로 가만히 있어도 운명이 척척 열려나간다. 하늘을 바라볼 수 있는 편안한 땅은 명당에 속한다.

영혼에게 필요한 것은 땅과 하늘이다. 하늘과 땅이 아니다. 일단 자리가 좋아야 하는데, 이는 4방 또는 3방이 닫혀 있어야 하며 밖에서 보이지 않아야 한다. 물론 그다음은 그 자리에서 내다보는 전망이 좋아야 한다. 우리가 노천에서 쉬는 것처럼 그런 곳에서 살 수 있다면 안정과 희망을 함께 가질 수 있다. 이는 행복한 땅이라고 말할 수 있을 것이다.

반대의 경우를 살펴보자. 이 집은 한강 상류의 관광지에 자리 잡고 있다. 거대한 모텔인데 전면에는 실개천이 시원하게 흐르고 있었다. 건물은 아주 기다랗게 생겨서 기차를 연상시켰다. 달리는 기차의 우측 창가 쪽으로 강이 있는 것이다. 강과 기차(건물)는 나란히 있다.

모텔의 뒷면은 강 쪽이 아닌 산언덕에 접해 있는데, 너무 가까이 붙어 있어서 언덕과 건물 사이에는 공간이 거의 없었다. 모텔 뒤쪽으로 창문은 있으나 빛이 들어올 여지가 없다. 그쪽으로 굳이 창문을 열고 바라보면 흙덩이가 눈앞을 가로막아 답답할 뿐이다. 그러니까 건물은 마치 선반 같은 곳에 얹혀 있는 셈인데, 그나마 앞쪽에는 강이 있어 그럴듯해 보였다.

건물은 3층이었다. 건물로 들어서면 기다란 복도 좌우에 방들이 줄지어 자리 잡고 있다. 기차의 좌우 좌석을 상상하면 된다. 복도 끝을 바라보았을 때 우측에 줄지어 있는 모든 방들은 창문을 열면 강이 시원하게 전개된다. 하지만 좌측 방들은 창문을 열면 답답한 흙벽이 있다. 이쪽의 방들은 창문이 있으나 마나이고, 그저 잠이나 잘 수 있는 곳이다.

말하자면 이 모텔은 반쪽은 좋고 반쪽은 나쁘다. 전망 좋은 쪽으로 향해 있는 관광지의 건물들은 거의 다 이런 식이다. 하지만 좋은 경치가 안 보인다고 해서 모두 꽉 막힌 흙벽이 있는 것은 아니다. 그런 점에서 이 모텔은 특이했다.

그렇지만 더 이상한 것이 있었다. 건물의 입구인데, 기차처럼 기다란 건물의 꼬리 부분에 있었다. 게다가 그 입구는 건물의 뒤쪽으로 나 있었다. 건물 앞쪽은 강이 보이는 절벽이어서 입구를 만들 수가 없었다.

더 큰 문제가 있다. 입구가 단 하나뿐이라는 것이다. 아주 기다란 기차 꼬리 쪽에 출입구가 하나뿐인 상황을 상상해보라. 기차 머리 쪽에 있는 사람이 밖으로 나오려면 꼬리 쪽으로 수십 미터를 걸어야 한다. 이런 건물에 화재라도 난다면 얼마나 끔찍하겠는가!

그러나 화재 말고도 그 구조 자체로 큰 문제가 있었다. 이런 점을 한번 살펴보자. 나는 수년 전에 친지들과 이곳을 여행했다. 당시는 피서철이어서 숙소를 구하기가 어려웠다. 우리 일행은 4명이었는데, 그중 3명은 문제의 모텔에서 좀 떨어져 있는 다른 숙소를 잡았다. 나머지 1명은 여자 분이었는데 거기에 방이 없어서 이 모텔을 숙소로 정하고 혼자 묵었다.

방은 3층이고 기차 머리 쪽 끝이었다. 이곳에서 밖으로 나오려면 족히 50m는 걸어야 한다. 여자 분이 그 방을 잡은 것을 나는 나중에 알았다. 짐을 들어주기 위해 가봤는데 깊숙한 곳에 위치한 것을 알고 기겁했다. 나는 방문을 열고 당장 나오라고 소리쳤다. 그 방은 잠시라도 머물면 안 되는 곳이기 때문이었다. 화재가 염려되어서가 아니었다. 그 공간은 그 자체로 문제가 컸다.

뇌화풍

뇌천대장

그 자리는 주역의 괘상으로 뇌화풍(雷火豊, 戊辰)이며 아주 흉한 곳이다. 괘상의 뜻은 일이 꼬이다, 억압당하다, 갑자기 어두워지다, 쌓여 나가다 등이다. 한마디로 갇혀 있는 곳이다. 이런 곳은 울적한 기운이 서려 있어 영혼은 물론 뇌까지 위축시킨다.

이는 당연히 운명에 나쁜 영향을 끼칠 것이며, 정신적인 상처를 줄 것이다. 악몽에 오래 시달려서 마음이 어두워질 수 있다. 이런 곳은 굳게 닫혀 있어 외부와 단절되고 기운이 새어나가지 않는다. 일견 안정을 줄 것 같기도 하지만, 지나친 폐쇄는 불안을 발생시킨다. 영혼이 반발하기 때문이다. 주역의 이치로는 "궁한 즉 변하는 법이다."(窮即變)인데, 지나친 안정은 오히려 큰 혼란을 불러온다.

그 방에 머물기로 했던 여자 분은 방에 들어서는 순간 왠지 느낌이 안 좋았다고 후에 말했다. 나 역시 그 방의 문을 여는 순간 땅속에 묻힌 듯한 느낌이 엄습했다. 대개 막혀 있는 곳은 편안함을 주지만 지나치면 문제가 생기는 법이다.

만약 이 건물 중앙에 통로가 하나 더 있었다면 상황이 달라진다. 그런 경우라면 그 방이 지나치게 폐쇄된 장소가 아니기 때문이다. 이처럼 문이라는 것은 아주 중요하다. 이 모텔에서 그쪽 방은 모두 위험한 곳이다. 나는 그 여자 분과 함께 복도를 거의 달리다시피 하여 그 모텔을 빠져 나왔다.

옛 성인이 집을 만들 때는 뇌천대장을 표상했었다. 이 괘상은 기운을 압축하되 지나침이 없는 것이다. 하지만 뇌화풍은 아래가 심하게 압축되는 모습이다. 기를 못 펴는 형상이다. 그런 뜻을 가진 장소에 머무는 것은 운명을 망치는 행위다. 감옥도 그런 장소보다는 나을 것이다.

판단의 요점은 이렇다. 입구가 너무 멀면 안 된다는 것이다. 《손자병법》에서도 이런 장소는 군대가 머물 곳이 못 된다고 경고했다. 너무 깊이 들어간 곳은 다시 나올 때 적에게 포위되기 쉽기 때문이다. 그 방은 이미 죽음의 기운으로 포위되어 있었다. 수년이 지났지만 지금도 그 생각을 하면 끔찍하다. 만일 그날 그 여자 분이 그 방에서 잤다면, 분명히 영혼에 상처를 입고 운명에 손해를 당했을 것이다. 깊고 깊은 곳을 조심하라. 입구가 너무 먼 장소는 들어가는 것조차 나쁘다. 하물며 이런 곳에 살아서야 되겠는가!

아파트는 생존을 위한
임시거처일 뿐이다

P는 서울 근교 어느 소도시 외곽에 조그마한 아파트를 마련했다. 숲 속에 위치한 건물인데 주변 일대의 경관이 수려했다. 외딴 지역의 건물이라서 동네가 참으로 조용했고 작은 아파트여서 입주자도 적었다. 어찌 보면 조용한 공동 별장 같은 느낌이었다. 실제로 그런 용도로 그 아파트를 사둔 사람도 있었다. 전국에 널려 있는 콘도처럼 말이다. 서울에서 그리 멀지 않으면서도 주변 경치가 좋아서 철마다 놀러오기 좋을 것이다.

하지만 P는 그런 목적이 아니라 결혼 직후 신혼집을 이곳에 마련했다. 직장이 서울에 있어서 출퇴근에 소요되는 시간이 4시간 정도였다. 그래도 일단 집에 들어오면 편안했다. 하루의 피로도 잘 풀리는 것 같았다. 그러나 한두 해가 지나자 4시간이나 걸리는 출퇴근시간이 크나큰 낭비라는 것을 깨닫게 되었다. 일을 마치자마자 집에 돌아가기 바쁘기 때문에 인간관계를 갖는 것은 거의 불가능했다. 간혹 퇴근 후에 미팅이나 회식이라도 잡히면 여간 신경 쓰이는 게 아니었다.

결국 P는 집을 위해 사람 사귀는 일을 포기했다. P의 일과는 집과 직장 사이를 길게 여행하는 게 전부였다. 이렇게 생활하며 수십 년이 흐르자, P는 한계에 다달았다. 더 발전할 수 있는 인생인데 옹졸한 운명의 틀에 스스로를 가두고 만 것이다.

좋은 운은 직장이나 집 안에서 결정되는 것이 아니다. 그 이외의 활동에 의해 창출되는 법이다. P는 너무 먼 곳에 있는 집을 선택했기 때문에 운이 축소되었다. 그는 아파트에 미친 사람은 아니었지만, 돈이 없어서 부득이 자신의 주요 활동범위인 서울에 아파트를 마련하지 못했다. 애석한 일이지만 좀 더 깊이 생각했어야 옳았다.

아파트의 목적은 두 가지다. 첫째, 편리한 생활공간을 마련하기 위한 것이다. 둘째는 그 장소가 직장이나 학교 등 외부의 생활공간과 밀접하게 연결되어야 한다. 그중에서 두 번째 목적이 더 중요하다. 오늘날 아파트라는 것은 사회활동을 하기 위한 전진기지다. 현대인들이 산속 깊은 곳에서 아름다운 집을 짓고 살지 못하는 것은, 그 장소가 사회활동을 하기에 힘들기 때문이다.

사람이 사는 지역은 그 사람의 운명을 크게 좌우하는 법이다. 다시 강조하지만 아파트는 사회생활을 편하게 영위하기 위해 교통이 좋은 곳에 만들어진 것이다. 접근성이 낮고 경치만 좋은 아파트는 콘도로 쓰기에는 좋지만 사회생활을 하는 데 아무짝에도 쓸모가 없다.

P는 경치 좋고 조용한 마을의 아파트 때문에 일생을 망쳤다. 그리고 그 아파트를 상속받을 자손들도 그곳에 묶여 한정된 운명을 맞이할 것이다. 터라는 것은 이토록 강력하게 인간의 운명을 좌우한다.

각설하고, 아파트 내부에 대해 생각해보자. 먼저 아파트의 위치가 도심 가까이에 있고 사회생활을 하기에 편리한 곳이라는 전제가 있어야 한다. 아파트는 생활 혹은 휴식을 하기에 일반주택보다는 훨씬 편리하다. 모든 것이 잘 관리되고 있기 때문이다. 그래서 요즘 사람들은 기를 쓰고 아파트에 들어가려고 한다. 아파트는 도시건설의 꽃이며 서민들은 좋은 아파트에 입주할 꿈을 키우면서 살아간다.

이제 풍수를 알아보자. 보통 아파트를 기준으로 해서 그 내면을 들여다보겠다. 뭐가 불편한가? 없다고? 아니다. 아파트는 아주 불편한 것이 하나 있다. 그것은 소음이다. 소위 말하는 층간소음 말이다. 밤중에 들리는 화장실 물소리, 윗집 아이들이 쿵쾅대는 소리, 손님초대가 많은 옆집에서 들려오는 흥청거리는 소리, 시끄럽다고 찾아와 문 두드리는 소리 등 참으로 골치 아픈 일이다.

아파트에서 큰 소리로 노래를 할 수 있는가? 손님을 초대해서 밤늦게까지 흥겹게 대화를 즐길 수 있는가? 마음 편히 파티를 열 수 있는가? 악기를 연주할 수 있는가? 큰 목소리로 부부싸움을 할 수 있는가(여담이지만, 부부싸움을 너무 안 해도 암에 걸린다는 설이 있다)? 아파트는 서로 조용히 살아야 하는 곳이다. 자연스럽게 소리가 나는 일도 애써 조심하고 소리를 죽이고 살아야 한다. 그리고 윗집 아이가 시끄럽게 뛰어다녀도 참아야 한다.

그래도 아파트가 좋다고? 생각이 좁다. 인생은 더 크고 자유스럽게 바라봐야 한다. 호텔에 가서 소리를 지르면 안 되겠지만, 내 집에서는 어느 정도 자유롭게 행동하는 것이 허용되어야 한다. 내 집에서 숨죽이고 살아서는 안 된다는 말이다. 문제는 소음이다. 이것을 오래 참거나 혹은 소음을 전혀 내지 못하고 살면 정신건강에 해롭다. 운명에도 좋지 않다.

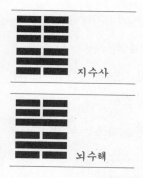

지수사

뇌수해

여기서 건강까지 언급할 수는 없고, 논점을 운명에 국한해보자. 바로 아파트 풍수다. 소음이란 무엇인가? 이는 지수사(地水師, 癸丑)다. 숨을 죽이고 살아야 하는 것은 무엇인가? 이것도 지수사다. 지수사는 불길함이 잠복해 있다는 뜻이다. 아파트는 또한 많은 사람이 일정한 공간에서 우글거리며 사는 곳인데, 이는 주역의 괘상으로 지수사다.

전쟁에 나간 군대의 사령부라면 사람이 우글거려도 좋다. 그러나 휴식을 할 때는 사람, 즉 다른 영혼이 많이 모여 있으면 반드시 해를 입는 법이다. 영혼이 지나치게 모여 있거나, 다른 영혼이 느껴지면 이는 지수사다. 예로부터 인간이 없는 곳을 낙원이라 하지 않았던가! 그런 면에서 아파트는 낙원이 아니다.

굳이 아파트에 살기 원한다면 가장 높은 층이 낫다. 이곳은 뇌수해(雷水解, 癸卯)로서 혼란으로부터 탈출한다는 뜻이 있다. 그나마 괜찮은 것이다. 하지만 아파트의 총체적 뜻은 수맥이 흐르는 터다. 사람이 수고, 어린아이가 수고, 와글대는 모습이 수다. 소음이 수고, 조용히 살아야 한다는 압박이 수다.

가장 중요한 문제는 소음처리인데, 고급 아파트는 이 문제를 비교적 잘 해결해놓았다. 벽과 천장이 두껍다. 재료도 소음을 잘 차단해주는 것으로 지어놓았다. 아파트에 살려면 이런 곳에 살아야 한다. 이는 지수사에 해당되지 않는다. 그럴 형편이 안 되면 방음시설을 따로 마련하는 것도 좋다. 방음시설은 실내 디자인을 해치기는 하지만 잘 연구해서 설치하면 그 자체가 인테리어 디자인이 될 수도 있다.

그렇다면 여기서 다시 생각해보자. 아파트는 무엇인가? 거대하고 육중하다. 태풍에도 끄떡없다. 누가 봐도 든든하다. 이는 산에 해당된다. 산은 풍수의 8대 조건 중 하나로 아파트는 그것만큼은 확실히 갖추었다. 높은 아파트의 경우에는 뢰도 갖추었다. 뢰는 위엄을 말하는데, 우뚝 솟은 건물은 주변을 압도한다. 반면 태양빛은 어떤가? 이것은 미비하다. 또한 아파트는 외형이 그다지 아름답지도 않다.

물은 어떤가? 충분하다. 수돗물이 있다. 흐르는 냇물은 없어도 물은 쓸 만큼 충분히 있다. 이 정도라도 수는 갖추었다고 볼 수 있다. 지는 있는가? 없다. 내 마당이 없는 것이다. 고작 해야 내 방에 있는 땅이 전부다. 이는 풍수에서 택이라 할 뿐 지는 아니다. 지맥, 산맥은 어떤가? 아예 없다. 이것이 문제다. 천은 어떤가? 아파트에서는 활개 칠 수가 없다. 새도 날아들지 않고 공기도 맑지 않다. 전망은 창을 통해 겨우 볼 수 있으니, 숨어서 세상을 보는 것과 같다.

종합적으로 보면 아파트는 산, 뢰, 수를 확실히 갖추었다. 그러나 풍(맥), 화(아름다움), 천(자유공간), 지(터), 택(연못) 등은 갖추지 못했다. 배산임수도 없고 좌청룡과 우백호도 없다. 경비실이 있어서 인위적인 재난(도적놈)은 막아준다. 그나마 다행이다. 하지만 땅의 기운은 전혀 없고 하늘의 기운도 없다.

아파트는 생존에 편리할 뿐이다. 사회생활을 위해서만 존재할 뿐이다. 이는 생활이라기보다는 생존이라고 말해야 할 것이다. 생활이란 자연생활을 말하고 땅으로부터 음의 기운을 받을 수 있는 곳에서 사는 것을 말한다. 아파트는 음의 기운이 없는 곳이므로 오래 살면 영혼이 들뜨게 된다. 삶이란 몸과 영혼이 건강해야 하는데, 아파트는 그것을 돕지 않는다.

한마디로 아파트는 생존경쟁의 전진기지일 뿐이므로 언젠가는 떠나야 하는 곳이다. 만약 아파트 자체를 못자리라고 한다면 아주 흉한 곳이다. 영혼의 요동을 멈출 수 없는 곳이기 때문이다. 아파트는 낙원도 아니고 안식처도 아니다. 아파트는 사회와 싸워야 하는 현대인들을 위한 전쟁막사나 마찬가지다. 아파트는 집으로서 필요조건(사회)은 갖추었으나 충분조건(자연)은 갖추지 못했다. 지금은 편리하겠지만 언젠가 더 늦기 전에 자연으로 돌아가야 한다. 자연과 함께 살 수 없다는 것은 오늘날 인류의 서글픈 일면이라 할 수 있다.

방법은 있다. 아파트와 별장을 둘 다 소유하면 된다. 그러면 음과 양을 두루 갖출 수 있다. 아파트는 양이라는 것을 확실히 알아두자. 영혼도 양인바, 아파트에 오래 살면 영혼이 싫증낼 것이 틀림없다. 모름지기 음과 양은 서로 만나야 행복하다. 그리고 좋은 운명도 음양이 화합해야 나에게 올 수 있다.

우리는 풍수조건을 두루 갖춘 자연의 좋은 터를 그리워하며 살아야 한다. 지금은 아파트에서 살지만 먼 미래에는 낙원에서 살리라는 꿈을 간직해야 한다. 하늘은 끝없이 높고 대지는 광활하며 산천은 아름다운 곳 말이다. 아파트는 차선책일 뿐이다. 인생이란 최선을 향해 나날이 접근해가야 하는 것이 아닐까!

천맥을 갖춘
아파트의 비밀

아파트에 관한 이야기를 조금 더 해보자. 앞에서 아파트는 생존을 위한 전진기지일 뿐, 풍수적으로는 별로 좋지 않다고 말했다. 그런데 아파트라고 해서 전부 똑같은 것은 아니다.

종로구 익선동에 T아파트가 있다. 풍수를 공부하는 사람에게 중요한 예를 보여주는 건물이기 때문에 이 장에서 소개하고자 한다. 이 책은 풍수이론을 실생활에 적용시키기 위해 쓴 것이지만 이론만 설명하면 재미가 없고 뜻도 올바르게 전달되지 않을 것이다. 무엇보다도 실례를 많이 드는 것이 상책이라 생각된다. 그래야만 사실적으로 공부를 하게 되고 흥미도 붙을 것이다.

나는 이 책을 쓰면서 오로지 실제 장소와 구조를 가지고 설명해왔다. 가상으로 지어낸 것은 하나도 없다. 모든 것이 사실이다. 특정 장소를 선전할 목적도 없다. 순수하게 이치에 맞는 것만 설명할 뿐 저속한 의도가 없음을 밝힌다. 땅의 이론을 설명하기 위해서는 실제로 존재하는 땅과 건물의 구조, 실내 디자인을 얘기해야 하지 않겠는가!

먼저 T아파트의 위치를 살펴보면, 번화가에 있는 것은 아니고 비교적 한적한 곳에 자리 잡고 있다. 주변 일대에는 운현궁, 종묘, 비원, 경복궁, 탑골공원 등이 포진하고 있다. 유서 깊은 터와 가까이 있는 것이다. 비원은 우리나라 최고의 땅이고 경복궁 터도 그에 버금간다. 그래서인지 T아파트 주변은 1년 내내 상서로운 기운이 서려 있다.

옛날 왕들이 살던 곳이니 당연할 것이다. 이와 같은 터는 우리나라가 존재하는 한 영원히 보존될 것이다. 이들 터는 우리 민족의 수호신인 까닭에 그 근방에 살고 있다는 것만으로도 그 웅장한 기운을 얻을 수 있다. 터를 고를 때는 유서 깊은 곳, 고귀한 곳, 오래된 곳, 문화적인 곳 등을 고르면 복잡한 풍수이론을 따지는 것보다도 좋다.

그런 점에서 T아파트는 장소로서는 최적이다. 조용하고 교통도 좋은 편이다. 옛날 왕들이 이 근방에 자리를 잡은 것은 그만큼 훌륭한 곳이기 때문이다. 많은 풍수학자와 도사들이 고르고 또 고른 좋은 터의 주변에 아파트를 건립한 것은 참으로 요령 있는 행위다. 알기 쉬운 명당이란 이런 곳을 말한다. 《주역》에 "선미후득先迷後得"이란 글이 있는데 이는 "먼저 나서면 미혹하고 뒤따라가면 얻는다."라는 뜻이다. 이미 옛사람이 판단해놓은 명당에 슬쩍 끼어든 것이니 그 자체로서 행운이 아닐 수 없다.

건물구조를 보자. 이 건물은 도심 한가운데에 있기 때문에 주변에 널찍한 공원은 없다. 그래도 건물 앞에 한적한 느낌이 드는 자그마한 공터가 있다. 고요함, 한적함 등은 영혼을 안정시키고 생체리듬을 편안하게 한다.

도심의 건물은 대개 소음이 있기 마련인데 이 건물은 도시의 소음이 전혀 없다. 건물은 한 동뿐이어서 경비실은 안쪽 엘리베이터 옆에 자리 잡았다. 이는 보안이 더 철저하다는 의미가 있어 살아 있는 청룡, 백호인 셈이다. 단, 이 건물은 도심에 있어 산맥과 연결되지는 않는다.

하지만 이 건물에는 천맥이 있다. 천맥이란 무엇일까? 이는 지맥 다음으로 중요한 조건인데, 아주 드문 것이다. 이것을 설명하겠다. 이 건물은 크게 보면 직육면체 모양이고, 적당히 아름답다. 건물의 바깥 면은 고상한 색깔로 도색되어 있고. 창문들도 제법 모양을 냈다.

그런데 여기서 가장 중요한 것은 건물의 구조다. 넙적한 두부를 상상해보자. 이 두부의 중앙을 직사각형으로 잘라내면 길쭉한 ㅁ자 모양이 된다. 물론 중앙은 텅 비어서 하늘에서 땅까지 일자로 이어졌다. 그곳으로 햇빛과 바람이 들어오고, 비가 오면 빗물도 고스란히 떨어진다. 깊은 수영장을 연상하면 된다. 물론 그곳은 물이 아닌 공기로 채워져 있다.

뚜껑을 연 솥의 모습이랄까? 사각형 둘레로 아파트의 각 세대가 자리 잡고 있다. 하늘에서 내려다보면 우물처럼 바닥이 보인다. 이 바닥은 바로 아파트 1층 바닥이다. 공간을 많이 소모하는 대신 하늘과 통하도록 뚫어놓은 것이다. 보통 아파트의 복도에서 바깥마당이 보이는 것과 전혀 다른 것이다.

내면의 공간을 확보해둔 것은 대범한 발상이다. 그 공간을 층층이 실내 공간으로 만들었다면 수백 평을 더 얻었을 텐데! 이 아파트를 지은 사람은 돈보다는 재수 좋은 건물을 지으려고 노력한 듯 보인다. 하늘과 통하는 공간! 아파트 각 세대에서 현관문을 열고 나오면 이 공간에 바로 접할 수 있다.

이는 바깥 전망이 아니라 내면의 전망이라 할 수 있는바, 이것을 천맥이라 한다. 하늘과 바로 통해 있기 때문이다. 그리고 이 공간은 공기가 채워져 있는

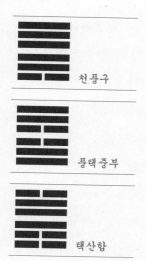

천풍구

풍택중부

택산함

깊은 연못이다. 천맥은 천풍구(天風姤, 庚午)로서
이것은 하늘의 기운을 끌어들인다는 뜻이 있다.

특히 이 괘상은 말 5마리를 이끄는 여장부의 형
상으로 막강한 권력을 휘두르는 상이다. 음이 양을
이기는 상이다. 과거에는 강한 여인을 경계했지만 요
즘 세상은 여성이 왕 아닌가! 이 아파트는 여성에게
는 당연히 좋고, 약자에게는 강하게 발돋움할 수 있
는 터가 된다. 천맥, 지맥은 좋은 터의 전형이다.

그리고 이 아파트 건물은 단순히 하늘과 통하는
정도가 아니다. 하늘의 기운이 내려와 쌓이는 연못이다. 물이 아니라 바람이
지만, 이러한 현상은 풍택중부(風澤中孚, 元土)인데 대단한 뜻이 있다. 바람의
연못은 포부를 간직하고 성취한다는 뜻이다. 행동이 지나치지 않고 차분히 공
을 이룩한다는 뜻도 있다. 닭이 알을 품고 있는 형상도 바로 이 괘상이므로,
생명력이 조용히 발출하는 모습이다. 지속적인 발전을 상징한다.

먼 옛날 문명이 아직 발생하기 전에 성인은 이 괘상을 보고 배를 만들었다.
험난한 물 위를 바람처럼 가볍게 항해하는 것이다. 괘상의 모습은 중간이 파
여 있어 배와 같다. 이는 험난한 상황을 헤쳐나간다는 뜻으로 터의 운명을 보
여주고 있다. 이른바 신토불이身土不二로서 좋은 땅에 살면 그 땅의 뜻에 따라
인간도 닮아가는 법이다.

T아파트는 고공에서 내려다보면 여성의 은밀한 곳 같은 모습이다. 형상이
그러하므로 뜻도 그렇다. 필경 무수히 많은 양성陽性 신령들이 하늘에서 내려
다볼 것이다. 복도 함께 내려주지 않겠는가! 물론 형상이 갖는 기능이 하늘과

통하고 바람의 연못이 만들어져 천풍구와 풍택중부의 기운이 발생하는 것이다.

T아파트의 설계자는 건물의 육중함에 생기를 불어넣기 위해 이렇게 만들었을 테지만 건축주도 그것을 이해했다는 것이 대단하다. 그런데 식견이 짧은 여러 풍수쟁이들은 하늘과 소통하는 바람의 연못에 대해 악평하고 있다. 언제나 그렇듯이 그들은 이유를 말하지 못한다. 모르기 때문이다. 그래서 마음에 안 들면 즉흥적으로 나쁘게 말한다. 알려진 바에 의하면, 같은 것도 이왕이면 더 나쁘게 말하는 것이 풍수쟁이의 일반적인 행태라는 것이다.

하지만 천맥이 통하는 장소를 나쁘다고 하는 것은 천부당만부당하다. 오늘날 도시에 천맥을 갖춘 건물은 매우 드물고 귀하다. 원래 풍은 천의 사자使者로서 만물에 기운을 공급하는 요소다. 이것이 쌓이면 더할 나위 없이 좋다. 예로부터 군자의 행동도 풍택중부를 본받았던 것이고 어린아이의 훌륭한 장래도 이 괘상을 뜻하는 것이며, 영웅의 포부도 풍택중부에서 엿볼 수 있었다.

건물 위로 더 올라가보자. 이 건물은 9층인데 옥상이 있다. 상당히 널찍한데 공원이 조성되어 있다. 나무와 잔디가 있고, 벤치와 정자도 갖추었다. 이곳에서 종묘와 비원의 숲이 바라다보인다. 이 공원은 풍수가 택산함(澤山咸, 癸未)으로 앞에서 설명한바 있다.

언덕의 기운! 건물의 꼭대기에 아늑한 공원이 있는 것이다. 이는 남녀가 서로 사랑하는 기운으로서 하늘과 땅의 기운이 만나서 화합한다는 뜻이다. 원래 언덕 위의 터는 이토록 상서로운 것이다. 산 위의 아늑한 곳은 풍수의 8대 조건 중 하나이므로, 이 공원은 그것을 충분히 갖추고 있다.

도심에서 이 건물과 같은 조건을 갖춘 터는 극히 드물 것이다. 건물을 지을 때 장소도 중요하지만 건물의 구조도 그에 못지않다. 땅의 기운은 건물 구조에 의해 특화되고 극대화된다. 양택, 도시풍수의 묘미가 바로 이것이다. 이상적인 터를 얻지 못해도 건물을 잘 지으면 충분히 땅의 이익을 살릴 수 있다.

또한 특별한 건물이 아니라 하더라도 실내를 잘 꾸미면 형상의 기운을 얻을 수 있다. 당초 좋은 터에 잘 지어놓은 건물에 사는 T아파트 주민이라면, 실내도 그에 걸맞게 꾸며놓아야 좋은 기운을 살릴 수 있을 것이다. 겹겹이 복을 받으며 부디 평화롭기를 기원한다.

좋은 운명을
끌어당기는
명당의 조건

오래오래 살다가 죽은 후에도 그곳에 묻히고 싶은, 그런 땅은 어떤 땅일까? 풍수에서는 인체와 마찬가지로 기운이 쏟아지는 곳 혹은 분출되는 곳을 혈이라고 하고, 좋은 혈은 명당이라 하며 따로 명칭을 부여한다. 맥의 기운은 흐를 만한 이유가 있는 곳에서 흐르는 것이지 아무 곳에서나 흐르는 것이 아니다. 3부에서는 좋은 운명을 끌어당기는 명당의 조건 8가지에 대해 알아볼 것이다.

땅의 기운이 흐르는 통로,
맥을 살펴라

　도시에 사는 사람은 이미 정해진 건축물에서 집단으로 모여 살기 때문에 특별히 풍수지리학적 조건을 갖출 필요가 없다. 특히 아파트는 넓은 벌판에 획일적으로 지어놓은 것이라서 그중에서 고르기만 하면 된다.

　도시라는 곳은 그저 터가 있으면 건물을 짓는 것이지 그곳이 좋아서 짓는 것은 아니다. 나중에 적당히 갖다 붙일 뿐 부지를 선정할 때부터 풍수적인 조건을 생각해서 짓는 것은 아니라는 뜻이다. 물론 도시의 건물도 도로와 주변 건물, 또는 건물의 설계에 따라 풍수적 의미가 발생하기는 한다. 하지만 선택의 폭이 좁은 것은 사실이다.

　그런 경우는 제외하고, 어떤 땅을 자유롭게 찾아서 집을 짓는 경우를 생각해보자. 좋은 땅이 어디에 있는가? 그것을 찾는 특별한 방법은 없다. 폭넓게 둘러보며 찾아야 할 뿐이다. 어떤 땅이 좋은가? 이것이 문제다. 땅이 갖추어야 할 조건을 미리 알면 땅을 잘 고를 수 있으니까 말이다. 이제부터 풍수의 조건을 전부 망라해보자. 오래오래 살다가 죽은 뒤에도 그곳에 묻히고 싶은,

그런 땅을 고르자는 것이다.

3부에서 집중적으로 알아볼 것은 좋은 땅이 갖추어야 할 8가지 조건으로, 이 장에서는 8가지 중에서 가장 먼저 갖추어야 할 것에 관해 이야기하겠다. 그것은 바로 땅의 맥脈이다. 맥이란 땅의 기운이 흐르는 통로를 말한다. 우리 몸에도 맥이 있는데, 신체의 앞면 가운데를 상하로 관통하는 것을 '임맥'이라 하고 뒷면의 위아래를 관통하는 것을 '독맥'이라 한다.

이것을 합쳐서 임독맥이라고 하는데, 이것은 우리나라 땅의 백두대간과 같은 것으로 이해하면 된다. 터를 고를 때는 맥을 고려해야 한다. 우리나라 땅은 남북으로 백두대간이 뻗어 있고, 이것은 동서로 가지를 치고 있다. 그리고 그 가지의 곳곳에 큰 산이 자리 잡고 있다. 땅의 기운은 높은 곳에서 낮은 곳으로 흐르는바, 산 근처가 맥이 좋다.

터는 혈穴이라고 하는데, 인체에도 이런 것이 있다. 원래 풍수의 맥과 혈은 인체에서 따온 것이다. 맥과 혈의 차이를 조금 설명하자. 인체를 예로 들면 이해하기 쉬울 것이다. 인체에는 수백 개의 혈이 있는데 이것을 연결하는 것을 락絡이라고 한다. 락이란 기가 흐르는 통로다. 맥이나 락은 같은 종류이지만, 굵직한 중심 통로는 맥이라 하고 거기에서 뻗어나온 가는 통로는 락이라 하는 차이가 있다.

풍수에서는 락이라는 단어는 사용하지 않고 땅의 기운이 통하는 곳을 맥이라고 한다. 맥은 통로이기 때문에 기운을 운반할 뿐 그것이 인체에 직접 작용하지는 않는다. 도시로 말하자면 맥은 도로다. 그런데 혈이라는 것이 있어서, 이곳에서 기운의 작용이 본격적으로 시작된다.

락(맥)에서 흐르는 기운은 혈에 쏟아진다. 또한 혈에서도 약간의 기운이 발생하는데, 이 기운도 락을 통해 다른 혈로 이동한다. 인체는 락의 망으로 덮여 있고 곳곳에 혈이 있어 각 기관이나 조직을 소통시키고 있다. 다만 땅의 기운은 원맥에서 발생하여 낮은 곳으로 흐르고 그 기운은 최종적으로 땅속으로 사라진다.

샤워를 생각하면 된다. 물이 인체에 도움을 주고 하수도로 흘러가는 것과 같은 이치다. 인체의 기운은 순환한다. 하지만 땅의 기운은 아래로 흘러가는 것이다. 이는 만유인력의 법칙에 의한 결과다. 땅의 기운은 바로 인력의 기운이다. 이 기운은 낮은 곳으로 흘러가는 성질이 있다. 낮은 곳이 지구의 중심에 가깝기 때문이다. 다만 땅의 맥에는 질량에 따른 인력의 기운 말고도 자기磁氣, 열, 진동, 생기 등이 흐른다.

여기서 생기라는 것은 천기라고도 하는데, 이는 인력의 기운이 아니다. 천기는 우주 자체에서 발생하는 것이다. 이 기운은 물질을 관통하면서 영혼에도 영향을 미친다. 주역에서는 이 기운을 천의 기운이라고 하는바, 양이 3개 모였으니 극양極陽의 기운이다. 자연과학에서는 이 기운을 타키온tachyon이라고 하는데, 속도가 무한대인 이것은 아직 검증되지는 않았다.

그 외에 최근 발견된 암흑에너지도 천의 기운일 가능성이 높다. 암흑에너지는 물질을 분산시키는 힘인데, 이런 힘은 바로 생기와 같다. 활력이란 팽창시키는 힘이다. 양의 기운이 바로 그것이다. 양의 기운은 천의 기운이지만 이 기운은 양이어서 음인 땅(산맥)에 이르면 땅에 활력을 준다.

산맥에 흐르는 기운을 딱히 이것이라고 콕 찍어 말할 수는 없다. 종합적인 기운이라고 보면 될 것이다. 우리 몸의 맥에는 여러 종류의 기운이 흘러 다닌다. 열은 말할 것도 없고 진동이나 체액 등도 흐른다. 산맥에도 이런 기운들이 흐르는바, 그 기운이 쏟아지는 곳에 생명체가 있으면 그것을 수용할 수 있을 것이다.

풍수에서는 인체와 마찬가지로 기운이 쏟아지는 곳 혹은 분출되는 곳을 혈이라고 하고 좋은 혈은 명당이라 하며 따로 명칭을 부여한다. 우리는 궁극적으로 명당을 찾고자 한다. 이것을 알기 위해 최우선적으로 맥을 보는 것이다. 맥의 기운은 흐를 만한 이유가 있는 곳에서 흐르는 것이지 아무 곳에서나 흐르는 것이 아니다. 샘물도 그렇지 않은가!

그렇기 때문에 기운이 흘러가는 산등성이에서는 기운의 혜택을 받을 수 없다. 오히려 우리의 기운을 빼앗길 수도 있다. 인체는 락에서 기운을 빨아들여 어디론가 이동한다. 산의 맥에서도 기운은 흐르는 것이고 그것이 혈자리에 쏟아부어지는데, 혈자리는 무수히 많다. 이것을 찾는 방법은 따로 논하겠다. 지금은 맥을 이해해야 한다.

우리나라 산에는 맥이 있고, 그 맥의 근원은 백두대간을 통해 백두산과 연결되어 있다. 제주도의 경우는 백두대간과 끊어져 있으나 그곳에 한라산이 있다. 한라산은 명산으로서 제주도 전체에 기운을 듬뿍 쏟아내고 있다. 한라산은 백두산에 준하는 산이라고 할 수 있다. 육지에 비해서 작은 섬인 제주도에 그토록 높은 산이 있다는 것은 우리 민족의 광영이 아닐 수 없다.

다시 맥을 보자. 맥이란 땅의 기운이 흐르는 곳이라고 정의할 수 있지만, 땅의 기운이 반드시 산에만 있는 것은 아니다. 이 문제는 차차 논하기로 하고, 쉽게 생각하면 터를 고를 때는 산 근처가 좋다는 것이다. 이왕이면 큰 산이 좋고 백두대간과 연결되어 있으면 더 좋다.

그러나 이것도 절대적인 원칙은 아니다. 우리 국토는 거의 모든 지역이 백두대간의 영역 속에 포함되어 있기 때문에 큰 산이 아니라 하더라도 땅의 기운을 충분히 받을 수 있다. 남산보다 작아도 좋고 큰 언덕 정도의 크기여도 좋다. 가급적 산자락에 터를 정하라는 것이다.

맥이란 결grain과 같은 것이다. 물에도 물결이 있고 땅에도 흙의 결이 있다. 결이란 흐르기 좋은 구조다. 우리 몸의 경맥은 인체의 결인 근육 속을 흐른다. 흙의 결이 중요하지 산 그 자체가 중요한 것은 아니다. 어쨌건 풍수에서 가장 중요한 사항은 맥이라는 것을 알면 된다.

산맥 아닌 맥에 대해서 고찰해보자. 이것도 산맥만큼 중요하다. 맥이란 무엇인가? 통하게 하는 것이다. 통하게 하는 것은 무엇이든 맥이다. 산맥 말고 어떤 것이 있을까? 통하게 하는 것?

이것은 도로다. 도로는 땅의 결로서 자동차만 다니는 것이 아니다. 이곳에는 땅의 기운이 흐른다. 사람도 도로를 통해 이동한다. 도로는 인체로 말하면 락에 해당되고 도시는 혈 또는 장기다. 도로는 산과 인간이 사는 곳을 연결하고 각 도시를 연결한다. 도로는 산맥의 연장인 것이다.

도로는 대개 오랜 옛날부터 자연적으로 발생했다. 산과 산을 연결하고 산의 기운이 강이나 도시에 이르도록 땅이 적극적으로 만들어낸 것이다. 물론 예전엔 없던 것을 인위적으로 만들어낸 도로도 있지만, 기능은 자연발생 도로와 큰 차이가 없다. 도로는 흙으로 만들어지기 때문에 산의 기운이 소통하는 데는 자연발생 도로와 마찬가지다.

땅을 구할 때 맥을 가장 먼저 살펴야 하는 이유가 뭘까? 바로 소통이 잘되는가를 봐야 하기 때문이다. 산맥이 땅에 이르렀는가? 그것은 도로와 이어지는가? 그 도로는 어디로 뻗어나가는가? 산과 산 사이는 연결되었나? 등을 따져보는 것이다. 모든 산은 반드시 끝나는 곳이 있다. 그곳은 바로 기운이 집결하는 곳으로서 좋은 혈이 많이 발생한다.

산맥과 도로, 그리고 정해진 터가 외부와 어렵지 않게 통하는가 등을 살펴야 한다. 그것이 바로 맥을 살피는 것이다. 사람이 사는 곳에는 통로가 중요하다. 물론 통로는 적당해야 한다. 통로가 통로답지 않고 광장처럼 넓게 벌어져 있으면 이는 땅의 결이 없어지는 것을 의미한다. 이런 길은 기운이 분산된다. 기운의 분산도 맥의 기능이기는 하지만 지나치면 기운을 탕진하게 되어 모처럼 좋았던 혈자리도 손상을 입게 된다. 이 부분은 맥이 아닌 다른 관점에서 조명할 것이다.

기운이 쌓이는 안처와
깨끗한 물이 필요하다

맥의 판정이 끝나면 두 번째 조건으로 넘어가도 좋다. 좋은 터를 고르는 두 번째 조건은 안처安處다. 안처는 편안한 장소를 의미하는데, 영혼은 이를 찾아 온 우주를 헤맨다. 안처는 주역에서 택, 즉 연못으로 표현하는바, 이는 기운을 쌓아놓는 기능을 한다. 좋은 혈은 결국 안처를 얘기하는 것이다.

땅은 외부로부터 끊임없이 기운을 공급받아야 하지만, 이를 지켜주는 안처가 없으면 기운이 소모된다. 안처는 적당히 막혀 아늑함이 있어야 한다. 바람이 심하게 통하는 곳은 안처가 될 수 없다. 그리고 최소한 두 면이 가려져 있어야 한다. 사면이 다 막혀 있으면 이는 맥이 나쁜 것이고, 사면이 다 열려 있으면 안처가 성립될 수 없다. 사람이 거하는 곳은 벌판처럼 사면이 열려 있으면 안 되고 바닷가처럼 광활한 곳과 직접 통해 있어도 안 된다.

안처는 어렵게 생각할 것 없이 어린아이가 좋아하는 장소다. 광장공포를 느끼지 않게 하는 장소를 말한다. 영혼은 아늑하지 않으면 불안감을 느끼고 어디론가 이동하고 싶어 한다. 안처의 요점은 장소의 아늑함, 즉 기운이 도망가지 않는 곳이다.

우리의 방이 바로 안처인데 좋은 땅은 아직 집을 짓지 않았는데도 편안함을 주는 장소다. 춥지만 않다면 돗자리를 깔고 앉아서도 오래 머물 수 있어야 한다. 인체는 나쁜 장소에 있을 때 체력소모가 극심해진다. 아주 나쁜 곳은 정신에도 손상을 준다. 척 봐서 아늑하고 오래 머물러도 불안하지 않으면 일단 좋은 곳이라고 봐도 좋다. 나쁜 땅은 집을 지어놓아도 그 안에서 제대로 휴식을 취할 수 없다.

맥은 약간의 전문적인 식견이 있어야 하지만 안처는 누구나 쉽게 느낄 수 있다. 여성이나 노약자가 좋다고 하는 장소는 대개 좋은 곳이다. 맥이 양이라면 안처는 음인데, 좋은 땅은 음양이 조화를 이룬 곳이다. 땅을 본다는 것은 바로 이것을 보는 것이다.

무덤을 정하는 것도 크게 다르지 않다. 굳이 차이점을 따지자면 무덤은 맥을 더 중시하고 산 사람의 집터는 안처를 더 중시한다는 것이다. 큰 차이는 없다. 산 사람의 몸속에도 영혼이 존재하기 때문이다.

맥과 안처는 대규모 풍수에서도 기본이 된다. 서울은 산으로 둘러져 있어 거대한 안처인데 산이 병풍 역할을 한다. 또한 서울 주변에는 명산이 많은데 이들이 맥이어서 서울로 기운을 쏟아붓는다. 옛사람들은 서울을 수도로 정할 때 이 점을 충분히 감안했을 것이다.

특히 우리나라는 산들의 맥이 광활한 범위에 펼쳐져서 촘촘히 망을 이루고 있기 때문에 도시를 정하는 데 큰 어려움이 없었을 것이다. 넓이가 적당한지만 보면 된다. 우리나라 같은 땅은 전 세계에서 유일하다. 예로부터 한반도는 '신선의 땅'이라고 일컬어져 왔는데 이는 우리 땅의 산맥 분포 때문이다.

특히 신선들은 안처를 좋아한다. 안처 중의 안처를 선동이라 하는데, 선동은 그 자체로서 낙원이라 할 수 있다. 선동에 머무르면 땅의 청량한 기운을 극도로 많이 받을 수 있고 불로장생도 가능해진다. 그런 장소를 찾는 것은 보물을 찾는 것보다 훨씬 더 가치가 있다. 선동을 찾으면 속세를 떠나도 좋으리라.

안처를 이해했다면 세 번째 조건으로 넘어가자. 그것은 물이다. 터에는 어떤 형태로든 물이 있어야 한다. 샘이 있으면 좋고 흐르는 냇물이 있어도 좋다. 두 가지가 다 있으면 최선이다. 물의 종류는 많다. 물론 여기서 말하는 물은 깨끗한 물이다. 깨끗한 물이 흐르는 곳이 풍수가 좋은 곳이다.

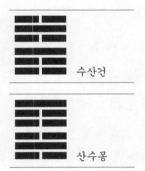

마셔도 좋을 만큼 물이 깨끗하면 산 자체가 살아 있다는 뜻이다. 물맛이 좋은데 산이 나쁜 경우는 없다. 탁한 물은 산이 물을 이기지 못해 생기는 현상이다. 산이란 오행의 도로서 물을 이기는 것이 자연의 섭리인데, 물이 오히려 산을 깎아내는 것은 역행이다. 이를 주역의 괘상으로 수산건(水山蹇, 癸酉)이라고 하는바, 산의 징조가 좋지 않은 것이다. 이 괘상은 어둠에 갇히고 행동하지 못한다는 뜻이다. 이런 산 근처에 오래 있으면 봉변을 당할 수 있다. 운명이란 환경에 의해 발생하는 법이다. 물이 깨끗하다는 것은 순응을 의미한다.

또한 물은 너무 세차게 흐르면 안 된다. 풍수의 이상적 조건으로서 흔히 배산임수라는 말을 하는데, 세차게 흐르는 물은 좋은 물이 아니다. 산의 괘상은 산수몽(山水蒙, 辛丑)이어야 하는바, 세차게 흐르는 물은 수산건이 되어 나쁘다. 배산임수는 엄밀히 말해 산과 연못을 의미한다. 연못이란 물이 조용히 고여 있는 것으로 천천히 흐르면 그것이 바로 연못이다.

그리고 연못이 너무 커도 안 된다. 물이 산을 압도하면 흉하다. 토극수土剋水, 즉 땅이 물을 이기는 것이 자연스러운 기운의 조화다. 광대한 호수는 주역에서 택으로 분류되지 않는다. 본래 택은 연못을 상징하는 것으로서, 아늑함과 안정을 의미한다.

바다처럼 넓은 호수는 풍인 것이다. 넓은 연못 앞의 인간은 그것을 바라볼 뿐 함께하는 게 아니다. 연못이 너무 크면 산 기운을 깎아먹는 것이니 물이라고 해서 다 좋아할 게 아니다. 그리고 빨리 흐르는 물은 더 나쁘다. 인간이 이를 바라보고 있으면 생체 에너지의 소모가 커서 병이 들거나 사업이 망한다.

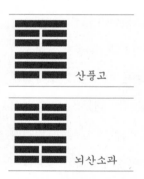

산풍고

뇌산소과

빨리 흐르는 물은 산풍고(山風蠱, 己酉)로 분류되는데, 탁한 물도 이에 해당된다. 산풍고는 배신과 역행, 파괴, 고민, 방해 등을 뜻한다. 탁한 물이 흐르는 곳에 살면 산풍고와 같은 운명을 받게 됨은 물론이다. 물이 맑고, 천천히 흐르고, 맛이 좋으면 살아 있는 산이다.

물 흐르는 소리도 지나치게 크면 안 좋다. 이것도 산풍고에 해당된다. 폭포는 시원하고 아름답지만 그 소리가 24시간 진동하면 인간의 생명력을 파괴한다. 사람이 사는 곳 근처의 폭포는 자그마하고 고요하게 떨어져야 한다. 물이 천천히 흐르면 폭포소리도 자연스럽다. 물은 음의 성품인바, 고요하고 순종적이어야 한다. 물이 산을 따르는 것이지 산이 물을 따르는 것이 아니다.

그리고 물은 일정하게 흐르는 것이 좋다. 비가 온다고 해서 물이 지나치게 많아지면 안 좋다. 이는 산의 역량이 모자란 탓이다. 만약 비가 오는데도 흐르는 물의 양이 급하게 증가하지 않으면, 비록 산이 작아 보이더라도 작은 산이 아니다. 또한 비가 오지 않는다고 해서 물길이 마르는 산 역시 좋지 않다. 역량이 부족한 산이므로, 덩치가 커 보여도 작은 산으로 분류된다. 작은 산이란 뇌산소과(雷山小過, 元土)인데, 위축되어 제대로 힘을 쓰지 못한다는 뜻이다.

이처럼 물을 보면 산의 상태를 알 수 있다. 약수가 땅에서 솟아오르면 좋은 산이고, 이 자리가 바로 명당이다. 흐르는 물이 깨끗하면 산은 단단히 굳어 있는 것이다. 산이란 단단히 굳어 있는 것을 최고로 친다. 산에 바위가 많으면 아주 좋다. 다만 바위는 토중양土中陽이므로 이를 순화시킬 음이 필요하다. 그것이 바로 나무인데, 다른 장에서 상세히 다루겠다.

물은 맑게 고여 있으면 산을 안처로 만든다. 만물은 역할에 있어서도 서로 공조한다. 산의 모양은 맥을 만들고 또한 안처를 만든다. 물은 산에 생기를 공급하고 산은 또한 물이 머물 곳을 만든다. 모든 것이 어우러진 곳이 우리가 찾고자 하는 명당이다. 좋은 곳은 모든 것이 하나의 작용처럼 다 좋고, 나쁜 곳은 다 나쁘다.

인간은 본능적으로
아름다움을 선택할 수 있다

이제 네 번째 조건을 살펴보자. 이는 빛인데, 단순히 밝음만을 뜻하지는 않는다. 다소 어려운 개념인데, 이것을 잘 이해하면 풍수의 묘미를 느낄 수 있다. 빛은 주역의 괘상으로 화에 해당된다. 화의 뜻을 잘 이해하면 활용방법이 무한히 많다. 화는 빛이고, 아름다움이고, 또한 조화를 상징한다. 태극기에도 화가 있는데, 풍수와 관련된 깊은 의미를 찾아보자.

화는 익숙한 개념으로서 '꽃'과 같은 뜻이 있다. 꽃이란 아름다움의 상징인데, 주역에서는 조화를 의미한다. 아름다움이 바로 조화인 것이다. 음악이든 미술이든 춤이든 조각이든, 조화를 이루어야 아름다움이 나타난다. 음악에 엇박자 조화라는 개념이 있는데, 엇박자도 큰 틀에서 보면 조화다. 미술에서도 피카소의 그림이 이상하고 제각각인 듯 보여도 고도의 조화가 숨어 있다. 아름다움이란 조화에 의해 나타나는 결과라고 보면 된다.

'어떤 것이 조화인가?'라고 물어보면 간단히 말할 수 없다. 하지만 인간의 뇌는 조화를 추구하는 존재라고 뇌과학자들이 밝혀놓았다. 조화가 안 맞는 도형을 보면 짜증이 난다. 반면 조화를 이룬 도형을 보면 신비감에 도취되어 한 동안 눈을 떼지 못한다.

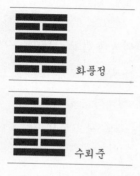
화풍정

수뢰준

주역에서는 아름다움의 극치를 화풍정(火風鼎, 辛巳)으로 표현하는데, 이는 완성을 뜻하는 괘상이기도 하다. 우주의 초기에는 모든 것이 혼란스러웠다. 이는 수뢰준(水雷屯, 乙亥)으로 표현하는데, 사물의 시작에 해당된다. 복중의 아이가 수뢰준이고, 아직 갖추어지지 않은 인간이 수뢰준이다. 먼 옛날 화산폭발이 일어나고 있던 시절도 여기에 해당된다.

만물의 진화는 조화, 즉 아름다움을 향해 가는 것이다. 세월이 가면 지구는 더욱 아름다워질 것이 틀림없다. 조물주가 처음에 인간을 땅에 내려보낸 것은 아름답고 또 아름다워지는 세계에 살게 하기 위함일 것이다. 풍수에서도 아름다움은 중요한 조건이다. 아름다운 곳에 있으면 운명도 아름다워진다.

아름다움의 기준을 일일이 열거하자면 이 책 한 권으로 부족하다. 그러나 결과로서의 아름다움은 누구나 알 수 있다. 주역에서 말하는 화풍정의 괘상을 보자. 화풍정의 괘상은 기운이 들어와 조화를 이룬다는 뜻이 있는데, 천지의 작용도 이와 같은 의미가 있다. 세상은 점점 아름다워진다는 것, 그리고 이런 일에 우리가 일조할 수 있다면 인생은 보람될 것이다.

아름다움이란 인간이 가꿀 수 있는 것이지만 규모가 클 때는 개인이 관여할 수가 없다. 대자연은 조물주의 작품이다. 그러므로 우리는 땅을 고를 때 조물주가 만든 아름다움을 잘 보고 선택해야 할 것이다. 산의 아름다움은 아마도 세계에서 우리나라가 으뜸일 것이다. 아름답기로 유명한 금강산뿐만 아니라, 우리나라 전역의 산은 기묘한 조화를 이루고 있다. 그래서 예로부터 한반도를 신선의 땅이라고 하지 않았던가!

특별히 공부한 바가 없어도 우리는 본능적으로 아름다움을 알고 선택할 수 있다. 요는 그 능력을 활용하자는 것이다. 아름다움은 가르칠 수도 없고 배울 수도 없는 것이지만, 조화를 바탕으로 하면 아름다움을 선택하는 능력도 키울 수 있다. 좋은 경치를 많이 경험하면 그것도 힘이 된다. 금강산을 다녀와서 그곳을 참조해도 좋을 것이다. 아름다움은 끝이 없다.

그보다는 아름다움에 무슨 뜻이 있느냐를 생각해볼 필요가 있다. 아름다운 곳에 있으면 어째서 이익이 될까? 산의 아름다움은 오랜 세월 진화한 결과인데, 여기에는 고도의 생명력이 작용한다. 산이 아름답다면 그것은 생명력이 있기 때문이다. 피카소의 그림은 뜻을 잘 모르더라도 생명력이 넘쳐 보인다. 산의 아름다움은 결코 우연히 만들어진 것이 아니며, 거기에는 하늘의 섭리가 깃들어 있다.

화풍정의 괘상을 보자. 이 괘상은 아래쪽에 풍이 있는데 이는 천의 집중을 의미한다. 기운이란 하늘의 사자라고 보면 된다. 풍은 맨 아래에 음이 있는바, 하늘이 하강한 모습이다. 하늘이 작용하여 화, 즉 조화를 만든 것이 아름다움이다. 산이 아름답다면 그만큼 생명력이 넘친다는 뜻이다.

금강산은 가장 아름다운 산으로 손꼽히지만 장엄하지는 않은 것 같다. 세계의 거대한 산들은 금강산보다 수백수천 배 더 크다. 하지만 그 산들은 금강산처럼 아름다움으로 꽉 차 있지는 않다. 장엄함은 풍수의 또 다른 개념이다.

그것은 잠시 뒤에 논하고 여기에서는 아름다움에 집중하자.

아름다움에 대해 빼놓을 수 없는 요소가 있는데, 그것은 바로 햇빛이다. 좋은 땅에는 반드시 햇빛이 잘 들어야 한다. 어두침침하면 명당이 될 수 없다. 그리고 산에는 꽃나무가 있어야 한다. 많을수록 좋다. 어떤 산에 아름다운 꽃나무가 가득하다면 이는 그만큼 아름다운 운명을 가지고 있다는 뜻이다. 물과 바위, 그리고 나무들, 바람과 구름 등도 산을 아름답게 만드는 요소들이다. 산의 모양이나 계곡 등도 마찬가지다.

이들이 만들어내는 자연미야말로 최고의 아름다움이다. 대자연은 최고의 아름다움을 만들어내는 창조자다. 그런데 여기에 인간이 끼어들면 작품이 망가진다. 사람이 건드리지 않은 자연미를 갖춘 곳을 찾아야 한다. 사람은 소규모 범위 내에서, 그리고 자연경관을 해치지 않는 조건에 한해서만 개발 혹은 훼손이 허용될 뿐이다.

미술에 산수화라는 장르가 있다. 인간의 상상이 그 작품 속에 들어 있는데, 많이 보다 보면 미안美眼이 트일 수 있다. 아름다움은 인간이 추구하는 최고의 가치 중 하나로서 행운을 상징하고, 그 자체는 인간의 몸에 활력을 준다. 우리가 병문안을 갈 때 아름다움의 상징인 꽃을 가져가는 이유도 그것이다.

땅을 선택할 때 아름다움을 판단하려면 전체를 봐야 한다. 주변 경관 중 어느 부분만 아름답다면 이는 명당이 아니다. 명당은 조화 속에 나타나는 법이다. 산의 나무는 종류가 많을수록 좋다. 산삼이 나온다면 이는 화에 해당하므로 더더욱 아름다운 땅이다.

여자가 좋아하는 산은 아름답다. 화가가 좋아하는 산도 아름답다. 시인이 좋아하는 산도 아름답다. 하지만 탐욕스럽고 폭력적인 사람이 좋아하는 산이라면 세심하게 살펴봐야 한다. 아름답지 않을 수가 있다. 도인이 좋아하는 산이라면 최고다. 서산대사는 금강산보다 묘향산이 아름답다고 말한 바 있고 그곳에서 평생 머물렀다. 또한 유명 사찰이 있는 곳은 거의 대부분 아름다운 곳이다.

아름다움을 알아보는 방법은 무수히 많다. 평소에 미안을 개발해둘 필요가 있다. 낙원이란 반드시 아름다움을 갖추어야 한다. 아름다움과 늘 함께하면 우리도 그렇게 변한다. 이에 따라 행운도 잡을 수 있는 법이다. 아름다운 터는 우리가 그것을 소유할 수 없어도 자주 찾아가 보는 것만으로도 커다란 축복을 받을 수 있다.

중국의 어떤 철학자가 말했다. 대자연은 아름다워지기 위해 존재하므로, 인간은 이를 따라야 한다고. 누가 산에 꽃을 심어 놓았을까? 산은 스스로 아름다워지기 위해 지금도 쉬지 않는다.

권위와 위엄이 있는 땅은
운명 경쟁에서 앞선다

명당의 다섯 번째 조건을 살펴보자. 이는 위엄威嚴이다. 땅의 위엄이라니 다소 생소한 느낌이 들 것이다. 좋은 땅을 구하는 데 위엄이 필요할까? 절대적으로 필요하다. 물론 위엄이란 말이 완벽하게 들어맞는 표현은 아니다. 그래서 괘상을 봐야 한다.

좋은 터의 다섯 번째 요소는 뢰, 즉 우레인데 이 개념은 건물풍수에 있어서도 아주 중요하다. 옛날 왕이 사는 곳을 상상해보자. 당시에 살았던 국민들의 수준에서 바라보는 것이다. 어떤가? 아름답고 권위가 있어 보인다. 예전에 일제가 지었던 중앙청도 권위 있다. 권위란 단순한 크기를 뜻하는 것이 아니다. 앞에서 설명한 교보빌딩이나 정부서울청사는 크기는 대단하지만 권위가 대단하지는 않다. 자동차도 권위 있는 것이 있다. 캐딜락은 버스보다 작지만 권위가 있다. 사람도 권위 있는 얼굴이 있고, 건물도 권위 있는 외관이 있다.

권위란 아름다움에 견줄 만한 또 하나의 중요요소다. 가령 목포의 유달산은 크기도 작고 권위가 없다. 반면 설악산은 권위가 있어 보인다. 산의 권위란 대체로 하늘로 향한 구조에서 나온다. 무조건 크기만 해서는 권위가 생기지 않는다.

터는 우선 우러러볼 수 있는 위치에 있어야 한다. 산꼭대기를 말하는 것이 아니다. 높이는 주변 경관과 어우러져 적당히 높으면 된다. 하지만 두루뭉술한 곳에 터가 있으면 안 된다. 바위나 나무 등이 떠받드는 곳이어야 권위가 있다. 도로나 등산로에서 훤히 드러나 보이는 곳은 권위가 없다.

권위는 가려져 있으면서도 다소 거친 면이 있어야 한다. 비유하자면 남성적인 모습이어야 하는 것이다. 터의 아름다움이 여성적이라면 권위는 남성적이다. 산 전체는 양성적 존재다. 양성이란 말이 마음에 안 들면 태극적 존재라고 해도 된다. 하지만 터의 위치는 밖에서 봤을 때 위엄이 서려 있어야 하는 법이다. 아름다움은 그 안에 갖추면 된다. 척 봐서 장엄한 느낌이 들면 좋은 것이다.

지리산은 훌륭한 산이지만 설악산에 비해 장엄한 느낌은 덜하다. 지리산은 장엄하다기보다는 장대하다는 표현이 어울린다. 금강산은 장대하거나 장엄하다기보다는 아름답다. 백두산은 크고 위엄이 있지만 아름답지는 않다.

터는 대체로 지역을 억누르는 듯한 느낌을 주면 위엄이 있는 것이다. 무덤의 터도 주변을 압도하는 위치에 있는 것이 좋다. 등산객들이 지나다니면서 아래쪽으로 훤히 내려다볼 수 있는 무덤은 죽어서도 쉴 수가 없다. 살아 있는 사람이 사는 터가 훤히 내려다보이면 영혼이 불안할 것이다. 모름지기 터란 그 내면이 보이지 않고 겉모습은 강한 느낌을 주어야 한다. 다소 배타적이어도 충분하다. 나약해 보이는 터는 절대 삼가야 한다.

위엄 있는 터에는 통로가 많아서도 안 된다. 큰 통로 하나, 작은 통로 하나면 좋다. 이리저리 통로가 많은 터는 권위가 없다. 재래시장 터라면 통로가 많은 것이 좋을 것이다. 역사 속의 주요 성들은 위엄 있는 곳에 위엄 있게 지어져 있다. 명산에 있는 절도 그 지역에서 가장 위엄 있는 곳에 자리 잡는다. 위엄 있는 터는 주변을 호령하는 듯한 느낌을 준다. 때문에 주변의 잡스러운 기운으로부터 벗어나는 것이다.

평지 중에도 권위 있는 곳이 있는데, 광화문 사거리가 그런 곳이다. 이순신 장군 동상이 서 있는 곳은 그 이름과 함께 권위가 있다. 위엄, 권위가 있는 곳에 살면 건강해지고 권력운이 생긴다. 약한 터에 살면 운도 약해지고 강한 터에 살면 강해지는 것이 자연의 법칙이다. 위엄 있는 터는 들어서는 순간 당당한 느낌이 든다. 그래서 누가 감히 넘보지 못한다. 권위란 시설로도 이루어낼 수 있지만 근본적으로 터가 빈약하면 거대한 시설을 조성해도 한계가 있다.

위엄 있는 터의 개념은 그 장소가 외부에 미치는 영향력을 의미한다. 땅은 주변과 경합한다. 권위 있는 땅은 운명 경쟁에서 앞선다. 권위 있는 터에 관한 설명은 뒤에서 다시 할 것이다.

여섯 번째 조건을 살펴보자. 이번에는 터의 거대함이다. 거대함이란 땅의 면적이 넓은 것만을 의미하지는 않는다. 육중함을 뜻하는데, 주역의 괘상으로 산이다. 이 괘상은 흔들리지 않는 견고함을 상징한다. 백두산이 여기에 해당된다. 작은 터의 경우 등이 두터운 것을 일컫는다.

앞쪽으로 조금 멀리에 좌청룡과 우백호가 있다면 그것을 거느리는 터는 육중하다고 말할 수 있다. 풍수에서 산이란 택을 보호하는 요소다. 뢰와 다른 점은 산이 안으로 기대는 용도이고 뢰는 밖으로 위용을 나타낸다는 것이다.

집이란 벌판에 홀로 있어서는 안 된다. 하다못해 바윗덩이라도 옆에 있어야 한다. 기댈 곳이 없으면 흔들리는 법이다. 터란 부동의 자세가 필요하다. 안으로 굳건히 자세를 지키고, 밖으로는 위엄을 나타내야 한다.

돌담이란 것은 집의 요동을 막아주고 돌담 위의 기와는 위엄을 나타낸다. 담은 흔들림을 막아주는 것이므로 흙으로 두껍게 쌓아올리는 것이 좋다. 어떤 터가 자연스럽게 벽의 역할을 해주면 이는 담보다 육중한 의미가 있어서 더 좋다. 터에 바윗덩이가 있는 것은 그 자체가 산의 의미가 되므로 주변 땅 전체에 안정력을 증강시킨다.

먼 곳에 산이 있어도 도시는 그 기운을 받는다. 그리고 산의 요소가 넉넉한 곳에서는 도시가 발생한다. 물속에 사는 고기들도 기댈 곳이 있는 장소에 모여든다. 낡은 배를 일부러 침몰시켜 고기들이 모이게 하는 방법을 쓰기도 하는데, 이것은 산의 의미를 이용한 것이다. 영혼은 아늑함도 필요하지만 그에 못지않게 든든함이 있어야 한다. 이것이 산의 뜻이다. 소도 들판에 혼자 있으면 불안해하고 근방에 흙더미라도 있어야 편안해한다.

민족이나 국가도 기댈 산이 없으면 크게 융성하지 못하는 법이다. 칭기즈칸이 한때 세력을 크게 뻗쳤지만 결국 스러지고 말았는데, 이는 산의 기운이 약했기 때문이다. 군대에서 사용하는 깃발도 산의 역할을 하는바, 군인들은 깃발 있는 곳에서 안정을 취할 수 있다.

집 바로 옆에 바위들이 많으면 좋은 터다. 큰 나무들도 산의 역할을 한다. 특히 오래되고 큰 나무가 있는 곳은 영혼이 의지할 수 있다. 육중함에는 요동을 막아주는 힘이 있다. 거대한 산자락이 아니더라도 육중함을 갖춘 산은 얼마든지 있다. 산에서 떨어져 있어도 그 기운을 받는 정도의 거리에 있으면 좋은 터다.

산에 바위가 없고 흙더미가 허술하여 흘러내리는 곳은 아주 나쁘다. 이는 차라리 흙이 없는 것보다 나쁠 수도 있다. 산은 작아도 단단해야 한다. 번거로운 등산로가 있어 지나다니는 사람들이 나의 터를 훤히 내려다보면 이는 권위를 상하게 한다.

군대가 주둔하는 곳도 산이 있어야 한다. 방벽 노릇을 하기 때문이다. 막힌 곳이 있으면 터는 그곳으로부터 도움을 받는다. 열린 곳에서는 기운이 새어나간다. 산의 역할은 막아주고 흔들리지 않게 하는 것이다. 옛날 인류는 고인돌, 선돌 등을 일부러 만들었다. 이는 산을 꾸미고자 했던 것이다.

움직이지 않는 것, 변하지 않는 것 등이 땅의 주변에 반드시 있어야 한다. 이들은 영혼을 강하게 하고 운명을 흔들리지 않도록 잡아주기도 한다. 주변에 산에 해당되는 것이 없으면 아이들의 성장에도 지장이 생긴다. 든든한 것을 보고 배우면 그와 같은 존재가 되기 때문에 산이 필요하다. 미국 어느 마을에 큰 바위 얼굴이란 거대한 돌조각이 있는데, 이로 인해 많은 사람들이 위대한 사람으로 변해갔다는 이야기도 있다. 어려서 돌을 많이 보고 자란 사람은 강해지는 경향이 있다.

우리 민족은 강인한 면이 있는데, 이는 우리 국토에 산의 요소가 많기 때문이다. 얘기가 나온 김에 한마디 더하면 우리 국토는 벌판이 적어 외교력이 빈약한 면이 있다. 소통보다는 고집이 센 민족인 것이다. 이것도 우리 국토의 풍수 때문이다. 하지만 강한 면이 있다는 것은 얼마나 좋은 품성인가! 인간은 강해지기 위해서라도 반드시 산의 요소를 품고 살아야 하는 것이다.

좋은 땅이 갖추어야 할
8가지 조건

명당의 일곱 번째 요소로 넘어가자. 이것은 땅이다. 땅? 이제껏 내내 땅을 얘기하고 있었는데 무슨 땅을 다시 얘기하자는 것인가? 지를 말한다. 지는 땅을 뜻하지만 땅만을 뜻하는 것은 아니다. 여자, 어머니, 지구 등도 모두 지에 해당한다. 터를 잡는 데 지는 중요한 요소다.

우선 얘기할 수 있는 것은 땅의 넓이다. 아무리 좋은 터라도 어느 정도 넓어야 하는 것이다. 광활하지 않아도 된다. 하지만 옹졸한 집 한 채를 겨우 지을 수 있는 터는 명당 구실을 못한다. 묏자리의 경우는 조금 다르지만 양택陽宅의 터는 넓이가 어느 정도 확보되어야 한다.

이는 평평하다는 뜻도 포함한다. 땅이 기울어져 있거나 지나치게 길쭉하면 안 된다. 기울어져 있는 땅은 그곳에 머물 수가 없기 때문에 땅의 기운이 가장 나쁘다. 지는 포용력이 있어야 하고 어느 정도 자유스러워야 한다. 기울어진 땅은 포용력이 없는 것이다.

땅이 길쭉하면 자유를 해친다. 평평하고 넓어도 반듯하지 않거나 들쑥날쑥하면 나쁘다. 대체로 사각형이 좋은데, 한쪽만 날카롭게 삐죽 튀어나와 있으면 안 된다. 반듯하게 만들 수 있다면 당장 그렇게 해야 한다. 그렇지 않으면 그런 곳에 벽을 세우거나 나무를 심거나 또는 꽃밭을 조성해도 좋다. 《주역》 원전에 곤위지(坤爲地, 壬子) 괘를 설명하는 대목에 "직방대直方大"라는 글이 있는데, 이는 사각형으로 반듯하고 넓다는 뜻이다. 땅, 즉 지의 조건을 말한 것이다.

곤위지

터에 있는 땅바닥은 흙의 재질도 중요하다. 마르고 단단한 흙이 좋다. 질펀거리는 흙은 아주 나쁘다. 좋은 터란 배수가 잘되어야 하는 법이다. 그리고 땅은 생명력이 있어야 하는바, 나무와 풀이 잘 자라고 햇빛이 잘 들어야 한다. 해충이나 땅벌레, 개미 등이 있으면 나쁘다. 이는 땅이 조잡스럽다는 것인데, 귀한 땅은 깨끗한 법이다. 향긋한 흙냄새가 나야 좋고 비가 와도 흙이 흘러내리지 않아야 한다. 땅에 결이 있으면 아주 좋다. 결이란 잔디나 풀 등이 소용돌이 모양으로 나 있거나, 일정한 질서가 있는 것을 말한다. 이는 땅의 구조가 조화를 이루는 것이다. 땅에 움푹 파인 곳이 있으면 나쁘다. 이는 메워서 평평하게 다져야 한다.

땅의 위치는 가급적 높은 곳이 좋으나 가장 높은 곳에 있으면 안 된다. 사방으로 뚫려 있고 하늘이 훵하니 보이면 안 된다는 뜻이다. 높되 그보다 더 높은 곳에 기댈 수 있으면 아주 좋다. 땅이 낮으면 이는 기력이 약한 것이다. 또한 누구나 내려다볼 수 있어 천박한 땅이 된다. 귀한 땅은 낮은 곳에 드러나 있지 않고 적당한 높이에서 품위를 지키는 땅이다.

바람에 흙이 날리면 이는 가벼운 땅이라 하는바, 기운이 쌓이지 않는다. 새가 많이 날아와 앉는 땅은 천기天氣가 내려오는 것이므로 생명력이 넘치는 땅이다. 통로는 확실하고 적당해야 하며 쉽게 도달할 수 없는 땅이 좋다. 통로가 잡다하게 많은 땅은 천박한 땅이고 외부의 사악한 기운이 쉽게 침범한다.

어떤 땅에 갔을 때 아기가 울지 않으면 좋고, 반대로 지나치게 많이 울면 문제가 있는 땅이다. 땅의 모퉁이에서 샘물이 솟아나면 이는 억만금을 주어도 아깝지 않은 땅이다. 이런 곳에 살면 무병장수하고 대인관계가 좋아진다. 반대로 왠지 기분이 나빠지거나 공포감이 엄습하면 그 땅은 나쁜 땅이다.

이처럼 땅을 판단하는 기준은 자세히 이야기하자면 끝이 없다. 간단히 요점을 추리면 첫째, 땅의 위치가 어디에 있든 평평하고 반듯하며 넓이가 적당해야 한다는 것이고, 둘째는 적당히 높고 통로가 너무 많으면 안 된다는 것이다. 셋째는 토질이 좋고 샘물이 있으면 최상이라는 것이다. 이 모든 것 중에 하나를 고르라고 하면 그것은 넓이다. 땅이야 당연히 넓으면 넓을수록 좋겠지만 여기서 넓이라고 하는 것은 여유가 있을 만큼의 넓이라는 뜻이다. 너무 넓으면 이는 풍의 기운이 지나친 것으로 개인이 감당하기 어려울 수도 있다.

우리가 찾는 터는 땅의 종류와는 다른 개념이다. 터란 다양한 조건을 말하는 것이고 땅의 종류란 그중 하나의 품질을 말하는 것이다. 비유적으로 말해, 땅이 집의 주소라면, 터는 좀 더 구체적으로 어떤 집인가에 해당한다.

이제 마지막 요소인 여덟 번째 조건을 보자. 이는 하늘이다. 하늘이란 공간인데, 첫째는 전망이다. 먼 곳까지 훤히 보여야 하고 아름다운 경관이 보이면 더욱 좋다. 시원해야 하고 습기가 많으면 안 된다. 공기는 매연이 없고 맑아야 한다. 이는 근처에 숲이 깊으면 자연스럽게 갖춰지는 조건이다. 바람이 지나치게 많이 불거나 방향이 자주 바뀌면 안 좋다. 이는 사람을 들뜨게 하거나 기운을 소모하게 하며, 신규 사업이 쉽게 정착하지 못하게 한다.

새가 자주 날아들거나 가까이 날아가는 것이 보여야 좋은 땅이다. 새는 아무 곳이나 날아다니는 존재가 아니다. 하늘에는 길이 있는바, 새는 그 길을 항해한다. 이른바 하늘길이다. 하늘길은 만물을 소생시키는 기운을 간직하고 있다. 그것이 바로 앞에서 설명한 천맥이다. 새는 바다를 건너고 대륙을 이동하는데, 비행기보다 더 먼 거리를 날아간다.

그리고 새에게는 비행기의 항법장치보다 더 발달된 능력이 있다. 하늘길을 찾는 능력이다. 새는 시각으로 목적지를 찾아가는 것이 아니다. 지구 자기, 온도, 압력, 바람의 방향 등을 순간적으로 감지하여 원하는 곳으로 찾아간다. 그리고 새는 풍수가 좋은 곳으로 놀러 다니는데 이는 하늘길이 알려준다. 어느 터에 가서 새를 쉽게 볼 수 있으면 풍수의 여덟 번째 조건을 갖춘 것으로 봐도 무방하다.

하늘이 시끄러워서는 안 된다. 천둥번개는 좋지만 소음이 들리면 안 된다. 소음이란 인간에 의해 발생하는 것이다. 개 짖는 소리도 소음인데, 공연히 하늘을 흔드는 소리다. 하지만 참새나 부엉이가 우는 소리는 자연의 소리로서 하늘의 음악이다. 하늘의 음악이 들리는 곳은 축복받은 곳이다. 이런 곳에서는 몸과 마음의 회복도 빠르다.

하늘에는 구름도 있어야 한다. 구름이 있는 하늘 아래에 사는 사람은 풍족하다. 또한 쉬어간다는 의미도 있으니 여유가 생긴다. 산에는 메아리가 있어야 좋다. 산이 아닌 곳의 메아리는 더 좋다. 강 메아리 같은 것이 바로 그것이다. 높은 하늘에 새가 날고 있는 곳이라면 터가 좋은 것이다. 보호받는다는 뜻이 있기 때문이다. 하지만 비행기는 좋지 않다. 나의 터전 위에 비행기가 자주 다니는 것은 공격받고 있는 것이다.

계절의 변화를 잘 느낄 수 있는 곳은 아주 좋다. 절도가 있는 곳이므로 삶이 원만해진다. 안개는 가끔 있으면 좋다. 하지만 안개가 아주 많거나 아예 없으면 좋다고 할 수 없다. 구름이나 안개 등이 아예 없는 곳에 오래 살면 분쟁이 생기고 갑자기 방해물이 등장하며 번민에 휩싸인다. 위를 올려다봤을 때 넓은 느낌이 들어야 한다. 좁으면 갇힌 것이다. 이런 땅이 좋을 리 없다. 내가 있는 주산主山이 작고 주변 하늘이 너무 광활하면, 이는 천지를 잃고 자칫하면 중병에 걸릴 수 있다.

풍수에서 천이란 공간을 의미하므로 반드시 계곡이 있어야 하고 계곡 사이가 조화를 이루어야 한다. 이는 산의 내부 전망이다. 내부 전망과 외부 전망은 서로 상보적인 관계를 이룬다. 절경이란 이 관계를 일컫는 말이고, 절경은 으레 명당을 많이 포함하고 있다.

또한 산의 공간적 조화가 잘 이루어져 있으면 이는 명산인데, 명산은 그 자체로서 커다란 명당이다. 그리고 경관이 좋은지 판단하는 것은 사실 전문지식이 필요 없다. 인간은 누구나 기본적인 미안이 있다. 이것은 '힘 → 지혜 → 아름다움'이라는 진화 과정에서 획득한 것이다. 풍수이론은 과장되면 안 된다. 누구나 알 수 있는 것을 모르게 하기 위해 일부러 어렵게 만드는 사람은 풍수의 진수를 이해하지 못하는 사람일 것이다.

산의 공간에 대해 조금 더 얘기하자면, 생명력이 넘치는 그 공간에서 인간이 잡스러운 행위를 해서는 안 된다. 케이블카를 만드는 것도 신중히 결정해야 할 것이다. 터를 찾고자 하는 사람들은 케이블카 아래에 자리 잡아서는 절대 안 된다. 케이블카는 공해일 뿐 구경거리가 아니다. 그 안에 올라타서도 바라볼 경치는 없다. 경치란 멀리 바라다보는 것이지 높은 곳에서 내리찍듯이 보는 것이 아니다. 망망한 하늘 공간 역시 경치가 아니다.

풍력발전기도 신중히 설치해야 할 것이다. 풍력발전기는 경관이 이미 망가진 곳에 설치하면 된다. 어쩌면 풍력발전기가 흉한 경관을 막아줄 수도 있기 때문이다. 케이블카도 별 볼 일 없는 지역에 마지못해(?) 설치하면 된다. 하지만 아름다운 경치 위에 케이블카를 설치하는 것은 폭력적인 행위다.

땅이든 하늘이든 산이든 연못이든, 원래의 모습 그 자체가 가장 아름답다. 자연이란 지구가 최적의 결과로 진화하는 과정에서 이룩된 것이다. 인간은 자연이 만들어놓은 명당을 찾고 그것을 겸허히 받아들이면 된다.

이상으로 풍수의 8가지 조건을 살펴봤다. 첫 번째 조건은 풍, 두 번째 조건은 택, 세 번째 조건은 수, 네 번째 조건은 화, 다섯 번째 조건은 뢰, 여섯 번째 조건은 산, 일곱 번째 조건은 지, 여덟 번째 조건은 천이었는데, 이들은 8괘를 총망라한 것이다.

8괘란 만물의 원소들로서 온 우주에 그 이외의 요소는 존재하지 않는다. 풍수에도 당연히 그 이외의 요소는 존재하지 않을 뿐 아니라 그 이외의 것은 아예 뜻조차 없다. 8괘를 다른 용어로 표현하는 것도 불가능하다. 이 점은 주역의 핵심인데, 괘상이 아니면 뜻을 규명할 수 없기 때문이다.

예를 들어, 풍수의 기본 중에 배산임수라는 개념이 있다. 배산임수란 산을 등지고 물을 바라보는 곳이 좋다는 것이다. 그런데 어째서 그런지 제대로 된 설명이 없고 또한 배산임수가 대자연에서 무슨 뜻인지 설명해주는 사람이 없다. 좌청룡과 우백호도 마찬가지다. 이것이 도대체 무엇이기에 있어야 한다고 말하는가? 만물은 뜻이 있고 그 뜻 속에 논리가 존재한다. 좌청룡은 동쪽, 우백호는 서쪽이란 뜻일 뿐이다.

그렇다면 그게 어쨌다는 것인가? 땅의 모양이 거북이나 용을 닮았다면 이것의 작용은 무엇인가? 의미가 있어야 한다. 먼 옛날에 누군가가 아무 뜻 없이 좋거나 나쁘다고 말한 것은 합리적인 점검을 받아야 한다. 뜻 없는 신비는 자기 자신을 속이고 남을 속이고 나아가서 세상을 속이는 비열한 짓이다.

다시 정리해보자면, 풍수의 맥이란 산맥, 지맥을 말하는 것인데, 이는 흐름을 뜻한다. 그런데 흐르는 것은 흙 속을 흐르는 것 외에도 많은 것이 있다. 바람이 흐르고, 물이 흐르고, 구름이 흐르고, 철새가 흐르고, 기온이 흐르고, 야생동물이 흐르고, 자동차가 흐르고, 형상의 기운이 흐르고, 영혼도 흐르고, 별도 흐른다. 흐르는 모든 것은 풍이다. 풍은 자연의 원소로서 그 뜻이 있고 작용이 있다. 이러한 것을 단순히 산맥이라고만 표현하면 그 순간 천지간에 흐르는 모든 사물은 잊히고 만다. 그래서 풍이라 표현함으로써 천지간의 모든 흐름을 규명하자는 것이다. 새들은 하늘 위에서 흐르는 어떤 기운을 감지한다. 개미나 야생동물들은 땅에 흐르는 기운을 감지한다. 이러한 것들은 굳이 산등성이를 통해 흐르는 것은 아니다.

앞서 말한 풍수의 8가지 조건들은 인간의 단어로만 해석하면 안 된다. 예를 들어 산은 단지 산만을 표현하는 것이 아니다. 거대한 나무도 산이고, 무덤에 서 있는 돌사자, 석상, 장승(천하대장군, 지하여장군) 등도 모두 산에 해당된다. 우리는 산을 다룰지언정 그중 하나만 가지고 자연을 논해서는 안 된다. 하나 더 예를 들면 화는 아름다움이고 햇빛이고 조화다. 이 중에서 햇빛 하나만을 가지고 땅을 평가한다면 다른 요소들은 울고 있을 것이다.

　　이제 풍수의 절대요소 8가지 개념을 이해했다면 이를 폭넓게 활용할 수 있을 것이다. 풍수의 8가지 요소는 개념으로서의 8가지를 말하는 것이지 사물 8개를 딱 집어서 얘기하는 것이 아니다. 개념을 알면 응용이 가능해진다. 그러나 개념을 모른 채 기계적으로 이름만 외우면 땅의 논리를 습득할 수 없다.

　　좌측에 높은 산이 있고 우측에 강이 흐르고 나의 터는 지대가 낮다면 이는 무슨 풍수인가? 저 계곡 아래에 못자리가 있고 모든 사람이 지나다니면서 그것을 볼 수 있다면 이는 무슨 뜻인가? 깎아지른 절벽에 바짝 붙여서 집을 지으면 좋은가, 나쁜가? 어째서 그런 답이 나오는가? 어떤 풍수조건이 있을 때 그곳에 살면 어떤 운이 도래하는가? 성질이 급한 사람이 연못가에 살면 무슨 일이 일어나는가? 위장병 환자는 어떤 곳에 살아야 하는가? 암환자는 어떤 곳을 찾아야 살 수 있는가?

　　이 모든 것은 신비가 아닌 논리에서 찾아야 한다. 논리란 과학적이어야 하고 사실에 부합하는가를 판단해야 한다. 땅의 논리를 확실히 알고자 한다면 정당한 이론으로 자기 자신부터 설득할 수 있어야 한다. 그다음엔 그것으로 남을 설득할 수 있어야 한다. 정당한 이론은 권위보다는 사실 그 자체가 중요하다. 뜻 없는 말을 가지고 땅을 해석하려고 하면 안 된다. 모르는 것은 모르는 것이고, 아는 것은 아는 것이다.

중요한 것은 형상이 아니라
사물의 관계다

　북한강 상류에 삼악산三岳山이 있는데, 나는 한여름에 이곳에 여행을 가서 명당을 만났다. 그곳은 삼악산의 기운을 흠뻑 받고 있는 최고의 자리였다. 터는 3층으로 되어 있었는데 위로 갈수록 넓어졌다. 세 층 모두 땅이 평평하여지, 즉 넓은 땅의 조건을 최대로 갖추었다. 1층의 땅도 도로보다 위쪽에 있었는데, 도로에서 올려다봐도 터는 노출되지 않았다. 이런 땅은 뇌지예(雷地豫, 壬寅)의 터로서 크게 생명력을 갖춘 곳이다. 이런 곳에 살면 새로운 사업이 많이 추진된다.

　한 층을 더 올라가면 정원이 있는데, 소나무가 **빽빽**이 들어서 있고 정원 한쪽에는 커다란 암석이 자리 잡았다. 암석은 일부러 옮겨온 것이 있고, 원래 그 터에 붙어 있는 다른 돌들도 있었다. 이들은 소나무와 함께 터를 지켜주는 수문장(청룡, 백호) 노릇을 하기에 충분했다. 건물은 이 터의 3층에 있었다. 뒤편에 아주 넓은 터가 있고 산쪽에 축대를 쌓아서 벽을 만들었다. 건물은 후원을 감추고 장엄하게 서 있었다. 전형적인 뇌풍항(雷風恒, 癸巳)의 터였다.

뇌지예

뇌풍항

뇌수해

이는 용이 승천하는 기상으로, 세월의 이익을 얻을 수 있는 곳이다. 아나나 다를까 집주인의 후손들이 모두 잘되고 있었다. 조상의 유언도 있었는데, 그 유언인즉 현재 잘되어가고 있는 아이들의 자식 세대까지 이곳에서 살아야 한다는 것이었다. 이 터를 발견하고 일구었던 조상은 노盧 씨였는데, 그는 이 땅이 명당인지를 간파했던 것 같다.

건물은 2층으로 꽤 컸다. 이곳의 터는 높기 때문에 가장 아래쪽 터에서도 앞쪽의 드넓은 호수를 바라볼 수 있었고, 두 번째 터에서 보면 호수 건너편이 내려다보였다. 뒤쪽을 보면 울창한 수림으로서 산으로 올라가는 길이 없었다. 이럴 경우 이 터는 숲으로부터 보호를 받는 것과 같다. 이 보호는 청룡, 백호 못지않은 것으로 이 터를 험난함으로부터 떠나게 해준다.

뇌수해(雷水解, 癸卯)의 땅이다. 이 괘상은 액운에서 벗어난다는 뜻이 있고 남보다 앞선다는 뜻도 있다. 이런 터에 대해 노 씨의 조상은 최소 3대까지는 살아야 한다고 유언을 내린 것이다. 나는 이에 대해 300년을 더 살아도 좋다고 말해주었다.

이 집 후원에 있는 옹벽을 올라가보았다. 축대는 땅을 반듯하게 하기 위해 조성해놓았지만 다른 목적도 있었다. 그 위쪽의 땅을 반듯하게 하기 위해 쌓아놓은 것이다. 철두철미한 설계다. 그 위의 터는, 말하자면 4번째 층인데, 훨씬 더 넓었다. 아직 개간은 안 되어 있었는데, 장차 그곳에 또 다른 건물을 짓겠다고 한다. 현재 있는 건물도 충분히 큰데 더 큰 한옥을 짓겠다고 하니 참으로 대단하다. 산속의 궁궐, 아니 신선의 궁전이라고 해도 될 것이다.

마침 그 집 주인은 귀한 관상과 음성을 갖고 있는데, 삼악산 신령이라 불리고 있었다. 공부도 많이 한 사람이고 좋은 운명을 타고났다. 이 사람이 가진 최고의 행복은 그 땅을 소유하고 가꿀 수 있다는 것이다. 총체적으로 이 집터는 주변에 다른 집들이 들어설 수 없는 곳이었다. 이것은 아주 좋은 특징 중 하나다. 사람이 소음騷音이라는 것은 앞서 밝힌바 있는데, 이 삼악산 신령의 터는 잡스러운 기운이 침범할 수 없게 되어 있는 것이다. 장차 큰 건물이 들어서면 장관을 이룰 터, 나는 그때 다시 한 번 방문하고 싶다.

천수송

터의 다른 부분을 보자. 3층 전면의 정원인데 연못을 꾸며 놓았다. 그런데 이것은 실패작이었다. 연못은 크기는 아주 작은데 매우 깊었다. 이는 흉한 것이다. 천수송(天水訟, 庚辰)의 풍수에 해당되는 것이다. 이는 소송 같은 험난함에 빠지게 된다는 뜻이다. 나는 연못을 메워 없애든지, 정히 연못이 필요하면 깊이를 1/10로 줄이라고 말해주었다. 주인은 연못을 없애고 그곳에 화단을 조성하겠다고 했다. 그것 역시 최적의 선택이다.

나는 이 집터를 꼼꼼히 살펴보며 주인에게 여러 가지 평을 해주었다. 그런데 집주인이 한 가지 궁금한 것이 있다고 했다. 그 순간 그의 얼굴은 자못 심각한 표정으로 바뀌었다. 이 질문이 이 장의 주요 공부거리다. 집주인은 아래쪽으로 멀리 전개되어 있는 산을 가리켰다. 그 산은 호수 한가운데 있는 섬이었는데, 산은 가파르고 암석으로 되어 있었다. 산은 암석이 많으면 좋은 터에 해당된다. 물론 암석의 배치가 중요하긴 하지만 여기서는 주인의 질문에 유의하자.

산신령이라고 불리는 이 사람은 걱정스러운 표정을 지으며 섬의 바위산 한 곳을 가리켰다.

"저기 보이십니까?"

그가 가리킨 곳은 산의 바위 중에 뾰족하게 돌출되어 있는 부분이었는데, 흡사 어떤 동물의 눈처럼 느껴졌다. 색깔도 암석의 다른 부위와 약간 달랐다. 그래서 더 확연히 드러났고 바위 전체가 이 집터를 쏘아보는 듯한 느낌이 들었다.

집주인은 그것이 몹시 거슬린다면서 내게 심각한 표정으로 물었던 것이다. "저 형상에 뜻이 있습니까? 있다면 어떤 뜻인가요? 기분이 나쁜데 저것을 막을 방법이 있습니까? 저것이 우리 집터를 공격하고 있는 것 같은데 다치지 않을까요?" 등이었다.

먼저 섬에 있는 산을 보자. 산은 바위로 이루어졌는데 아주 거칠고 전체적으로 위쪽이 급경사를 이루고 있다. 마치 돌탑이나 등대 같은 느낌이 든다. 여기서 주목할 것은 돌이 날카롭다는 것인데, 옛 문헌에는 이를 살룡殺龍이라 하였다. 살룡은 창룡蒼龍이라고도 부르는바, 그 날카로움 때문에 살룡이라 부르는 것 같다.

날카로워서 살룡? 이름은 참 잘 붙여놓았다. 저렇게 생긴 동물이 용 말고 또 있겠는가! 예전의 풍수에서는 산의 형상에 대해 통째로 용이라는 단어를 사용한다. 이름이야 어쨌든 좋다. 그러나 그 땅의 뜻을 용과 결부시킨 것은 상당히 유치하다. 돌의 모양이 닭처럼 생겼다면 닭의 운을 갖는가? 이는 차라리 어린애 장난에 가깝다. 과장이 심하고 막무가내인 발상이다.

돌의 형상이든 산의 형상이든 그것을 동물과 비교하는 발상 자체가 우스운 일이다. 풍수는 그렇게 단순하게 갖다 붙이는 게 아니다. 아무 의미가 없는 짓이다. 우리가 미술공부를 하는 것도 아니지 않은가! 딱히 그 동물이라고 단정할 수도 없다. 남쪽에 있는 산 중에 장군봉이라는 곳에 가봤는데 나는 그 돌이 연인들의 모습 같았다. 1시간 이상 바라봤는데도 여전히 그렇게 보였다. 내 눈에는 어떻게 달리 볼 방법이 없었던 것이다. 좋다. 장군의 형상이라 치자. 그러면 이 터에서 장군이 많이 태어난다는 것인가?

풍수는 꿈 해몽이 아니다. 형상을 자의적으로 해석해서 그 느낌으로 터의 뜻을 말해서는 안 된다. 풍수는 존재하는 사물의 실제적·심리적 기능을 말하는 것이고 또한 상호작용에서 그 뜻을 추출해내야 하는 것이다. 산이 날카로우면 무조건 살룡이라 하는 것은 풍수가 아니다. 형상심리학에 지나지 않는다. 날카로운 산을 용이라고 한 것까지는 그런대로 봐줄 만하다. 하지만 이름만으로 산의 역동적 기능을 설명할 수는 없다.

수뢰준

좀 더 그럴듯하게 말해보자. 일단 용이라고 치자. 산은 물에서 요동치고 있고, 이는 수룡水龍인 것이다. 산이 물에서 활동하고 있다는 뜻이다. 닭이나 오리라고 명칭을 붙여도 좋지만 산이 물속에서 강력하게 움직이고 있다면 이는 수뢰준(水雷屯, 乙亥)이다. 강력하다는 것은 돌이고 뾰족하기 때문이다. 이런 것들은 물속에 있는 다른 산보다는 강할 것이다. 돌은 흙과 오행의 분류가 같지만 돌이니만큼 강하다.

하지만 여기서 가장 중요한 것은 큰 호수에 자그마한 돌산이 존재한다는 것이다. 땅 위에 있는 경우와 다르다. 물은 주역에서 험난함을 상징한다. 실제로 물의 작용은 험난함인 것이다. 산은 순하고 죽은 듯이 보이면 산이라고 하고, 강력하면 뢰로 분류한다. 사람이 순한 산에 머물면 순해지고 강력한 산에 머물면 강해지는 법이다. 이런 이유 때문에 미국인과 일본인이 다르고, 경상도, 전라도, 충청도 사람의 특징이 달라지는 것이다.

더 길게 얘기할 것도 없이 호수의 산은 수뢰준의 풍수다. 호수의 돌산이 살룡이든, 창룡이든, 수룡이든 주변의 물과의 작용은 수뢰준인 것이다.

자, 본론으로 돌아오자. 산의 어떤 돌이 어떤 동물의 눈알처럼 생겼다. 이는 그런 느낌을 주는 형상일 뿐 대단한 것은 아니다. 그 눈을 보고 있으면 사람이 위축될 수는 있다. 그러나 그 눈이 건너편에 있는 산신령의 집을 공격하고 실제로 손상을 주는 것은 아니다.

이는 풍수가 아니고 단순한 경치의 문제일 뿐이다. 눈에 거슬린다는 것인데, 내가 보기에는 특별한 것이 아니었다. 단지 그 돌 부분을 애써 유심히 바라보면 눈처럼 보인다는 것뿐이다. 어떤 사람은 여인의 젖꼭지로 볼 수도 있다.

산에 무수히 많은 돌 하나, 나무 한 그루에 일일이 뜻을 붙여봐야 뭐하는가? 집터의 은행나무와는 상황이 다르다. 나무나 돌은 그 모양이 어떻게 생겼느냐가 중요한 게 아니다. 오래되었다는 것, 그리고 인간의 집과 함께 있다는 것이 중요할 뿐이다.

집주인으로부터 더 재미있는 이야기도 들었다. 그 산은 살룡이기 때문에 그곳에 묘를 쓰면 후손들이 벌레에 물려 죽는다는 것이다. 살룡은 뭐고, 벌레는 또 무엇이란 말인가? 좋다. 옛 풍수학자가 말한 것이라고 하니 더는 시비 걸지 않겠다. 실은 이런 자리에 묘를 쓰는 것은 좋지 않다. 하지만 살아 있는 사람이 그곳에 살면 크게 나쁠 것도 없다. 산의 기세 때문에 사람이 다칠 수 있는 정도다. 그러나 오히려 그 산의 거친 기운을 받을 수도 있다.

요는 사람이 그 땅의 기운을 이기느냐 못 이기느냐에 달려 있다. 삼국지에 나오는 적토마라는 명마는 사람을 많이 해쳤다. 기세가 너무 강했기 때문이었다. 하지만 관운장이 주인이 되자 그 말은 주인의 명령에 잘 따르는 강력한 명마가 되었던 것이다. 땅이란 좋다고 다 좋은 것이 아니고, 나쁘다고 다 나쁜 것도 아니다. 어느 정도까지는 사람에게 달려 있다. 땅이란 그곳에 와주는 인간에 의해 용도가 달라지는 법이다.

호수의 그 돌산에는 통나무집이 필요하고 강인한 영혼이 필요하다. 통나무는 바위를 이긴다. 목극토木尅土이기 때문이다. 이 산의 주변은 물이기 때문에 통나무집이 그 기운을 다스리는 데 도움이 될 것이다. 이는 수생목水生木의 원리에 따른 것이다. 이로써 거주지의 안전은 도모할 수 있다. 이런 산은 기운이 아주 강하기 때문에 강인한 사람이 머물러야 해를 당하지 않는다. 만일 그런 사람이라면 그는 이 산의 기운을 차지하여 더욱 강인하게 거듭날 것이다.

나는 삼악산 산신령에게 말해주었다.

"저것이 신경 쓰이면 이 산장에 돌덩이를 많이 두십시오. 그러면 저 눈이 돌덩이를 자기 동료로 볼 것입니다."

땅 주인은 이 말에 적이 안심했다. 마침 이 산장에는 돌이 많았던 것이다.

형상에 대해 조금 얘기하자. 만물은 재료가 있고 그 모양이 있는바, 재료는 땅에서 오고 모양은 하늘에서 온다. 하늘이 땅의 재료를 이용하여 그 뜻을 펼치는 것이다. 만물은 즉 형상이다. 기계공학은 금속을 깎아서 그 기능을 만드는 학문이다. 하늘은 모든 것을 적절히 배치하여 그 기능, 즉 뜻을 만든다.

중요한 것은 형상이 아니라 형상의 배치다. 즉 사물의 관계가 중요하다는 것이다. 웅덩이가 깊으면 그것은 주변의 다른 사물과의 잠재된 작용이 있다. 여기서 중요한 것은 웅덩이의 형상이 아니라 깊이다. 집 앞쪽에 커다란 돌덩이가 있으면, 이는 청룡이나 백호에 해당되는데 이것이 사자 모양이든 장군 모양이든 상관없다.

형상이 아니라 그 기능이 중요할 뿐이다. 뜰 앞의 소나무가 용 모양이든 할머니 모양이든 우산 모양이든 상관없다. 고목이라는 것과 그곳에 있다는 것이 중요하다. 여자의 얼굴도 이와 비슷한 면이 있다. 얼굴 그 자체보다는 내면에서 우러나오는 인상이 중요하다. 얼굴은 행동과 배합되어야 뜻이 발생한다는 의미다. 실제로 얼굴이 예쁜데도 매력이 없는 여자는 무수히 많다. 반대로 얼굴이 예쁜 것은 아닌데 매력 있는 여자도 얼마든지 많다. 이른바 조화다. 인간은 마음 쓰는 데 따라 얼굴이 달라지는 법이다.

그러니 형상에 너무 연연하지 말자. 일개 사물의 형상에 의미를 둔다면 그것은 이미 풍수가 아니다. 형상은 조각가에게 맡겨놓고, 우리는 사물의 기능과 상호작용, 잠재된 의미를 파악하는 데 주력해야 할 것이다. 풍수란 바로 이런 것이다.

나쁜 풍수도
바꿀 방법이 있다

소공동 한국은행 본관 건너편에는 한국은행 별관이 있다. 높고 큼직한 건물인데 형상은 그저 평범하다. 그런데 문제가 좀 있다. 그 터의 위치와 모양이 유별난 것이다. 터의 모양은 삼각형인데, 뾰족하게 튀어나온 쪽이 건물의 정면이다. 터가 뾰족하면 산지박(山地剝, 庚子)인데, 이는 '근거가 무너진다'는 뜻이 있고 아래쪽으로부터 많은 도전을 받는다는 뜻이 있다. 대단히 흉하다. 주역에서는 삼각형을 사각형이 무너져서 생긴 것으로 보기 때문에 산지박의 괘상을 가진 땅은 옹졸한 땅이다.

게다가 이 땅은 등 뒤가 잘려 있다. 건물 사이 골목길이 일직선으로 뚫려 큰길로 바로 이어진다. 그리고 보니 삼각형 땅이 큰 땅으로부터 쫓겨난 형국이다. 이런 땅은 뇌산소과(雷山小過, 元土)로서 새가 날지 못한다는 뜻이니 흉한 땅이다. 산지박과 뇌산소과가 겹쳤으니 더욱 흉한 것은 말할 것도 없다. 그런 터에 건물이 들어서 있는 것이다. 그것 자체로 나쁘다.

그런데 또 다른 나쁜 사정이 있다. 터의 앞쪽 좌우에는 도로가 지나고 있

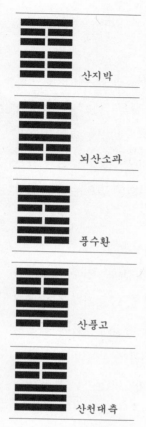

산지박

뇌산소과

풍수환

산풍고

산천대축

고. 정면으로 멀지 않은 곳에 남산터널이 있다. 이는 삼면에서 풍, 즉 세찬 기운의 도전을 받고 있는 것이다. 휑하니 뚫린 좌우 도로에 자동차들이 끊임없이 지나다니면서 건물을 흔들고 또 닳게 만든다.

길이 좌우로 지나가면 이는 자체만으로도 풍수환(風水渙, 戊戌)의 지형이 되고, 또 정면으로 남산터널의 기운과 신세계백화점 옆에서 아래쪽으로 쏟아지는 기운을 맨몸으로 받고 서 있는 것은 산풍고(山風蠱, 己酉)인데, 두 괘상이 모두 나쁘다. 참으로 난감한 일이다. 풍수환은 기운이 흩어지는 것이고 산풍고는 공든 탑이 무너지는 형국인바, 두 괘상이 함께 있으니 매우 흉하다. 시급히 대책을 세우는 것이 좋을 듯하다.

건물 좌우에 기둥을 세우거나 건물 앞에 거대한 조각상을 건립하면 될 것이다. 이것은 도시미관에도 좋은 일이다. 사실 한국은행 소공동 별관 앞은 너무 허전하다. 요즘은 거의 모든 건물 앞에 조각상을 세워놓는다. 이로써 풍수도 좋아진다면 얼마나 좋겠는가! 또한 골목 앞에는 아치형으로 된 문을 세워 골목 안 공간을 산천대축(山天大畜, 己未)의 공간으로 만들면 터는 오히려 더 좋게 바뀌게 된다. 이렇게 하면 이 지역의 풍수도 변할 수 있다.

크고 값비싼 건물이니 이 정도면 사소한 공사일 것이다. 나쁜 풍수를 그대로 감당하고 있으면 손해만 볼 뿐이다. 나는 그 땅에 대해 나쁘게 비판만 하려는 의도는 없다. 오히려 그 땅이 좋은 방향으로 변신할 수 있다는 것을 강조하기 위해 나쁜 점을 먼저 말한 것이다.

여기서 말하고 싶은 것은 바로 실천이다. 풍수란 아는 데서 그치지 않고 좋은 쪽으로 개선하고 고쳐야 유용해진다. 의사는 병을 알고 그냥 뇌두지 않는다. 그 병을 고친다. 마찬가지로 땅에 미비한 점이 발견되었다면, 그리고 그것을 고칠 방법이 있다면 고치는 게 당연하다. 그 건물의 풍수를 바꾸는 방법은 앞서 얘기한 것 외에도 많다. 하지만 그것을 일일이 나열할 필요는 없을 것이다. 고칠 수 있다면 고치자는 게 이 장의 요점이다.

다른 땅을 살펴보자. 낙원동에 있는 낙원상가다. 이 건물은 아주 기묘한 위치에 있다. 도로가 지나가는 정면을 막아서 지은 것인데, 건물 아래로 차가 지나 다닌다. 건물이 도로 위에 떠 있는 셈이다. 육교도 아닌데 건물이 도로 위를 건너고 있어 묘한 느낌을 준다. 결과적으로 이 건물은 자체의 땅이 없다. 허공 위에 지어진 꼴인데 어떻게 건축허가를 받았을까? 이 문제는 우리가 알 바 아니다.

어쨌거나 그 건물 아래로 차가 지나다니는 도로가 있다는 것이 중요하다. 이는 어떤 풍수일까? 만일 건물이 지나가는 차량에 지장을 주고 있다면 이는 산풍고(山風蠱, 己酉)다. 도로의 기운을 막아서고 있기 때문이다. 그러나 건물 아래 도로를 그대로 유지했기 때문에 도로의 기운과 싸우는 것은 아니다. 이렇게 해놓으면 도로가 오히려 건물을 받들어 올린 격이 된다.

이는 뇌풍항(雷風恒, 癸巳)의 괘상으로 흐름을 타고 상승하는 의미다. 당연히 아주 좋은 건물이다. 현대에 와서 많은 건물이 지어지는데, 건물을 지을

뇌풍항

때 꼭 알아야 할 것은 부딪쳐오는 기운을 비껴가는 법이다. 만일 흉산凶山이 있다면 터널을 뚫는 것으로 나쁜 풍수를 피할 수 있고, 나쁜 바람이 있다면 그것을 막는 대문을 세우면 된다.

먼 옛날 우리 조상들은 서울의 궁이 이미 안처에 있고 담벼락까지 쌓았는데 그것도 모자라 사대문四大門도 만들어놓았다. 이는 궁 밖의 백성을 위한 시설임에 틀림없다. 사대문은 궁 밖의 허전한 백성들에게 청룡, 백호를 제공한 것이다. 탁월한 발상이다.

상황에 따라 많은 것을 고쳤는데도 그대로 유지되기도 하고, 반면 사소한 것 한 가지를 바꾸었는데 크게 바뀌는 경우도 있다. 요는 핵심을 찌를 수 있어야 한다. 특히 옥내풍수에서는 집기류 하나하나에 큰 의미가 내포되어 있다. 그래서 집 안에 물건을 들일 때는 조심해야 한다. 무턱대고 아무 물건이나 쌓아놓으면 그것만으로도 풍수가 나빠질 수 있다. 반면 귀한 물건 하나로 방의 운명을 바꿀 수도 있다. 이를 풍수의 조절이라고 말한다. 옛사람은 주로 조상의 무덤을 고치는 것으로 풍수를 조절했는데, 현대인은 실제로 사는 곳에 관심을 집중한다. 이는 좋은 현상이다. 다음 장에서는 사소한 물건들이 풍수를 일으키는 실례를 살펴볼 것이다.

눈앞의 작은 풍수가
터의 큰 뜻까지 바꾼다

　내가 만약 독자 여러분께 전국 땅을 다 뒤져서 최고의 명당을 고르고, 그 곳에다 경복궁 같은 집을 짓고 살아야 한다고 말한다면 이는 무슨 뜻일까? 아무 뜻도 없다. 완전히 미친놈의 헛소리에 불과할 것이다. 옥황상제도 우주를 다 돌아다녀 궁터를 구한 것이 아니다. 사람이든 신선이든 각자 형편이 있는 법이다. 그리고 땅이란 것은 언제나 더 좋은 곳이 있게 마련이다.

　그렇기 때문에 땅을 구하는 것은 어느 정도 운명적인 측면도 있다. 그 땅에 살 운명 말이다! 물론 운명은 광범위하고 유연하다. 하지만 인간은 현실과 이상을 구분할 줄 알아야 하고 먼 곳을 바라다보는 것도 좋지만 당장 현실의 공간에 더 집중해야 한다.

　장차 좋은 곳에 이사 갈 날이 되면 그때 가서 집 안 환경도 잘 정리하겠다는 생각은 크게 게으른 생각이다. 이런 사람에게는 좋은 미래가 좀처럼 찾아오지 않을 것이다. 하늘은 스스로 돕는 자를 돕는다고 했고, 이는 주어진 곳에서 최선을 다하라는 의미다.

우리는 현재 우리가 살고 있는 곳에 대해 최선을 다하고 있는가? 그렇지 않을 것이다. 대개는 귀찮다고 생각해 환경을 개선할 노력을 하지 않거나 소극적인 태도를 보일 것이다. 이는 크게 잘못된 태도다. 좋은 운명은 끊임없이 애쓰는 사람에게 찾아오는 법이다. 그렇다고 경망스럽게 이랬다저랬다 하며 살라는 뜻은 아니다. 단지 현재 우리가 사는 곳에 최선을 다하라는 것이다. 찾아보면 얼마든지 풍수를 개선할 방법이 있다. 방법을 모르면 공부하면 된다.

이 장에서는 아주 사소한 것을 바꿈으로써 큰 변화를 만들어낸 사례를 다뤄보겠다. 내가 말하는 것은 모두 실제로 있었던 일이다. 꾸며낸 이야기는 하나도 없다.

오래전 나는 낙원동 '승리의 집'이라는 곳에 가본 적이 있었다. 커피, 맥주 등을 파는 카페인데 상호가 특이해서 올라가봤다. 건물 2층에 위치한 그곳은 내부도 아주 특이했다. 시설이 특이한 것이 아니라 그곳에 비치된 물건들이 대단했던 것이다. 상패, 트로피, 감사장, 메달 같은 것들이었는데, 어림잡아 봐도 수천 개는 될 것 같았다.

이것이 뭐가 대단하다고? 돈을 주고 사서 얼마든지 진열해놓을 수도 있을 것이다. 일개 장식품이 아닌가! 하지만 그렇지 않았다. 그곳에 있는 상패들은 한 사람이 소유한 것이었는데, 그 모두를 실제로 긴긴 세월을 통해 받은 것이었다. 사서 모은 게 아니라, 역사의 현장에서 그 사람이 수여받은 것이었다.

주인에게 물어보니 3,000개 정도라고 한다. 3,000개! 이는 대단한 일이 아닐 수 없다. 상패의 주인은 가수였는데, 평생 위문공연을 다녔다. 군부대, 고아원, 양로원, 구치소, 노인정, 시골 마을 등 외로운 사람이 있으면 어디든지

찾아가서 위문공연을 했던 것이다. 그러는 동안 수천 명으로부터 그 모든 상
패를 받았던 것이다. 그 모두가 고마움의 표시였다.

수천 명이 고마워하는 사람, 그리고 그것을 실물로 수여받은 사람, 이 얼
마나 대단한 사람인가! 그 행위만으로도 복 받을 일이다. 그 사람은 스스로도
자신의 인생역정을 보람차다고 여겼다.

화천대유

그는 언젠가부터 그 모든 역사의 물증들을 자신
이 사는 공간에 진열해놓았다. 그 사람은 영업을 하
기 위해 진열한 것이 아니라고 말한다. 진열을 하기
위해 영업을 한다는 것이다. 그는 그 물건들을 최근에 인사동으로 옮겨 놓았
다. 고마움의 표시가 담겨 있는 수천 개의 물품들이 삶의 현장에 늘 함께 있다
면 이는 과거의 영광과 함께 사는 것이다.

어떤 터에 이런 물건들이 있으면 당연히 풍수가 좋아진다. 이들 물품이 터
에 미치는 풍수현상은 화천대유(火天大有, 丁巳)에 해당된다. 태양이 높이 떠
있다는 뜻이고, 터에 밝음이 가득 찬다는 의미다. 이곳에 사는 사람은 일생 자
체가 밝을 것이다. 행복한 사람이다.

천화동인

A라는 사람이 있었다. 그는 가난한 사람이고 많
이 배우지도 못한 사람이었다. 그런데 하루는 어디
가서 봤는지(인사동이라고 말했다) 집 안의 등을 고치
는 것이었다. 화려한 샹들리에 같은 것을 단 것은 아니었고 창호지로 둥그런
공 모양의 등갓을 만들어 단순히 감싼 정도였다. 천장에 3개를 달아 놓았는데

210

하얗게 빛나는 열매 같은 느낌을 주었다. 방의 분위기가 확 바뀐 것은 물론이다. 이는 천화동인(天火同人, 丁未)인데, 동지가 생기고 진리를 찾아간다는 뜻이 있다. A는 머지않아 좋은 곳에 취직을 하게 되었다. 누가 도왔을까?

B부부가 있었다. 이들은 옥탑에 살았다. 방은 아주 허름했지만 그런대로 넓어서 좋았다. 하지만 분위기가 우중충해서 오래 살 만한 곳은 아니었다. 어쨌건 어느 날 남편이 지인으로부터 소파와 탁자를 얻어왔다. 지인이 더 좋은 것을 샀다며 쓰던 것을 그에게 준 것이다. 남이 쓰던 것이긴 했지만 매우 고급스럽고 화려했다. 실제로 고가였다고 한다. 그것을 B부부의 방에 가져다 놓으니 방이 환해졌다. 부부는 좋아했다.

하지만 그 후로 이상한 현상이 생기기 시작했다. 그 방이 왠지 싫어지기 시작한 것이다. 들여놓은 가구가 방을 압도하고 원래 그곳에 있던 물건들은 완전히 외면당했다. 넓은 방도 소파 근처 외에는 마음 편히 있을 수가 없었다. 값비싼 소파는 원래 있던 살림살이들하고는 전혀 조화가 맞지 않았다.

B부부는 싸움이 잦아지기 시작했다. 남편이 웃으며 소파에 앉아 있으면, 부인은 벼락처럼 소리를 질렀다.

"거기 앉아 있지 말고 당장 그 물건 갖다 버리세요!"

남편은 비싼 물건을 왜 버리라고 하느냐고 부인과 싸웠다. 어느 날 부인은 너무 화가 나서 집을 나갔다. 그 후 B부부는 이혼했다.

택화혁

당연한 운명의 귀결이었다. 소파는 흉한 물건이었던 것이다. 괘상으로는 택화혁(澤火革, 乙未)인데, 격변을 상징한다. 소파는 저 스스로 이 집을 떠나려고 했었던 것이다. 물건도 혼이 있고 운명이 있다. 격에 맞지 않은 곳에 있으면 요동친다. 나가야 할 물건이 나가지 않으니 주인이 떠나버린 것이다. 그 부인은 현재 먼 곳으로 떠나 행복하게 살고 있다. 남편은 아직 별 볼일이 없다. 진작 소파를 갖다버릴 것이지…. 안타깝다.

태위택

C는 나무를 다루는 기술자였다. 그는 매일 뜯어 고칠 생각만 한다. 처음에는 이사를 가더니 며칠 만에 문 입구를 고쳐놓았다. 문이란 원래 천장 다음으로 중요한 것인데, 이 사람은 문부터 고쳐놓았다. 물론 나중엔 천장에다 나무를 갖다 붙여 예술적으로 만들어놓았다. 이 사람은 계속해서 벽이며 바닥, 창문, 부엌 등을 고쳐나갔고 나중에는 목각 예술품도 모아 집 안에 들였다.

집은 온통 나무 천지가 되었다. 이 사람은 밥그릇도 목기를 사용하고 젓가락도 나무였다. 잘한 일이다. 나무는 대개 좋은 물품이다. 이 방의 풍수는 태위택(兌爲澤, 甲辰)인데, 보호되고 행복해진다는 뜻이 있다. 장래가 크게 기대된다. 반드시 행복해질 것이다.

D는 음악을 아주 좋아한다. 청음 실력도 제법이다. 이 사람은 훌륭한 오디오 세트를 마련하고 레코드판을 무수히 많이 구해놓았다. 그리고 틈틈이 그것을 듣고 즐겼다. 오로지 음악을 듣고 즐길 수 있도록 집 안을 근사하게 꾸며놓았다. 그 방에 들어서면 음악이 저절로 들리는 느낌이 들 정도였다.

이런 방의 풍수는 진위뢰(震爲雷, 甲寅)인바, 새로운 일이 많이 생긴다는 뜻이 있다. 벼락과 음악은 주역에서 의미가 같다. 물론 음악이 훌륭할 때는 진

진위뢰

뇌풍항

위뢰가 아니라 뇌풍항(雷風恒, 癸巳)이 된다. 여기서는 좋은 음악이 포인트가 아니다. 항상 음악이 울려 퍼지는 것이 초점이다. D는 음악 속에서 살았고 장소도 그렇게 꾸며놓았다. D는 현재 아주 바쁘게 살고 있다. 새로운 사건들이 끊이지 않는다. 음악의 방이 이런 풍수이니 참조하기 바란다. 다만 좋다 나쁘다를 단정적으로 말할 수는 없다. 그저 변화가 많은 풍수라는 것뿐이다. 이런 곳은 게으른 사람에게 꼭 필요할 것이다.

수천수

E는 물을 좋아한다. 집에 큰 어항을 설치해놓고 열대어를 기른다. 마룻바닥에는 길쭉한 돌그릇에 물을 받아놓았다. 물풀을 기르는 수반이다. 자그마한 장난감 물레방아도 있다. 손바닥만 한 작은 어항도 있는데, 여기에는 새끼 금붕어가 있다. 꽃병도 있어서 그 안에 물을 담고 꽃을 꽂아놓았다. 정수기의 물통도 보인다.

이 방은 용궁은 아닐지라도 가히 물속에 있는 느낌을 준다. E는 이렇게 해놔야 시원하다면서 물을 더 받아놓을 데가 없는지 궁리한다. 여행을 가서도 물속을 열심히 들여다본다. 항상 물이 많은 이 집은 수천수(水天需, 甲申)다. 음식이 풍족하고 큰 공급처가 있다는 뜻이다. 다소 일이 지연되거나 자그마한 실수도 있다는 의미다. 이만한 운명이라면 가족과 함께 무난히 살아갈 수 있을 것이다.

지뢰복

F는 금속공예품을 좋아한다. 모형자동차가 많고 철사로 만든 자전거도 있다. 로봇 모형이나 비행기 모형이 있는가 하면 거북선도 있다. 금속으로 된 자그마한 인물상, 거북이, 개구리 외에 기타 금속 액세서리도 많은데, 한쪽 벽에 잘 진열해놓았다.

쇳덩이가 많은 이 집은 지뢰복(地雷復, 甲子)이다. 뜻은 회복, 저력, 소식, 희망 등인데 쉽게 망하지는 않는다. 다만 이왕 금속을 좋아할 바에는 큼직큼직한 것이 더욱 좋다. 그래야 지뢰복의 운이 더욱 분명해진다.

지풍승

마지막으로 한 사람만 더 얘기하자. G는 공무원인데 유별난 취미가 있다. 돈도 많지 않은 사람인데 포도주를 모으는 취미를 가졌다. 창고도 있는데 포도주를 오래 보관할 수 있는 전문적인 시설이 갖춰져 있었다. 이곳에 수백 병의 고급 포도주가 있었다. G는 포도주를 모은 지 40년가량 되었다고 하는데, 학창시절에 구입한 것은 한 학기 대학 등록금에 해당하는 값비싼 포도주였다. 물론 더 비싼 것도 있었다.

G는 집에 손님이 오면 포도주 창고부터 보여준다. 나도 초대를 받아서 가봤는데 정말 대단했다. 그러나 포도주 말고 더 대단한 것이 있었다. G는 술을 전혀 못 마신다는 사실이다. 놀랍지 않은가? 그런 사람이 무엇 때문에 그토록 큰돈을 들여 정성스럽게 포도주를 모아놓는단 말인가?

G는 귀인을 대접하는 게 취미라고 했다. 나는 술을 좋아하는 터라 그 집에서 아주 고급스런 포도주를 여러 병 마신 적이 있다. 그는 포도주는 또 구입하

면 되니 걱정 말라고 했다. 포도주를 구입하는 비용이 만만치 않을 텐데 G의 부인 역시 어느새 남편에게 동화된 것 같았다. 손님들이 와서 수백만 원어치 술을 척척 먹어 없애는데도 끄떡하지 않았다. 나로서는 엄두도 못 낼 고급술을 너무 쉽게 마셨기 때문에 미안하고 고마웠다.

술을 대접하는 G는 좋은 사람이지만 그 집의 풍수는 더 좋다. 집에 좋은 술이 많으면 터를 완전히 바꾸어놓는다. 그 집의 풍수는 지풍승(地風升, 己亥)이었다. 이는 생명력을 품고 있다는 뜻인바 이런 집에서는 오래 살고 각종 사업에 성공한다. 자식도 잘되고 명망도 높아진다. 술을 못 마시는 사람이 그런 일을 만들어놓았다니 이는 천복이 아닐 수 없다.

사례 이야기는 정도로 끝내자. 세상에는 집을 꾸미는 무수히 많은 방법이 있다. 규모가 큰 경우는 풍수를 창조하는 것이 된다. 대규모 공사가 아니더라도 생활의 지혜를 활용해 터의 뜻을 완전히 바꾸어놓을 수도 있다. 눈앞의 작은 풍수부터 바꾸어놓고, 나중에 멀리 나가 명당을 찾도록 하자. 작은 풍수는 큰 풍수를 부르는 법이다.

최악의 자리에 만들어놓은 기묘한 무덤

　나는 얼마 전 지리산 자락 가장 남쪽 최고봉인 형제봉에 올랐다. 형제봉은 높이가 1,000m도 넘는 곳으로 아주 상서로운 곳이다. 나는 등산 전문가의 도움을 얻어 이 봉우리에 올랐는데, 경치가 장관이어서 무한한 감동을 받았다. 우측 아래쪽으로는 광활한 공간이 있었다. 멀리 수십 개의 산들이 병풍처럼 겹겹이 둘러져 있었다. 좌측 아래쪽은 신비한 자연림이 그윽하게 숨겨져 있는 모습이다. 신성한 느낌이 산과 하늘에 가득 차 있었다.

　세상에 이런 곳이 있고, 내가 이런 곳에 와 있다는 것이 너무 놀라웠다. 광활한 지역에 인공 시설물은 전혀 없고 인적도 드물었다. 이곳에 올라오는 사람들은 모두가 등산 전문가인 듯 보였다. 나 혼자라면 도저히 올라갈 수 없는 곳인데 큰 인연이 닿아서 갈 수 있게 된 것이다. 나는 이곳에서 여러 시간 동안 머물면서 주변 지세를 상세히 살펴보았는데 기묘하기 그지없었다.

　그런데 그 많은 기묘한 것들 중에 인위적으로 만들어놓은 듯한 것이 하나 눈에 띄었다. 바로 무덤이었던 것이다. 이런 곳에 무덤을? 상당히 이상한 일이었다. 나는 무척 큰 충격을 받았다. 무덤의 위치로는 온 세상의 384가지 혈자리 중에서 가장 나쁘다고 할 수 있는 곳이었기 때문이다. 더욱 이상한 것은 이곳은 국립공원으로서 그 누구도 묫자리를 만들 수 없는 터인데 그 한가운데 거리낌 없이 자리 잡고 있다는 것이다.

무덤이 어떻게 생겼는지 그 과정을 알 수는 없다. 나는 다만 땅 전문가로서 그 무덤의 작용에 관심을 둘 뿐이었다. 나는 그 무덤 속에 잠들어 있는 영혼에 경의를 표한 후 한참 동안 주변을 살펴보았다. 무덤의 풍수는 어떠한지, 왜 이곳에 무덤을 만들었는지, 누가 이 무덤 속에 있는지, 가족은 어디에 있는 누구인지 등도 몹시 궁금했다.

알 수 있었던 것은 그 무덤의 조성 시기였다. 불과 수십 년 전에 만들어졌던 것으로 가족들이 종종 다녀가는 듯 보였다. 무덤이 단정했던 것으로 보아 누군가가 정성스럽게 가꾸고 있었던 것이 틀림없다. 그리고 이곳 무덤은 유언에 의해 조성된 것 같았다. 누가 봐도 좋은 터라고 할 수 없었기 때문에 가족이 이런 곳을 정할 리 만무했다.

이곳은 주변이 내려다보이는 곳도 아니고 그저 높은 곳에 바람만 황량하게 오가는 장소일 뿐이다. 맥이니 혈이니 할 만한 내용도 없고 모든 것이 분산되는 곳이었다. 이런 장소라면 자손들에게도 좋을 리 없었다.

건위천

이 묫자리의 풍수는 건위천(乾爲天, 丙午)으로서 영혼이 가장 싫어하는 곳이다. 건위천은 하늘의 기운이란 뜻인데, 영혼의 기운과 상충된다. 영혼은 본시 양적인 존재로서 음처에 머물러야 하는데, 이곳 형제봉은 양 중의 양인 장소였다. 당연히 영혼은 쉴 수가 없다. 영혼은 쉬지 못하면 흉한 일을 창조하게 되는 법이다.

형제봉의 이 터는 건위천 중에서도 제6효 자리에 해당한다. 제6효란 괘상 건위천 중에 맨 위에 있는 양(—)을 뜻한다. 이런 자리는 옥황상제조차 꺼려하는 지나치게 높은 자리다. 《주역》 원전에서는 항룡유회亢龍有悔라고 해설하는데, 너무 높아 용도 오르다가 떨어진다는 것이다. 군자는 이런 곳을 피한다.

그런데 어째서 이런 곳을 못자리로 택했을까? 필경 묘의 주인은 알면서 일부러 이런 자리를 택했을 것이다. 나는 그렇게 생각했다. 너무 기묘한 자리라서 보통 사람은 엄두조차 낼 수 없는 자리였기 때문이었다. 무덤의 영혼은 필시 수도인이었을 것이다. 모든 인연을 끊고 천지와 합일하기를 간절히 원했던, 경지가 높은 신선 같은 분.

나는 아직도 놀랍다. 땅이란 본래 음으로서 만물에게 이익을 주는 법이다. 그 무덤 터는 형제봉 중에서도 불쑥 튀어나온 곳으로 모든 사람의 눈에 띈다. 사방에서 보이고 바람을 막아줄 것도 전혀 없다. 무덤은 음택이라 하고 살아 있는 사람의 집은 양택이라 하는데, 음택이나 양택은 모두 음양의 조화가 맞아야 하는 법이다. 지나친 양과 지나친 음은 모두 나쁘다. 하지만 지나친 양이 더욱 나쁘다.

살아 있는 사람이 형제봉 같은 곳에서 오래 산다면 그 피해는 막심할 것이다. 단명하고 정신에 손상이 오고 사업은 파산할 것이다. 물론 잠시 머무는 것은 경우에 따라 약이 될 수 있다. 하지만 극양의 장소는 산 사람이나 죽은 사람 모두 제일 먼저 피해야 할 장소다.

예외는 있다. 만일 수도인으로서 천지합일의 경지에 이른 신선이라면 이

218

런 곳은 오히려 수도의 장소가 될 수 있다. 온 우주에는 지리산 형제봉보다 양의 기운이 더 강한 곳이 얼마든지 있을 것이다. 그런 곳에 비하면 이곳 형제봉은 견딜 만하지 않을까?

무덤의 주인은 필경 신선이리라! 그는 더 큰 도전을 위해 묫자리마저 시련의 장소로 정했는지도 모른다. 나는 경건히 그분의 명복을 빈다. 영원하기를.

귀신도 머물지 않고
도망치는 땅

    나는 작년 여름 남해 쪽으로 여행을 갔었다. 그곳에서 숙소를 정했는데, 아주 특수하고 공부할 점이 많아서 소개한다. 풍수공부는 항상 특이한 것을 놓치지 않고 관찰해야 실력이 향상된다. 내가 머물렀던 숙소는 황토로 지은 방갈로였다. 주변 경관은 우리나라 제일이라고 해도 과언이 아니다. 무한히 넓게 전개되어 있는 남쪽 바다에 가까운 섬들이 보이고 바닷물은 에메랄드처럼 푸르렀다. 주변의 모든 것은 깨끗했고 평화롭게 보였다. 이곳에 서면 모든 근심이 사라지는 것처럼 느껴졌다.

    내가 묵기로 한 방갈로는 산길 도로에서부터 20m 정도 떨어져 있었고, 건물은 2층이었다. 아주 잘 지어진 건물로 그 자체만으로 구경거리가 될 만했다. 집주인이 돈을 많이 들여 잘 설계하고 정성껏 지은 것이 분명해 보였다. 모든 것이 깔끔하게 정돈되어 있고, 관광 시설물들이 잘 구비되어 있었다.

    방갈로는 아래층에 객실이 5개 있었고, 2층은 널찍한 하나의 객실로 되어 있었다. 2층에서 창밖을 내다보면 드넓은 바다가 펼쳐져 있었고 바닷가의 바위들은 거대한 조각품처럼 장관을 이루었다. 동해의 관동팔경을 다 갖다놓아도 그 이상일 것 같은 광경이었다.

창문은 통유리로 되어 있어 전망이 시원했다. 1층에 널찍한 땅이 있었는데 절벽 쪽으로 난간이 길게 설치되어 있고 곳곳에 나무 탁자가 놓여 있어 바다를 바라보며 식사를 할 수 있었다. 바람이 참으로 시원했다. 특히 2층은 에어컨은커녕 창문을 닫아야 할 지경이었다. 바닷가 정경이 아름답고 시원했다.

이곳은 어떤 풍수를 간직하고 있을까? 첫날은 도착해서 감탄하느라 정신이 없었지만, 다음 날 아침에 일어나서 주변 일대를 꼼꼼하게 살펴보았다. 전문가의 호기심일 뿐 특별한 이유는 없었다. 마당으로 내려가보았다. 넓은 마당 저쪽에 개가 한 마리 있었는데 좀 이상했다. 꼬리를 치거나 짖지도 않고 그저 가만히 고개를 숙이고 있었다. 개는 자기 주변 몇 미터 정도를 어슬렁거리고 있을 뿐 늘어져 있는 모습이었다. 개는 기운이 완전히 빠져나간 것처럼 보였다.

천지부

풍천소축

개는 잠시 잊고 땅을 살펴보았는데, 바다 쪽으로 약간 기울어져 있고 바위 같은 것이 하나도 없었다. 주인이 다 치워버렸을까? 바위가 있으면 대개는 땅에 이익이 되는 법이다. 집주인은 이것을 몰랐을까? 아예 땅에 대한 식견이 없었을 수도 있다. 이런 땅은 천지부(天地否, 元土)인데 높은 지역의 천지부는 특히 더 나쁘다. 이런 곳은 번창하지 못하고 인간관계가 아주 나빠진다.

건물을 바라보았다. 여전히 근사하기는 하다. 그런데 주변에 나무 한 그루 없고 휑한 느낌이 들었다. 근처 산과 바다, 도로가 한눈에 보였다. 바닷물은 높은 절벽 아래에서 홀로 출렁이고 있다. 바다 따로, 절벽 따로, 집 따로여서 그윽한 맛이 없었다. 집의 위치와 주변 경관을 보면 이 터는 풍천소축(風天小蓄, 丙申)이었다. 이는 기운이 새나간다는 뜻이다. 어처구니없는 일이었다. 이토록 경관이 아름다운 곳이 기운이 새나가는 곳이라니! 이런 곳은 대대적인 공사를 통해서만 보강할 수 있다.

주인은 어떤 사람일까? 이곳에 오래 살았다면 지금쯤 어떤 상태일지 궁금했다. 이 집을 잘 아는 어떤 스님에게 물어보았더니 집주인은 아예 도망가버렸다고 했다. 이곳에 정나미가 떨어져서 잠시도 머물고 싶지 않다면서 말이다. 그는 만사가 귀찮을 정도로 지쳐 있는 상태였다고 한다.

방갈로는 집주인의 친동생의 친구가 맡아서 관리하고 있었는데, 그의 행색이 심상치 않았다. 얼굴색이 죽어 있었고 눈동자도 안정되지 않았으며, 목소리는 지쳐 있었고 몸을 떨고 있는 듯 보였다. 한마디로 병색이 완연했다. 이곳에 온 지는 6개월이 채 안 되었다고 한다. 그동안 기운이 다 빠져나가 그 집 개처럼 어슬렁거리는 자세가 되었다. 그는 방으로 급히 들어가버렸다. 이 사람은 돈도 사람도 귀찮은지 방에 들어가서는 좀체 나오지 않았다. 내가 보기에는 1년도 못 가서 중병을 얻거나 심한 신경불안증에 걸릴 것 같았다.

이런 땅은 아주 위험하다. 귀신도 오래 머물지 않을 것이다. 귀신은 특히 바람을 싫어하는데, 그 자신이 바람과 같은 존재이기 때문이다. 하늘은 천이다. 하늘과 성분이 닮아 있는 귀신은 풍인 것이다. 천 → 풍은 자연스러운 귀결이다. 인간의 몸은 지 → 뢰이다. 사람은 땅에서 왔고 영혼은 하늘에서 왔다는 뜻이다.

집터를 더 살펴보자. 바닷가에 집을 짓고 사는 사람이 많으니 그런 분들이 유의할 대목이다. 바다는 뜻이 무엇일까? 바다는 거대한 연못이니 그저 택일까? 그렇지 않다. 바다는 너무 넓기 때문에 인간에게는 크게 트여 있다는 뜻이다. 그래서 바다는 풍(벌판 같은 것)으로 분류된다. 바닷가에 사는 것은 벌판에 사는 것과 뜻이 같다.

그러나 높은 절벽 위에서 바다를 바라볼 때는 상황이 또 다르다. 이제는 전망이 입체적으로 바뀌었다. 눈에 보이는 것은 바다가 아니라 바다 위의 하늘인 것이다. 그래서 방갈로는 풍천소축인데 이 괘상에서 아래가 천인 것은 바로 그런 이유 때문이다. 아래가 하늘, 즉 천인 것이다. 앞에 바다가 없는 절벽이라도 마찬가지다.

풍천소축의 괘상에서 위의 풍을 보자. 풍은 바람을 뜻한다. 방갈로는 바다보다 높은 곳에 위치했지만 도로에서 보면 아래쪽이다. 낮은 것이다. 문제는 사방과 위쪽 도로에서 방갈로가 훤히 보인다는 것이다. 훤히 보이는 땅은 안 좋다. 광화문 사거리처럼 훤히 보이는 곳에는 사람이 사는 일반주택을 지을 수 없다. 이런 곳은 훤히 뚫려 있으니 풍이다.

만일 방갈로가 도로보다 높아서 보이지 않으면 상황이 달라진다. 그리고 방갈로 주변 마당에 나무나 바윗덩이가 많으면 상황이 더욱 좋아진다. 이렇게 되면 방갈로는 풍을 면하게 되는 것이다. 이 모든 것을 인위적으로 바꾸려면 개인이 부담할 수 없는 큰 비용일 것이다.

방갈로는 또 하나의 문제가 있었다. 그것은 땅이 기울었다는 것이다. 이는 천지부(天地否, 元土)로서 아주 흉하다. 땅이란 평평해야 한다. 기울었거나 울

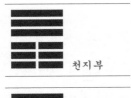
천지부

풍수환

퉁불퉁하다면 이는 양이 침투하여 땅의 음이 패한 결과로 만들어진 것이다. 당연히 나쁠 수밖에 없다. 땅은 음의 극한으로 다른 사물을 안정시키는 힘을 유지해야 하는 법이다.

그 땅은 자동차가 지나가다가 잠시 바다를 보기 위해 멈춰서 쉬었다 가는 전망대로 사용하면 좋을 것이다. 나는 그 방갈로에서 지내는 동안 잠이 안 오고 술을 마셔도 맹물 같은 느낌이 들었다. 이곳은 귀신도 오래 머물지 못할 대합실이었다.

방갈로 측면에 길이 있었는데, 이곳으로 한참 내려가면 빙 돌아 바다에 닿는다. 가는 동안 무덤들이 몇 개 있었는데 그곳 역시 모두 최악의 장소였다. 비탈진 곳이고 도로에서 내려다보이며, 흙이 단단하지 못해 바람이 불면 날리고 비가 오면 무너지는 곳이었다. 이런 터는 풍수환(風水渙, 戊戌)으로서 산 사람도 귀신도 견딜 수 없는 곳이다.

땅이란 반듯해야 하고 집은 노출이 적어야 한다. 벌판이나 바다가 있고 높은 곳이라면 이를 이길 수 있는 요소를 갖추어야 한다. 전망이 좋다고 무턱대고 건축을 해서는 안 된다. 전망은 터의 8가지 조건 중 하나일 뿐이다.

방갈로의 또 다른 문제는 사방 어느 곳에도 물이 없다는 것이다. 수돗물은 나오지만 자연수는 없었다. 도시에 사는 사람들은 거의 대부분이 자연수를 볼 기회가 없을 것이다. 하지만 도시가 아닌 시골에 터를 정했다면 자연적으로 흘러나오는 물이 있어야 하지 않을까! 물 역시 터의 8가지 요소 중 하나다.

그래도 장점이 전혀 없는 것은 아니다. 방갈로의 장점 하나는 잡념이 사라진다는 것이다. 무엇인가 잊어야 할 것이 많은 사람, 고집이 센 사람, 인생을 확 바꾸고 싶은 사람이라면 이런 곳에 와서 2~3일 정도 묵어도 좋을 것이다. 그 이상이라면 위험하다.

이 장소가 최상인 부류가 있다. 바로 암환자다. 탁 트인 자연의 힘이 몸속의 암을 몰아내줄 가능성이 아주 많다. 다만 이런 곳은 기력이 많이 소모되는 곳이니 영양상태를 잘 유지해야 하고 곁을 지켜줄 사람이 몇 명은 있어야 할 것이다. 귀신대합실 같은 그곳 방갈로는 아직도 계속 풍수가 작용하고 있을 것이다.

주역풍수를 알면 알면 미래가 보인다

존재의 뜻으로부터 자연의 섭리는 전개되는 법이다. 주역은 삼라만상의 뜻을 규명하는 학문으로서 미래 예측이 가능하다. 세상의 역사, 인류의 역사는 뜻의 현상이다. 땅을 지배하는 사람만이 그 땅의 기운과 이점을 샅샅이 수용할 수 있다. 땅의 뜻을 깨닫게 되면 우리의 삶은 훨씬 더 자유로워질 것이다. 천하는 끝이 없고 시간은 영원토록 멈추지 않는다. 인간의 삶도 결국 자연의 큰 흐름의 일편이다.

무슨 뜻인지도
모르고 쓰는 배산임수

산을 등지고 연못을 바라보는 곳, 풍수학자들은 이런 곳을 특히 선호한다. 가장 좋은 곳으로 생각하기도 하지만, 세상 어딘가에는 이곳보다 더 좋은 곳이 분명히 있으니 배산임수라는 것을 최고의 자리라는 뜻으로 해석하면 안 된다. 어쨌건 배산임수가 갖는 대자연의 뜻을 생각해보자.

먼저 인간사의 유사한 경우와 비교해보자. 아내에게는 남편이 있어야 한다. 인생에서 남편은 버팀목이자 기댈 곳이다. 자식에게는 아버지가 든든한 배경이다. 무릇 모든 생명체는 기대고 의지할 곳이 필요하다. 생업이 있어야 하고 직장이 있어야 한다. 부동산도 좋다. 이러한 것들은 우리를 안심하게 하는 요소들이다.

야외에 놀러 가면 왠지 등 뒤가 막힌 곳에 앉고 싶은 것이 당연하다. 사람은 누구나 뒤가 불안한 것이다. 밤길을 걸을 때도 뒤쪽이 신경 쓰이는 법이다. 뒤쪽은 보이지 않기 때문에 항상 안전이 보장되어야 한다. 행복이란 눈앞에 무엇이 있기 전에 배경이 든든해야 비로소 가질 수 있다.

이른바 기댈 수 있는 것. 우리가 벌판에 있다면 동쪽에 언덕이 있으면 좋다. 산이라면 더욱 좋을 것이다. 민족이라면 위대한 역사가 기댈 곳이고, 대학이라면 아름다운 캠퍼스, 훌륭한 교수가 있어야 안심이 된다.

인생의 맛은 불안이라는 어느 철학자의 말도 있다. 아닌 게 아니라 생명체는 늘 불안해한다. 그래서 그 불안이 없어지기를 갈망한다. 무엇이건 그로 인해 불안이 없어지면 된다. 공간에는 산이 그런 역할을 한다. 등 뒤에 산이 있어야 하는 이유는 바로 그것이다.

주역에서는 사람이 든든히 기댈 수 있는 것을 산이라 하는데, 산은 아버지, 부동산, 스승, 군대, 경찰, 남편, 저축, 담벼락, 산, 우산, 방패 등 수많은 존재 내부에 잠재되어 있는 심오한 개념이다. 풍수에서는 그중 하나를 선택하여 산을 택했을 뿐이다. 오래된 나무도 산에 해당한다.

먼 옛날 우리 민족은 벌판을 헤매던 끝에 백두산 자락에 자리를 잡았다. 민족 전체가 기댈 수 있었기 때문이었다. 산의 크기가 남산 정도였다면 민족이 의존하기는 어려웠을 것이다. 개인이라면 남산보다 작은 동산 정도에도 기댈 수 있다. 요점은 기댈 수 있는 그 무엇이다. 배산背山이란 이런 뜻이 포함된다. 인간은 기댈 곳이 필요하고 산이 바로 그런 역할을 한다.

이번에는 임수臨水에 대해 알아보자. 이는 물이 앞에 있다는 뜻이다. 여기서는 물의 뜻이 중요하다. 이 물은 마실 물 같은 생활용수가 아니다. 이 물은 고여 있는 물, 즉 연못 같은 것이다. 흐르는 물도 포함되지만 너무 세차게 흐르면 임수의 물에 해당되지 않는다. 이것을 잘 이해해야 한다.

여기서 어머니의 역할을 보자. 어머니는 아이들을 보듬어주고 가정을 편안하게 만든다. 부드러움이나 아늑함도 어머니에 의해 만들어진다. 주역에서 이것을 택이라 말한다. 어머니의 역할이 택이고 편안한 곳도 택이다. 그릇도 택이고 연못도 택이다. 형이상학적으로는 즐거움이 바로 택이다.

택은 멀리 있는 안도감을 뜻하지는 않는다. 당장 눈앞의 현상을 뜻하는 것이다. 이는 아늑한 곳의 작용을 뜻하는데, 어머니의 자궁도 바로 택이었다. 보금자리라고 하는 것도 택이다. 택은 영혼이 머물고자 하는 곳이다. 인간의 생활에서는 휴식처 또는 즐거운 나의 집이다.

여기서 즐겁다는 것은 안도감을 뜻하는 것이 아니다. 은행에 잔고가 많으면 안도감을 준다. 하지만 이는 즐거움하고는 좀 다르다. 가정에서 아버지의 역할과 어머니의 역할이 다르듯이 말이다. 돈이 있으면 그것은 안도감이고, 그 돈을 어떻게 쓰느냐는 즐거움이다.

연못은 대표적인 택인데, 인간은 연못 앞에 있을 때 아늑함을 느낀다. 물이 담겨 있기 때문이다. 물은 담겨 있지 않으면 혼란을 의미한다. 아이들도 어머니의 보호 아래 있지 않으면 혼란스럽고 위태롭다. 부드러움을 선사하는 것은 음의 역할로서, 현실적인 행복은 여기서 나온다. 연못은 물이 범람하지 않고 그곳에 평화롭게 담겨 있을 때 위태롭지 않고 영혼에 편안함을 준다.

여기서는 연못이 주는 아늑함, 편안함, 즐거움, 맑게 트임, 요동을 가라앉힘, 생동감 등을 이해하면 된다. 우리가 벌판을 지나다가 연못을 만나면 무의식적으로 그곳에 잠시 서서 바라본다. 이것이 연못의 신비한 기능이다.

이때 연못이 뒤가 아니라 앞에 있다는 것이 중요하다. 만일 우리가 연못을 등지고 산을 바라보고 있다면 어떤 느낌일까? 이렇게 되면 산의 안도감이나 연못의 즐거움은 현저히 감소한다. 등 뒤는 튼튼해야 하고, 앞은 평화로움, 즐거움, 아늑함이 있어야 한다. 영혼은 불안한 존재라서 뒤가 뒤숭숭하면 견디기 힘들다. 또한 앞이 시원해야 한다. 앞이 꽉 막히면 영혼은 곤란을 느낀다. 배산은 든든하고, 임수는 시원하다. 이렇게 되면 음양의 조화를 갖춘 것으로 영혼은 행복해지고 건강해진다.

이것이 배산임수의 필요성이다. 이 개념을 주역을 통해 더 깊게 파고들어 보자. 주역에서 영혼은 화이고 몸은 수다. 우리 몸은 물처럼 고여 있고 영혼은 불처럼 요동한다는 뜻이다. 영혼은 잠시도 쉬지 않는데, 불이 바로 그런 성질을 가지고 있다. 이것을 안정시키는 방법은 무엇일까? 다른 말로 하면 화를 안정시키는 방법이 문제인 것이다.

산화비

수택절

여기서 주역의 이론이 필요하다. 화는 위상공간 내에서 상승하고자 하는 성질이 있다. 이것을 막으려면 무엇인가가 필요하다. 그것은 바로 산인데, 산과 화가 만나 작용을 이루면 산화비(山火賁, 丙戌)가 된다. 이는 아름답게 안정되어 있다는 뜻이다. 위대한 조각작품도 산화비다. 영혼이 안정된 상태 역시 산화비다. 무덤도 산화비에 해당되는데, 무덤은 영혼을 안정시키기 위해 흙을 두둑하게 쌓는다. 이것이 바로 산화비를 이루는 것이다. 풍수에서 배산이란 정확히 산화비를 뜻한다.

그렇다면 임수는 어떤 것인가? 그것은 수택절(水澤節, 戊寅)이다. 수택절은 어린 아이가 어머니의 품속에 안겨 있는 모습이다. 물이 범람하지 않고 편안히 연못에 담겨 있는 것도 수택절이다. 임수란 바로 이것에 다름 아니다.

몸이 편안하고, 영혼을 안심시키는 것이 바로 수택절과 산화비다. 배산임수란 이와 같이 심오한 내용을 담고 있는 것이다. 수택절, 산화비 괘상의 뜻을 확실히 알면 실제 산과 연못이 아니어도 똑같은 기능을 만들 수 있다.

몸과 영혼, 연못과 산을 수와 화, 택과 산으로 번역해놓으면 대자연의 심오한 작용을 이해할 수 있다. 집에서 천장은 산이다. 이는 영혼이 날아가지 않도록 존재하는 것이다. 방바닥은 택인데, 이는 몸을 편안하게 하기 위해서다. 몸이 방바닥에서 편안하다면 수택절이다. 위쪽을 봐서 불안하지 않으면 산화비가 된다.

수는 몸 또는 어린아이라는 뜻이다. 인간의 몸은 약하다. 그래서 택이 필요하다. 영혼은 강하지만 불안하다. 그래서 산이 필요한 것이다. 머리 위에 산이 있고 발아래 택이 있으면 두루 잘 갖추어진 것이다. 이것이 배산임수다. 터가 이러하다면 더 말할 나위가 없을 것이다.

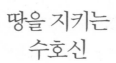

땅을 지키는
수호신

수호신이란 단어는 실제로 전지전능한 신을 일컫는 말은 아니다. 이는 하나의 상징일 뿐이다. 평범한 목걸이에도 그것에 뜻을 붙이고 싶을 때 '이 목걸이는 나의 수호신'이라고 말하기도 한다. 흔히 사랑하는 사람에게서 받은 물건에 의미를 갖다 붙인다. 어쨌든 좋다. 마음이 그렇다면 그런 작용이 없는 것은 아니기 때문이다. 이것은 상당히 근거가 있다. 사람 또는 물건 때문에 신비한 현상을 경험하는 경우는 흔히 있는 일이다.

한번은 이런 일이 있었다. 내가 아주 좋아하는 지갑이 있어서 오랜 세월 동안 그것을 가지고 다녔는데 그 기간 동안에 참으로 재수가 없었다. 사업에 실패하고 돈이 지지리도 메말랐다. 그러던 어느 날 우연히 지갑을 바꿀 만한 사건이 있었다. 귀한 사람이 지갑을 선물로 줘서 그것을 일정 기간 동안 가지고 다녔던 것이다. 그런데 이상하게도 그 후로부터 사업이 잘 풀리고 재정도 날로 좋아졌다. 그것을 기대하고 그 새 지갑을 가지고 다니긴 했지만 실제로 그런 현상을 경험하고 나니, 그 후로 나는 계속 새 지갑을 가지고 다니게 되었다.

어떤 사물은 실제로 그러한 작용을 한다. 이것은 주역에서 말하는 징조의 작용인데, 뜻을 갖추면 사건이 일어난다는 자연의 원리다. 마음이 운명을 이끌 수 있다는 것은 당연한 일인데, 어떤 물건 또는 사람이 마음을 바꾼다면 결과적으로 그것이 운명을 이끌어주는 셈이 된다. 사물이 조화를 이루면 신묘한 작용이 발생하는 법이다. 땅에 관해서도 어떤 한 가지 요소가 그 땅의 조화를 이룰 수 있으면 그것은 기운을 발휘한다.

대자연을 움직이는 것이 반드시 엄청나게 대단한 것일 필요는 없다. 자그마한 현상이 큰 역사를 일으킬 수도 있다. 이른바 '나비효과'라는 것도 이런 현상의 일종이다. 자그마한 단서가 범인을 잡아내고, 나무 이파리 하나가 죽을 사람을 살려내고, 깃발 하나가 군대를 승리로 이끌고, 아내의 미소가 남편에게 행운을 가져다주며, 피 한 방울이 체증을 몰아내고, 새 울음소리가 큰 희망을 가져다주고, 집을 수리했더니 부자가 되고, 여행을 갔다 오니 좋은 일이 많아지는 등 사소한 계기가 큰 사건을 일으키는 경우를 흔히 볼 수 있다.

정신분석학자 칼 융은 이런 현상을 싱크로니시티Synchronicity, 즉 동시성이라고 설명했는데, 이름만 그럴 듯하게 붙였을 뿐 그와 같은 현상의 깊은 이유를 설명하지는 못했다. 이것이 주역에서 말하는 괘상의 위력이다. 만물이 하나의 괘상을 이루면 그와 같은 뜻을 가진 현상을 이끌어낸다. 오늘날 과학자들이 말하는 프렉탈fractal 구조도 바로 이것이다. 이는 자연이 서로 닮아가려는 성질이 있다는 것을 보여준다.

땅의 원리, 즉 풍수가 역사를 이끌어낸다는 것도 모두 여기서 기인하는 것이다. 미국 사람은 그들의 땅 때문에 그런 성격이 형성되었고 그들의 역사가 창출되었다. 땅은 인간의 역사를 이끈다. 이처럼 대자연은 보이지 않는 섭리를 무수히 많이 간직하고 있다.

다시 풍수 얘기로 돌아오자. 종로에 어떤 식당이 있다. 식당 이름은 은행나무집인데, 동네 구석에 자리 잡고 있다. 위치는 큰 길에서 들어온 골목에서 또 들어간 작은 골목에 있다. 차를 댈 수 없는 한적한 쪽으로 식당 입구가 나 있는데, 입구는 이곳 하나뿐이다. 그러나 집 안으로 들어서면 상당히 넓고 아주 특이한 것이 눈에 띈다.

바로 은행나무다. 이 나무는 그 집의 마당에 위치하고 있는데, 기둥만 보인다. 뿌리는 땅 속 깊이 내려가 있을 것이고, 나뭇가지는 위로 상당히 높게 뻗어 있다. 집이 나무를 에워싸고 있어서 밖에서는 나무의 몸체를 볼 수 없다. 하지만 대문 위쪽을 보면 풍성한 나뭇가지가 가옥 위로 드러나 있다.

이 나무는 170년이나 된 것이라고 한다. 170년! 조선시대 나무가 여태까지 살아 있는 것이다. 집은 그렇게 오래되지 않았다. 필경 나무가 심어진 후에 집은 여러 차례 새로 짓고 허물기를 반복했을 것이다. 그 와중에 나무는 용케도 살아남았다. 이제는 누구도 베어 없애지는 않을 것이다. 집이 에워싸고 있어 그 누구에게도 방해를 주지 않기 때문이다.

오히려 이 나무는 그 집의 상징이 되었고, 그 식당의 이름도 은행나무집이라고 지어졌다. 아마 그 식당이 없어져도 그 집은 계속 은행나무집으로 불릴 것이다. 그리고 오래오래 살아남을 것이다. 이 나무는 그런 운명을 가지고 그곳에 심어졌다. 그 나무의 주인은 여러 차례 바뀌었을 것이고, 그러한 운명 또한 나무가 만들어낸 조화다. 이제 그 나무는 집터의 터줏대감이고 수호신이다.

수호신! 이는 그 땅을 지키는 존재를 뜻한다. 어떤 터에 산이나 언덕이 있으면 좌청룡, 우백호라고 거창한 이름이 붙여질 텐데, 은행나무는 그저 조용히 집터를 지키고 있을 뿐이다. 하지만 주역의 이치로 보면 이 은행나무는 바로 청룡, 백호이고 수호신이다. 수호신이란 이런 것이다. 실제로 그 집 사람들은 은행나무 덕분에 행운을 누리며 살고 있을 것이다. 그 은행나무가 식당에 손님을 불러 모으고 집주인의 건강도 지켜주기 때문이다.

지산겸

이 나무의 뜻을 생각해보자. 청룡, 백호란 무엇인가? 이에 대해 과학자들은 제대로 설명할 수가 없다. 주역에서 수호신은 지산겸(地山謙, 壬戌)이라고 하는바, 청룡과 백호가 그것이다. 물론 청룡, 백호는 흙이나 돌무더기가 아니어도 좋다. 터를 지키는 존재는 그 무엇이든 청룡, 백호가 될 수 있다. 중요한 것은 징조적 의미다.

지산겸에 대해 알아보자. 터줏대감이란 말이 있는데, 이는 그 동네에 깊게 뿌리를 내린 사람을 말한다. 이런 사람은 그 동네의 수호신이라고 할 만하다. 우리 민족은 한반도의 터줏대감이고 수호신이다. 또한 한반도의 산과 강, 나무, 바람, 흙, 야생동물들도 터줏대감이고 수호신이다.

여기서 중요한 점은 그곳에 오래 머물면서 뿌리를 내린 존재다. 이것을 주역에서는 지산겸이라고 말한다. 유서 깊은 물건 같은 것도 지산겸에 해당된다. 뿌리내린 존재와 함께 있으면 당연히 그 기운을 받게 된다. 은행나무집의 은행나무는 170년이나 그 땅을 지켜왔다. 과연 그 땅의 주인을 누구라고 말해야 하겠는가!

'역사가 미래다'라는 말처럼 오래된 것은 중요하다. 문화유산이란 것도 그런 뜻이 있다. 프랑스 파리에는 유서 깊은 건물들이 많은데, 이것이 파리의 청룡, 백호인 것이다. 히틀러는 프랑스인들의 혼을 꺾어버리기 위해 파리를 불태우려 한 적 있었는데, 실제로 그렇게 되었다면 프랑스는 그 자체의 재난 이외에도 수호신이 없어져서 벌어지는 더 큰 재난을 맞이했을 것이다.

지산겸을 다시 보자. 아래쪽은 산이다. 산은 육중하고 오래된 것을 뜻하는데, 지의 아래에 있다. 지는 땅인바, 지산겸은 육중하고 오래된 것이 땅 속에 깊이 박혀 있다는 뜻이다. 또한 지산겸은 화산火山의 기운을 뜻하는바, 육중하고 오래된 것은 화산의 기운과 같은 의미다. 청룡과 백호, 즉 뿌리 깊은 어떤 것은 화산과 같은 기운을 사방에 뿌린다는 뜻이다.

은행나무가 오래 되었기 때문에 주역의 괘상으로 같은 뜻이 되고, 그것과 함께 지내는 존재는 화산과 같은 기운을 받는다. 또한 지산겸은 흔들리지 않는다는 뜻이니 모든 것이 안정된다. 사람이 사는 곳에는 지산겸이 있어야 한다. 그래야 영혼이 안심하고 뿌리를 내릴 수 있다.

수호신 혹은 지킴이는 옥내나 옥외 등 어디서나 필요하다. 서울에는 경복궁이 있고, 덕수궁이 있으며, 남대문도 있다. 이들이 우리를 지키는 것이다. 해태 혹은 해치라는 것도 있는데, 이것은 서울을 지키는 신령한 동물을 말한다. 바로 서울의 수호신이다. 어떤 집 대문 앞에 커다란 돌하르방을 세워놓은 것을 봤는데, 비싸게 구입했겠지만 아주 잘한 일이다. 이런 것들이 운명을 지켜주기 때문이다.

이유도 모르는
수맥이론은 엉터리다

땅속에 물이 흐르고 있는 곳은 나쁘다고 알려져 있다. 이는 풍수이론이 생긴 이래 정설로 회자되고 있는데, 그 이유를 정확히 설명해주는 사람은 아무도 없다. 무조건 나쁘다는 것이다. 수맥이 흐르는 땅 위에서 사는 사람은 병이 들거나 자손이 잘못된다고도 말한다. 또 어떤 이는 수맥이 흐르는 곳에는 이무기가 살고 있어서 그 사악한 기운 때문에 인간이 나쁜 영향을 받는다고 말한다. 기가 막힐 노릇이다. 아무도 이유를 모르는데 계속 주장하고 있다.

중세 때 교황청은 태양이 지구 주위를 돈다고 강하게 주장했다. 그것이 교리라는 이유였다. 우주를 관측했거나 자연의 법칙을 통해 밝혀낸 것이 아니라 교리가 그럴 뿐이라는 것이다. 갈릴레오는 사실을 밝혀 지구가 태양 주위를 돈다고 말했다가 심한 곤욕을 치렀다. 세상에 어떤 막강 세력이라 해도 이유 없는 것을 주장해서는 안 된다. 땅속에 수맥이 흐르면 나쁘다는 것도 이유가 없으면 말해서는 안 될 일이다.

정말 화가 나는 것은 어떤 풍수쟁이가 "여기는 수맥이 흐르는 곳이므로 나

쁘다."라고 판정하면 이유도 모른 채 그 땅은 저주를 받는다는 것이다. 이래서
는 안 된다. 풍수는 정밀한 논리를 바탕으로 전개되어야 한다. 그래야만 실제
로 자연현상을 이해할 수 있고 그것을 활용하여 인간생활에 이바지할 수 있는
것이다.

나는 주역 전문가로서 오래전부터 많은 사람으로부터 풍수이론에 대해 책
을 써달라는 부탁을 받아왔다. 그것을 이제야 쓰게 되었지만 그동안은 그 비
결을 세상에 맥없이 누설하는 것이 싫었고, 또 땅의 이치를 모르는 사람이 왈
가왈부하는 것이 귀찮았다.

나는 40년 이상 풍수논리를 연구해왔지만 실질적인 용도를 알지 못했다.
거대풍수는 오랜 세월에 걸쳐 작용이 일어나고, 땅을 가진 자에게만 해당되는
이론이니 가난한 서민인 나는 강 건너 산 바라보기였다. 하지만 많은 사람이
풍수에 관심이 있다는 것을 최근에 알게 되었다. 묫자리나 거대풍수 말고도
옥내외 풍수는 우리 서민들도 매일 맞부딪치는 현실이 아닌가!

그래서 누설하기 아까운 이론이지만 많은 사람에게 땅의 실체를 알려주기
위해 이 글을 쓰게 되었다. 이 장은 수맥에 관해 논하려는 자리인데, 갑자기
감회가 밀려와서 저간의 사정을 얘기했다. 독자 여러분의 깊은 양해를 바란다.

다시 수맥이론을 보자. 이것은 응용범위가 아주 넓은 이론으로서 우리가
늘 접하는 현상이다. 먼저 땅 아래에 물이 있다는 상황을 보자. 과학장비든 막
대기든 무당의 신통력이든, 땅 아래에 물이 있다는 사실이 밝혀졌을 때만 해
당되는 이야기다.

땅 아래에 물이 있는 것을 괘상으로 표현하면 지수사(地水師, 癸丑)가 된

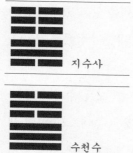

지수사

수천수

다. 이 괘상에서 지는 땅이고 수는 물이다. 형상 그대로 땅이 위에 있고 물이 아래에 있다. 이는 자연의 존재를 곧이곧대로 얘기한 것으로서, 보탤 것도 없고 뺄 것도 없다. 이로서 형상 또는 현상의 본질을 얘기한 것이다.

자연의 섭리는 존재의 뜻으로부터 전개되는 법이다. 예를 들어 하늘 위에 구름이 있으면 수천수(水天需, 甲申)로 표현되는바, 그로부터 실제 현상이 전개되는 것이다.

이제 남은 일은 지수사의 뜻이다. 주역은 삼라만상의 뜻을 규명해 미래의 예측을 가능하게 한다. 세상의 역사, 인류의 역사는 뜻의 현상이다. 지금도 시간은 흐르고 있지만 미래의 현상은 현재의 뜻에 따라 전개되는 것이다. 이는 신의 뜻이 아니라 자연 그 자체의 성질이다.

지수사를 설명하겠다. 괘상의 아래는 수인바, 이는 물, 어두움, 혼돈, 자잘한 일 등을 의미한다. 많은 뜻이 있지만 이 중에서 물이 가장 알기 쉽다. 지는 땅이고 장소인바, 사는 곳을 말한다. 지수사는 잠복이란 뜻이 있는데, 물과 같은 것이 땅 아래에 잠복하고 있다는 것이다. 어두움이 잠재하고 있는 것과 다름이 아니다. 전쟁전야도 이와 같은 상태이고 근심이 내재되어 있는 것도 같은 괘상이다. 땅 아래 수맥이 있는 곳, 즉 지수사는 언제든지 어두움이 발생하는 곳이라서 나쁘다고 해석하는 것이다.

점을 쳤을 때 지수사 괘상을 얻으면 근심에 대비해야 한다. 땅이 그러한 상태면 이는 대자연의 징조로서 그 땅에 사는 사람이 피해를 입을 수 있다. 땅 아래에 수맥이 있으면 그 땅에는 혼란이 발생할 개연성이 아주 높다. 땅의 뜻이 그러하니 그렇게 되지 않을 수가 없다. 옛사람은 이 논리를 알고 있어서 문헌에 남겨놓았겠지만, 필경 그 논리를 누설하기 싫어서 결과만 주장했을 것이다.

아무튼 좋다. 땅 아래에 수맥이 있으면 나쁘다. 하지만 모든 수맥이 다 나쁜 것은 아니다. 샘물을 만들어내는 수맥이 있으면 그것은 좋다. 그렇다면 샘물을 만드는 수맥은 풍수에서 말하는 나쁜 수맥과 어떻게 다른가? 차차 밝혀지겠지만 땅 아래의 물은 종류가 7가지나 된다. 그중 하나가 분명히 나쁠 뿐이다.

애타게 수맥을 기다리는 사람을 실망시켜서는 안 된다. 오늘날 집터에서 수맥이 발견되면 이는 소위 대박에 해당된다. 그러므로 땅 아래의 물을 무조건 나쁘다고 말하면 안 된다. 어떤 물은 소송, 분쟁을 일으키기도 한다. 또 어떤 물은 혼란을 해소시키고 번민에서 해방시켜주기도 한다.

여기서는 땅 아래의 물이 가진 뜻을 음미해두자. 아울러 모든 물이 그렇다는 것은 아니라는 점도 염두에 두자. 그리고 형이상학적으로 나의 사회적 위치, 즉 나의 시간과 나의 땅에 현재 어떠한 어두움이 잠복해 있는지도 살펴봐야 할 것이다. 땅 아래의 물에는 일상의 모든 것을 살피고 경계하라는 하늘의 가르침이 담겨 있다.

죽으면 그대로 무덤이 되는 곳,
선동을 찾는 사람들

풍수를 공부하기 바쁜데 한가하게 신선 얘기나 하고 있어도 될까? 된다! 신선의 집도 집이기 때문이다. 신선의 집을 공부하면 인간의 집이 갖추어야 할 미덕이 확연해진다. 또 다른 문제가 있다. 신선은 있는가? 있다! 내가 직접 두 분이나 만나봤기 때문이다.

그중 한 분은 역발산力拔山 양일세楊一世라는 분인데, 내공이 뛰어나 3만 볼트 전압의 전선도 만지고 총알이 배에 맞아도 튕겨나간다. 힘은 장정 100명이 달려들어도 당할 수가 없다. 믿어지지 않겠지만, 거짓말도 아니고 과장도 아니다. 나는 그분에게 다년간 차력을 배운 적도 있다. 물론 나 말고도 많은 사람이 그분으로부터 배웠다.

그분은 일본 TV방송에 나온 적도 있고, 나는 그분의 자제분을 만나본 적도 있다. 이분은 추운 겨울날 맨몸으로 산속에서 수련을 했다. 그리고 명상을 통해 신선의 경지에 이르렀다. 이분은 풍수와는 상관없지만 신선이 있다는 것을 이야기하기 위해 잠시 거론했다.

그리고 또 한 분이 있었다. 이분 역시 내가 직접 만나봤는데, 그분하고는 하룻밤을 함께 지새웠다. 그분 얘기를 해야겠다. 풍수와 대단히 깊은 관계가 있기 때문이다. 내가 그분을 만난 것은 지금으로부터 47년 전으로, 나는 그 당시 주역 공부를 하고 있었다. 나는 공부에 진전이 없어서 돌파구를 찾기 위해 계룡산을 찾았다. 특별한 이유가 있었던 것은 아니고 그저 산속을 헤매고 싶었을 뿐이다.

나는 무작정 높은 곳으로 올라갔다. 동학사 아니면 갑사 방향인 것 같다. 계룡산의 유명 사찰에서 하루를 묵고 떠났으니 틀림없을 것이다. 47년 전 계룡산은 수많은 도인과 술사, 기도하는 사람, 사이비 교주 등이 모이는 곳이었다. 이런 사실을 알긴 했지만, 머릿속에 떠오르는 산이 그곳이었기 때문에 계룡산에 갔다.

산 아래에서 출발하여 무작정 발길 닿는 데로 정상을 향해 갔다. 저녁 무렵 산에는 어둠이 깔리기 시작했고 나는 망설였다. 내려가야 할까? 하지만 나는 산에서 이슬을 맞으며 그냥 밤을 새우기로 작정했다. 투지도 있었고 나이도 젊었으니까 말이다. 그런데 산 위쪽에서 무슨 소리가 들렸다.

사람이 웅얼거리는 소리였는데, 자세히 들어보니 주문 소리 같았다. 나는 신비로운 느낌에 이끌려 그곳으로 다가갔다. 주문을 외우는 소리는 가까이에서 들리는 듯했는데, 상당한 거리(높이)에서 들려왔다. 소리가 종종 끊어지기도 했는데, 산행이 서툰 나는 1시간이 지나서야 그곳에 겨우 도착할 수 있었다.

한밤중이었다. 신비의 산중 암자! 불빛이 새어나오고 있었는데, 내가 문을 두드릴 것도 없이 즉시 사람이 나타났다. 할머니였다. 나는 사정을 얘기하고 들어가도 되겠느냐고 물었다. 할머니는 인자한 음성으로 대답했다.

"고생했군요. 어서 들어오세요."

안에 들어서니 방들이 많았고, 주문 외우는 소리는 집 밖에서 계속 들려오고 있었다. 할머니는 방을 안내해주고 바로 사라졌다. 밤이 늦었으니 아침에 오겠다는 말을 남기고…. 잠은 오지 않았고 새벽은 금방 찾아왔다. 나는 일어나 방에서 나왔다. 주변을 둘러보기 위해서였다.

그 집에는 대문이 없었고, 집 세 채가 'ㄱ'자 모양으로 배치되어 있었다. 주문 외우는 소리는 이미 그쳤고, 주변은 점점 밝아졌다. 가까이에서 새소리가 들렸고 공기는 상쾌했다. 집들은 산중 언덕에 있었는데, 한쪽은 절벽이었다. 나는 반대편에서 올라왔고 그 집을 못 만났으면 정말 위험할 뻔했다. 모든 것이 꿈만 같았고, 나는 마치 천지신명으로부터 안내받은 느낌이 들었다.

날이 점점 더 밝아졌고, 나는 절벽 앞으로 한걸음 다가서서 아래를 내려다보았다. 그런데 하계는 보이지 않고 망망한 구름바다가 보이는 것이었다. 이른바 운해雲海였다. 난생 처음 보는 광경이었다. 나중에 알게 되었지만 구름 저 아래는 벌판이고 거기에는 하계의 마을이 있었다. 나 자신이 구름 위에 우뚝 서 있는 위대한 존재처럼 느껴졌다. 실은 대자연 앞에서 너무나 미약한 존재일 뿐이지만 당시 내가 서 있는 곳은 속세의 혼잡을 떠난 곳이었다.

뇌수해

이런 곳은 뇌수해(雷水解, 癸卯)로 표현되는데, 산이 높든 낮든 잡다한 것으로부터 떠나 있다는 의미다. 또한 남보다 앞서간다는 뜻도 있다. 물론 그 당시에 나는 주역을 공부하는 중이어서 그 상황을 괘상으로 표현할 능력은 없었다. 나는 다만 장엄한 아름다움에 취해 있었다.

잠시 후 방으로 돌아오자 할머니가 왔다. 이미 한차례 다녀간 후였다. 아침식사를 차려놨다는 것이었다. 나는 송구스러운 마음으로 할머니를 따라 나섰다. 안내받은 곳은 큼직한 방이었는데, 아침식사를 하기 위해 여러 사람이 모여 있었다. 나이 지긋하신 할아버지 1명, 할머니 2명, 젊은 청년 1명, 중년 여인 1명이 있었고, 나까지 6명이었다.

나는 정중히 인사를 하고 그들과 어울려 식사를 했다. 식사 중에는 한가한 얘기가 오갔고 분위기는 아주 편안했다. 낯선 느낌은 전혀 들지 않았다. 이들은 모두 수도인으로 사람을 편안하게 하는 능력이 있는 것 같았다. 청정한 사람들! 나는 한없이 큰 감명을 받았고, 그곳에 있는 것이 행복했다. 신비한 산중의 생활은 이렇게 시작되었다.

나는 그곳에서 꼬박 1주일 동안 머물렀는데, 그 후로 47년이 지났지만 그들을 다시 만날 수는 없었다. 몇 년이 지난 후, 그곳에 여러 차례 다시 찾아가 보았지만 종내 그곳을 찾을 수가 없었다. 집과 사람이 모두 사라진 것일까? 내가 꿈을 꿨던 것일까? 나는 그들과 함께 보낸 짧은 날들을 영원히 잊을 수가 없다. 그들은 어떤 사연으로 그곳에 모였으며 지금은 어디로 갔을까? 나이 든 분들은 지금쯤 타계했을지도 모르지만 그렇지 않을 가능성도 있다. 그들은 도를 닦고 있었으니 수명이 길어질 수도 있을 것이다.

그곳에서 생활한 1주일을 간략하게 얘기해보겠다. 상당히 의미심장한 시간이었기 때문이다. 그들이 나누던 대화는 주로 터에 관한 것이었는데, 신선이 사는 곳을 찾는 것이 목표인 것 같았다. 나는 매일 아침에 일어나 망망한 구름바다를 보는 것으로 일과를 시작했고, 낮에는 주변을 열심히 살피고 다녔다. 처음 나를 안내했던 할머니는 길을 잃을 수도 있으니 멀리 가지 말라고 당

246

부하셨다. 나도 물론 멀리 갈 생각은 하지 않았다. 암자에서 멀리 떨어지면 왠지 쫓겨날 것 같은 기분이 들었기 때문이다. 그만큼 그곳이 좋았다.

생활은 단조로웠다. 바위와 숲을 보는 것 외에 새들이 찾아와 지저귀는 것이 전부였다. 이들은 모두 아침식사를 마치면 주문을 외우기 위해 큰 바위 뒤로 올라갔고 나는 온종일 혼자였다. 그들이 외는 주문은 선도仙道의 요결인 '황정경黃庭經' 7언시로서 나는 10년이나 더 지나서야 그 책을 구할 수 있었다.

여기서 중요한 것은 책이 아니고 그곳에 책을 전해준 사람이다. 얘기를 이어가자. 그분은 내가 산중생활을 한 지 닷새째 되는 날 출현했다. 나는 이렇게 표현하고 싶다. 너무나 극적이었기 때문이었다. 그날은 모두 바위로 올라가지 않고 쉬고 있었다. 아니, 누군가를 맞이할 준비를 하느라고 온종일 바쁘게 움직이고 있었던 것이다.

누가 찾아온다는 것은, 달력에 이미 날짜가 표시되어 있는 것을 보고 알았다. 그곳에서 수도하는 젊은 청년에게 들은 바로는 그분은 1년에 한 번 나타난다는 것이다. 그 청년은 나보다 7년 연상인데 아주 친절했다. 청년은 오늘 찾아올 분이 아주 귀한 분이라고 했고 신선이라고도 했다. 과장일까? 어쨌든 그는 1년에 한 번 그분을 만나기 위해 이곳 산중에 머문다는 것이다.

드디어 신비의 인물이 나타났다. 나는 일행과 함께 밖에서 기다리고 있다가 그분을 맞이했다. 그분은 오시午時에 정확히 나타났고 즉시 큰방으로 모셔졌다. 그분은 그냥 사람이었다. 암자에 머무는 할아버지와 연배가 비슷해 보였다. 하지만 그분은 나이가 훨씬 많다고 했다(청년에게 나중에 들었다).

그 할아버지는 무한한 생동감을 내뿜고 있었는데, 음성은 인자했지만 날카롭게 느껴졌다. 그곳 수도인들은 그를 '어르신'이라 불렀다. 실은 스승님이라고 불러야 옳겠지만 어르신은 그렇게 부르는 것을 절대 허락하지 않았다고 한다(이것 역시 청년에게서 들었다). 이유도 알 만했다. 우리 모두는 속인이어서 제자의 자격이 없다는 것이 아닐까(이것은 내 추측이다).

어르신과 많은 대화가 오갔는데 핵심은 두 가지였다. 하나는 주역 괘상에 관한 것이었고, 다른 하나는 터에 관한 것이었다. 그 대화 자리에서 어르신은 나에게 주역 공부를 열심히 하라고 독려해주셨고 관상이 좋다는 칭찬도 해주셨다(어른들이 으레 하는 칭찬일 테니 별 뜻은 없을 것이다).

터에 관한 대화를 보자. 할아버지가 물었다.

"찾으셨습니까?"

어르신이 대답했다.

"못 찾았네, 아무래도 이 산을 떠나야 할 것 같구먼…."

할아버지가 걱정스레 다시 묻는다.

"그러시면 이 산에는 선동이 없다는 것이옵니까?"

"아닐세. 이곳이 점점 시끄러워질 뿐이네…."

시끄럽다는 것은 이 산에 사람이 많아진다는 뜻이었다(나중에 듣고 알았다). 할머니가 머리를 조아리고 물었다.

"어르신, 선동의 모습을 알려주십시오. 우리도 좀 찾아보게…."

이 말에 어르신은 미소를 짓고 다시 인자한 음성으로 설명을 시작했다. 아주 자세한 내용이었다. 내용을 간추려보자.

이 어르신이 전하는 세계는 소박하고 청빈한 것이었다. 신선의 세계에도 빈부가 있는 것일까? 당시의 나는 20세의 나이여서 세속이나 선계를 전혀 몰랐다. 사실 공부조차 무엇인지 모르는 상태였다. 계룡산 어른이 얘기하는 선동은 완전히 상상을 초월하는 것이었다.

"선동은 작다. 아주 작다. 이 방보다 훨씬 좁다. 입구는 동굴이 아니라 바위틈이다. 한 사람이 옆으로 비껴서 들어갈 정도다. 그냥 바위 속에 있는 자그마한 공간이다. 누워서 발이 벽에 닿지 않을 정도면 되고 천장은 일어서서 손을 뻗어 만질 수 있는 높이면 된다. 밀실 중의 밀실, 사람이 찾기 어려운, 거의 찾기가 불가능한 곳이다."

선동이 이토록 작을 수도 있다는 것이 신기했다. 물론 크고 아름다운 공간이어도 상관없다. 하지만 이 어른은 아주 좁은 공간을 원했던 것이다. 이런 말씀도 하셨다. "죽으면 그 자리에 누워 그대로 무덤이 되는 곳." 어차피 이런 장소는 천상 무덤밖에 되지 않을 터, 시신을 겨우 집어넣을 수 있는 바위 속의 틈, 암혈巖穴일 것이다.

여기까지가 선동에 대해 들은 것 전부였다. 나는 이후 47년이 흐르는 동안 주역을 통해 선동의 뜻을 완전히 깨달았다. 계룡산의 신비한 암자, 수도인들, 어르신(신선)은 지금 어디에 있는지 알 길이 없다.

뇌수해

수산건

그 어르신은 아직도 그곳에서 선동을 찾아다닐까? 아니다! 계룡산은 망가졌다. 군부대가 들어서서 모든 곳이 파헤쳐졌을 것이다. 신선이 머물기에는 너무 시끄럽다. 계룡산은 이제 뇌수해(雷水解, 癸卯)가 아니라 수산건(水山蹇, 癸酉)이 되었다. 안개 속에 숨어서 도사리고 있는 곳, 군부대의 위치로는 더할 나위가 없을 것이다. 계룡산은 이제 대한민국 3군 통합기지가 되었다. 신선은 조용한 곳을 찾아 떠났을 것이다.

이제 선동에 대해 얘기하자. 이는 집과 방이 무엇인지를 여실히 보여주고 있다. 우주 대자연은 음과 양으로 구성되어 있는바, 양은 활력을 발산하고 음은 그것을 가두어놓는 역할을 한다. 양이란 한 번 떠나면 그것을 잡아들이기 어렵고 음은 닫히면 열기 어렵다. 생명체는 양의 기운이 음 속에 자리 잡고 활동을 이어가는 것을 의미한다. 따라서 양의 기운이 충만하면 작용이 오래갈 것이다. 수명도 늘어나고 활력도 넘친다.

요점은 양의 기운이 많아야 하고 그것을 잘 가두어놓아야 한다는 것이다. 선도에서 하는 일도 바로 이것이다. 양의 기운은 하늘로부터 오는 힘이다. 모든 생명체가 하늘의 기운을 받고 있는 것이다. 그것을 가두어놓는 장소는 단전丹田이다. 좀 더 자세하게 얘기하면 단전 속의 황정黃庭이란 곳이다. 황정은 우리가 어머니의 뱃속에 있었을 때 영혼이 머물던 곳인데, 태어나면서 영혼이 뇌로 이사를 왔다. 세상을 살기 위해서는 몸의 운전석인 뇌로 옮길 수밖에 없기 때문이다. 하지만 이로부터 생명체의 시계는 작동하고 우리는 늙음을 향해 끊임없이 다가가는 존재가 되었다.

선도는 이것을 되돌리는 작업을 일컫는다. 날이 갈수록 수명이 늘어난다는 연년익수延年益壽가 그것을 잘 표현하고 있다. 문제는 뇌로 올라간 영혼을 다시 황정으로 되돌리기가 어렵다는 데 있다.

이 문제는 각별한 기술이 있어야 하는데, 첫째는 명상이 절대적으로 필요하고(이는 직접 황정으로 들어가는 수련이다), 둘째는 수련하는 장소를 잘 선택해야 하는 것이다. 이런 곳을 바로 선동이라고 일컫는바, 기운을 발산시키기보다는 안으로 밀어넣는 작용을 하는 장소다. 계룡산의 어른은 이런 곳을 찾고자 하는 것이었다.

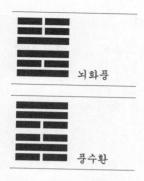
뇌화풍

풍수환

이는 뇌화풍(雷火豐, 戊辰)으로 표현되는 땅이다. 오래 머물면 종창이 나거나 암에 걸리게 된다. 뼈도 허물어져버릴 것이다. 햇빛이 닿지 않는 이런 곳은 일반인에게는 아주 위험하다. 심장이 멈출 수도 있고 공포 때문에 정신이 마비될 수도 있다.

괘상의 뜻이 이것을 말해주고 있다. 뢰는 바위이고, 화는 햇빛이다. 화가 뢰에 갇혀 있는 형상이다. 피라미드 파워도 바로 뇌화풍의 기운을 말한다. 두터운 돌로 피라미드를 만들고 그 속에 있으면 뇌화풍의 기운을 받는다. 기운을 압축한다는 의미가 있어 잠시 동안 머무는 것은 약이 되는 경우도 있다. 신선은 이런 곳에 오래 머물면서 영혼을 복중 상태로 몰아넣는다.

그렇게 되면 몸의 활력을 극대화할 수 있다. 하지만 바위 속 깊은 곳에 장시간 갇혀 있으면 신경계는 심하게 위축되어 기능이 상실될 수 있다. 앞서 소개한 모텔(기차처럼 길어서 입구가 먼 구조의 모텔)이 바로 이런 유형이었는데, 이런 곳에서 자면 쉽게 깨지 못하고 사업이 후퇴하는 운명을 얻게 된다. 하지만 신선의 경우는 몸의 깊은 곳, 즉 황정을 개발하는 일 외에 따로 생활이랄 것이 없으니 목숨을 내걸고 밀처密處, 즉 뇌화풍의 자리에 잠겨 있어도 되는 것이다. 신선의 책인 《옥허진경》에 이런 말이 있다.

"도인이 막힌 곳에 즐겨 머무는 것은
그(몸) 내면을 소통시키기 위함이다."
道人樂住閉處 爲其通內也

선인은 벽(돌벽이 가장 좋다)을 바라보면서 명상을 한다. 영혼은 앞을 콱 막고 있는 벽을 보며 계속 후퇴한다. 그러다 보면 마침내 복중에 있을 때의 상태가 되는 것이다.

신선도 처음엔 우리처럼 어머니의 복중에 머물렀고, 태어나자 영혼이 뇌로 올라갔을 것이다. 인간은 이로써 삶을 영위한다. 하지만 신선은 삶을 등지고 원래의 상태로 되돌아가고자 하는 것이다. 이 때문에 신선은 날이 갈수록 젊어지고 어려진다.

속인의 영혼은 뇌로 올라와 본능에 충실하면서 하늘이 처음 베풀어준 기운을 소모하며 살아간다. 사는 집 혹은 방도 뇌화풍과는 완전히 반대인 풍수환(風水渙, 戊戌)의 터에 머문다. 이 괘상은 통풍이 잘된다는 뜻이다. 또한 정처 없이 새로움을 찾아 헤맨다는 의미도 있다.

두 괘상을 비교하자. 뇌화풍과 풍수환. 두 괘상은 음과 양이 서로 반대로 되어 있다. 하나는 폐쇄가 지나친 신선의 방이고(뇌화풍), 또 하나는 개방이 지나친 속인의 방(풍수환)이다. 적당히 배합해서 살면 좋을 것이다. 땅이란 목표에 따라 선택이 극단적으로 바뀔 수 있는 법이다. 방은 밀폐가 잘된 곳이 있는가 하면 허술한 곳도 있다. 모든 것은 음양의 작용이다.

방에서 우리가 얻고자 하는 것은 이제 분명해졌다. 신선의 경우에는 오로지 영혼의 정리가 목표다. 인간의 경우에는 적당한 안정과 적당한 활동이다. 이것이 방의 음양이다. 방의 길흉은 남녀의 차이가 있고 연령의 차이도 있으며, 강자와 약자의 차이도 있다. 각자에게 맞는 방을 선택해야 할 것이다.

하지만 방이 사람의 체질을 바꾸므로, 사람은 방에 따라 새롭게 태어나는 것이라 볼 수 있다. 그러므로 방은 몸과 영혼을 강화시킬 수 있어야 하고, 옳긴다면 지금보다 기운이 더 강한 곳으로 이동할 필요가 있다. 물론 적당한 곳을 택해 오래오래 살 수도 있다. 내가 선택한다면 풍수환(넓게 소통되는 곳)에서 살면서, 방 혹은 집의 한구석에 선동(꽉 막혀 숨쉬기조차 힘든 곳)을 만들어 놓고 살 것이다.

그런데 선동은 인간을 멀리한다. 왜냐하면 인간이 거부반응을 일으키는 존재이기 때문이다. 세속을 떠난 터는 뇌수해인데, 수가 인간이고 뢰는 탈출을 의미한다. 수는 번거로움을 뜻하기도 하는데, 번잡한 곳과 격리되는 것이 선동의 선결과제인 것이다. 우리가 때로 사람이 적은 곳으로 여행을 가는 이유는 해방감, 즉 뇌수해의 의미을 얻고자 함이다. 업무에서 잠시 떠나는 것도 뇌수해고, 사람이 닿지 않는 땅도 바로 이것이다.

신선이 사는 곳을 음미하면서 우리가 사는 땅의 뜻도 살피며 살아가자. 땅의 뜻을 깨닫게 되면 우리의 삶은 훨씬 더 자유로워질 것이다.

고궁을 보면
우리 민족의 미래가 보인다

저 옛날 조선을 창건한 이성계가 무학대사에게 물었다.

"이씨 왕조는 얼마나 이어가겠는가?"

당시 무학대사는 조선이 500년을 이어간다고 대답했는데, 이성계는 이 대답을 싫어했다고 한다. 500년이면 참으로 긴 시간이다. 미국의 역사는 현재 400년 남짓일 뿐이다.

나는 어느 재벌에게 그 많은 재산을 무엇에 쓸 거냐고 물어본 적이 있다. 그의 대답은 단순했다. 자식에게 주겠다고 했다. 너무 많지 않으냐고 물었더니 후손 대대로 이어갈 텐데 무엇이 많으냐고 오히려 반문했다. 더 이상 할 말이 없었다. 인간의 욕심은 끝이 없다.

한 전문가의 말에 따르면 조선왕조가 끝나고 현재에 이르기까지 우리나라 최고의 부자들은 10%밖에 바뀌지 않았다고 했다. 부럽고 놀랄 일이었다. 하지만 나는 나의 운명에 충실하므로 그들에 대한 불만은 전혀 없다. 다만 그들이 부를 이어가는 방법이 궁금했던 것이다. 물론 나 자신이 부자가 되기 위해서 궁금해한 것은 아니었다. 단순히 학문적인 연구를 위해서 가졌던 호기심이었을 뿐이다.

　결론은 땅이다. 부자들, 권력자들에 대한 광범위한 탐색 끝에 나는 이와 같은 결론을 얻었다. 만일 먼 미래의 후손들까지 부유하기를 바란다면 좋은 사업을 상속하는 것보다 땅을 사두는 것이 가장 좋은 방법이다. 금이나 다이아몬드, 정기예금보다 땅이 훨씬 나은 것이다. 더구나 땅은 금전적인 가치뿐만 아니라 좋은 운명까지 자식들에게 상속할 수 있다. 땅은 재산적 가치보다 운명적 가치가 더 큰 법이기 때문이다. 나쁜 땅이라도 내버려두면 언젠가 제 구실을 한다. 500년이나 1,000년을 묵혀두면 거의 대부분 가치가 발생하게 되어 있다.

　옛날 왕들은 위대한 왕궁을 소유했기 때문에 그들의 인생도 찬란했다. 역사적으로 위대한 왕들은 대부분 위대한 왕궁을 건축했다. 이런 왕궁의 건축은 경쟁적으로 이어졌는데, 그 나라의 역사는 이러한 건축물과 비례하여 홍성했다. 이것은 전 세계 어느 나라의 역사에서나 엄연한 사실이다.

　그렇다면 일국의 장래는 그 왕궁을 보면 알 수 있다는 것인가? 대답은 '그렇다'다. 땅에 이룩해놓은 건물은 그 주인의 운명을 만들어내는 법이다. 나는 나의 학문을 더 높은 경지로 끌어올리고 세상에 널리 보급하기 위해 그에 걸맞은 땅을 갖고 싶다. 이런 꿈이 없다면 나는 신선의 동굴에서 살고 싶다. 하지만 현재 나의 상황을 보면 약간 난감하긴 하다.

　잠시 우스운 얘기를 했는데 다시 본론으로 돌아와 우리나라의 장래를 보자. 그것을 보는 방법은 여러 가지가 있는데 몇 가지만 추려보자. 첫째는 우리 국민의 인간성, 즉 기질이다. 그것을 보면 우리 민족의 장래를 알 수 있다. 어느 민족이든 마찬가지다.

예를 들어 이스라엘 사람들을 보면 무엇인가 남다른 면이 있다. 그들은 저력이 있으며 지혜롭고, 국가에 대한 충성심은 세계 제일이다. 이들은 어떻게 될까? 이들은 금강석처럼 단단하여 쉽게 멸망하지 않을 것 같다. 그들의 인간성을 자세히 보면 미래가 더욱 선명해지겠지만 그 문제는 그냥 넘어가자.

그렇다면 미국인들은 어떤가? 개척정신이 있으며, 용감하고 합리적이다. 물론 국가에 대한 충성심도 강하다. 미래는 밝아 보인다. 일본은 어떤가? 그들의 단결력은 세계 최고 수준이다. 일에 대한 열성이 있고 매사에 신중하다. 중국인은 질긴 근성을 가졌고 생각이 깊으며, 먼 곳까지 바라보는 장점이 있다. 특히 땅에 대한 애착이 세계 제일이다. 남의 땅까지 넘보는 것도 예삿일이어서, 호시탐탐 땅을 확장하려 애쓰고 있다. 민족성이 그러하니 나무랄 일이 아니다. 얘기가 나왔으니 말인데 영토 확장에 대한 욕구는 인간의 본능이다. 중국인은 그것이 유독 강하다는 것뿐이다. 지구상의 모든 민족은 저마다 특징이 있고, 이것을 보면 그 민족의 미래를 충분히 가늠할 수 있다.

인간성 다음으로 꼽을 수 있는 것은 그들의 역사다. 모든 민족의 역사를 비교하면 지구의 미래도 알 수 있는 법이다. 우리 민족의 역사는 위대한가? 세계적으로 수준급인가? 우리 민족의 기질은 어떠한가? 우리 민족의 장래는 안을 살피면서 다른 민족과 세심히 비교하면 알 수 있을 것이다.

미래를 아는 또 하나의 방법은 풍수다. 그 나라 땅을 보고 대표적인 건물들을 보는 것이다. 우리나라의 경우라면 고궁이 미래예시적이다. 고궁에는 민족혼이 서려 있어서 그곳들을 정밀하게 살펴 풍수를 풀어내면 우리 민족의 장래를 짐작할 수 있을 것이다.

우리나라의 고궁에 대해 고찰해보자. 서울의 대표적인 고궁은 경복궁, 창덕궁, 종묘, 덕수궁 등이다. 이들은 모두 광화문 일대에 퍼져 있다. 그런데 이들이 자리 잡은 터는 어떠한 곳인가? 우선 서울이 이들을 품고 있다는 것이다. 강남까지 포함하면 서울은 한가운데 한강이 흐르고 서울 밖 둘레에는 큰 산들이 병풍처럼 빙 둘러쳐져 있다. 이 산들은 거대한 안처를 이룬 것으로, 안처는 바로 서울이다.

이로써 고궁들은 안처 안에 자리를 잡은 셈이다. 고궁에서 보면 뒤로 북악산, 북한산 등이 겹으로 막아주고 앞쪽에는 가까이 거대한 강(한강)이 흐르고 있다. 이것만 보더라도 고궁들은 이미 배산임수를 갖추고 있다. 먼 옛날 서울을 수도로 정할 때 한반도에서 가장 좋은 안처를 택했고, 그 안에서도 가장 특별한 곳에 고궁을 세웠던 것이다.

서울에는 인왕산을 필두로 남산 등을 비롯해 자잘한 산들이 많은데 이들은 모두 청룡, 백호를 이루고 있다. 앞에서도 말했지만, 청룡, 백호는 좌우라는 명칭이 붙어 있지만 좌우가 중요한 것은 아니다. 영역 내에 무엇인가 든든하게 서 있으면 그것들은 영역을 지키는 존재, 즉 지산겸(地山謙, 壬戌)인 것이다.

지산겸

비유하자면 집을 지키는 경비원들이 적당히 거리를 유지하고 있는 것과도 같다. 앞에서도 언급한 것처럼 담벼락 안에 있는 고목나무나 바위 등도 같은 뜻이다. 서울은 놀랍게도 안처에 청룡, 백호의 요소를 많이 갖추고 있다. 안전한 곳에 지킴이까지 있다는 의미다.

서울의 안처는 상당히 넓다. 세계의 도시들은 서울처럼 산으로 둘러싸여 있지 않다. 대개는 벌판에 인위적으로 선택된 곳들이다. 500여 년 전 무학대사가 서울을 발견했다고 알려졌는데, 한반도에는 서울과 유사한 지역이 더러 있다. 다만 서울은 규모가 크다는 장점이 있다. 어쨌거나 서울은 위대하다. 세세한 내용을 찾아보면 대단한 것이 더 많이 있지만 그것을 다 말하면 괜히 끌어다 붙이는 격이 될 수도 있다. 고궁에 대해서도 터가 이래서 좋고 저래서 좋다고 둘러대면 정밀한 터이론이 남용될 우려가 있다.

우리의 고궁은 우선 안처에 있다는 것이 중요하고, 두 번째는 그 안에 북악산이라는 튼튼한 배산이 있다는 점이 중요하다. 이로써 궁궐의 터는 더할 나위 없이 좋다. 실은 안처만으로도 충분하다. 만약 북악산이 안처가 아닌 다른 곳에 있고 그보다 작은 산이 있었다면, 궁궐을 짓기에는 산이 너무 작았을 것이다. 개인의 저택이라면 작은 산도 무방하지만 국가를 다스리는 궁궐이라면 산 역시 좀 더 커야 한다.

사실 북악산 자체는 작다고 말하는 편이 옳다. 하지만 그것이 안처 안에 자리 잡고 있음으로 해서 태산보다 더 중요한 의미가 있는 것이다. 서울의 터, 고궁의 터는 옛 사람이 충분히 고려해서 신중하게 선택한 것으로 보인다. 나는 이에 대해 잡다한 찬사를 붙이고 싶지는 않다. 이제는 고궁을 살펴봐야 할 뿐이다.

고궁을 살펴보자. 규모로 말하자면 우리나라에서는 넓은 편이지만 세계적인 수준은 아니다. 중국에는 우리나라 궁의 100배가 넘는 크기의 궁도 있다. 우리의 고궁은 나라의 형편에 맞게 아담하게 지어져 있다. 왕의 궁전이 규모가 작다는 것은 정치 스케일이 작다는 것이다. 나쁘게 얘기하자면 우물 안의 개구리인 셈이다. 저 먼 옛날 단군 조상이 터를 잡은 곳은 백두산 자락의 광대한 벌판이었다. 그곳이라면 궁궐도 지금보다 크게 지었을 것이다. 이 점은 아쉽지만 우리의 고궁은 그런대로 적당한 규모를 갖추었다.

이제 내면을 보자. 고궁의 건축 자체로 보면 세계에서 가장 위대한 구조다. 주목할 것은 한옥의 기와지붕이다. 이는 앞에서 여러 번 말했듯이 뇌천대장(雷天大壯, 乙巳)의 뜻을 갖고 있다. 이 괘상은 힘이 넘치고 권력을 잡는다는 뜻이 있다. 우리나라의 대표적 징조가 이렇다는 것이다. 장차 우리나라는 세계적으로 발돋움할 것임이 틀림없다. 우리나라는 대장大壯의 괘상을 가졌다.

그리고 뇌천대장의 또 다른 뜻은 '왕관을 쓰고 있다'는 것인데, 우리나라가 왕관을 쓴 존재처럼 두각을 나타낸다는 것이다. 이는 우리나라가 단순히 세계에 널리 알려진다는 것이 아니라 대단한 권리, 권력, 명예 등을 가지고 군림한다는 뜻이다. 우리나라의 징조는 위대함을 담고 있다. 이 점은 자부심을 가질 만하다.

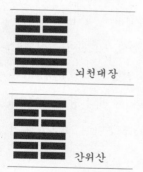

뇌천대장

간위산

다시 고궁을 보자. 담벼락이 있으며 그 위는 기와지붕으로 덮여 있다. 담벼락조차 이토록 권위 있고 아름답게 만든 것이다. 이는 바깥 세계와 품격이 다르다는 뜻이 있다. 우리나라는 고귀하다. 예로부터 신선의 땅이라고 하지 않았던가! 다른 얘기지만 우리나라 국기는 주역의 8괘를 담고 있다. 이것은 우리나라가 고귀하다는 것을 다시 한번 보여주고 있다.

우리나라의 대표적 건물이 고궁이고 그들의 징조가 이토록 상서롭기 때문에 나는 우리 민족의 장래가 무궁하다고 본다. 현재 우리나라는 남북으로 분단되어 있다. 이는 외세의 책동에 의한 것이지만 조만간 통일이 될 것이다.

우리의 궁궐, 이를 본뜬 우리나라의 수많은 한옥은 굳건한 담이 있는바, 이 것이 품고 있는 징조는 우리 국토의 안보가 튼튼하다는 것이다. 괘상으로는 간위산(艮爲山, 庚戌)이다. 담도 산이고 그 위의 기와도 산이기 때문이다. 이 로써 산이 겹친 안정된 징조라는 해석이 가능하다. 우리나라는 영원히 지켜질 것이다.

다만 경계할 것은 우리나라를 침범하려는 외부 세력들이다. 중국과 러시아, 일본 등이다. 일본은 임진왜란을 비롯해 우리나라 왕권을 말살시키고 36년간 이나 이 땅을 강점했었다. 또한 중국은 태곳적부터 우리나라를 압박하고 침략 했으며 멀리 몽고족까지 우리나라를 짓밟은 바 있다. 어째서 우리 국토에는 이토록 도적놈들이 많이 침범하는 것일까? 이는 고궁의 문제가 아니다. 고궁 은 우리의 찬란한 미래를 보여줄 뿐이다. 우리 국토가 침략을 많이 받았던 것 은 너무 아름다운 땅이기 때문이다. 세계에서 이만한 땅은 없다. 우리나라는 지구의 보물인 것이다. 보물은 으레 노리는 도적놈들이 많은 법이다.

하지만 우리나라는 5,000년 이상 굳건히 버티고 있다. 이 얼마나 강력한 힘인가! 미국 땅은 광대하지만 영국인에 의해 쉽게 강탈당하고 말았다. 미국 땅의 원주민들은 나쁜 운명을 가지고 태어났던 것이다. 우리의 땅은 누가 침 범하여 빼앗아갈 수 없다. 역사가 그것을 보여주고 고궁의 담이 그것을 예언 하고 있다.

여기서 잠시, 선량한 개인들의 삶에 대해 생각해보자. 서민들의 집은 담벼 락이 없다. 담벼락이라는 것은 집의 영역에 있어서 가장 중요한 요소다. 건물 이 좀 허술해도 위대한 담벼락만 있으면(그러려면 집터가 다소 넓어야 한다) 이로서 행복할 것이다.

집에 마당이 없으면 영혼은 노출되고 운명은 흔들린다. 마당이란 담벼락 안에 있는 땅이다. 이런 땅에 집을 짓고 살아야 운명이 튼튼해지는 법이다. 담벼락이 있고 마당이 있으면 그 안에 오두막을 짓고 살아도 담벼락 없는 고층 빌딩보다 낫다.

우리의 조상, 옛날의 왕들도 그런 생각을 했을 것이다. 고궁 안의 건물들은 외국의 궁전보다 장엄하지는 않다. 하지만 우리는 담벼락을 유려하게 세움으로써 그 안에 낙원의 꿈을 간직했다.

청와대
풍수진단

청와대는 대통령이 사는 곳이므로 풍수 얘기를 하지 않을 수 없다. 대통령은 현재 우리나라를 통치하는 사람으로서 그 개인보다는 대통령이라는 직책이 고귀하다. 때문에 그런 분이 머무는 곳을 빼놓을 수가 있겠는가! 옛날이라면 대통령은 임금님에 해당되고 청와대는 궁궐이라고 해도 무방할 것이다. 나는 그런 관점에서 왕궁의 터인 청와대에 대해 얘기하고자 한다.

다만 일개 하찮은 백성이 감히 왕(대통령)이 사는 곳을 얘기하는 것이 주제넘을 수는 있다. 그러나 청와대의 풍수를 얘기하지 않으면 우리나라에서 가장 중요한 곳을 빼놓는 셈이 될 것이다. 나는 정치적인 의도도 없고, 청와대 직원이 보라고 쓰는 것도 아니다. 그저 순수한 학자적 양심에서 청와대에 대해 얘기하고 싶을 뿐이다. 나는 청와대 안에 들어가본 적이 없기 때문에 세세한 것은 논할 수 없다. 하지만 청와대에 대해 국민의 한 사람으로서 알 만큼은 알고 있다.

엊그제 나는 청와대 주변을 둘러보면서 이 장을 써야겠다고 생각했다. 제일 먼저 눈에 띈 것은 정문이었다. 그 앞에 갔을 때도 눈치채지 못했는데, 누가 알려주어서 그때서야 그곳이 청와대 정문인지 알게 되었다. 나는 평소에 청와대 정문은 장엄할 것이라 생각했다. 누구라도 그렇지 않겠는가? 대통령! 옛날이라면 왕이다. 왕궁은 왕의 지위에 걸맞게 지어져야 할 것이다. 이는 어느 대통령 개인에 관한 문제가 아니다. 대통령은 계속 이어질 직책이므로 한 대통령의 집이 아니라 우리나라 대통령의 집에 해당되는 이야기다. 당연히 권위 있게 지어야 한다.

검소라는 말은 대통령의 집에 필요한 단어가 아니다. 요즘 권위주의라는 말이 있는데, 이 단어도 대통령에게 쓰는 단어가 아니다. 일국의 통치자를 깔보는 국민이 아니라면 대통령의 권위는 인정받아야 한다. 대통령의 집도 마찬가지이고, 그런 집의 정문도 마찬가지다.

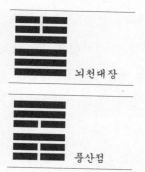

원래 권위 있는 대문은 뇌천대장(雷天大壯, 乙巳)인데, 청와대 문은 권위가 없다. 나는 처음부터 김이 샜다. 웅장한 문을 기대하면서 경건한 마음으로 그 앞까지 갔는데 알아보지도 못할 정도로 볼품이 없었다. 이 정도의 문은 그저 통과시설일 뿐이었다. 이런 문은 풍산점(風山漸, 辛酉)인데, 세상과 겨우 접했다는 의미다. 더 나쁘게 보면 풍천소축(風天小畜, 丙申)인데, 김이 샌다는 뜻이다. 원래 이 괘상은 기운이 아주 많이 빠져나갈 때 쓰는데, 청와대의 문은 기운이 약간 새는 정도였다. 하지만 기운이 조금도 새나가서는 안 되는 대통령의 집이기 때문에 풍천소축에 해당된다. 경계가 삼엄한 군부대의 문도 당당하

뇌천대장

풍산점

풍천소축

산천대축

택풍대과

게 지어야 하는바, 샛문처럼 지어놓으면 징조가 나쁘다. 전쟁에 패배할 수 있는 것이다.

담벼락을 보자. 한쪽은 고궁처럼 돌담으로 지어놓았다. 이는 잘한 일인데, 또 한쪽을 보니 쇠창살로 지어졌다. 여기가 군부대인지 감옥인지 알 길이 없었다. 바로 뒤에 경복궁 담이 있었는데, 비교하기가 창피할 정도였다. 나는 청와대 담을 계속 따라가봤는데 이상한 것이 나타났다. 허술하고 낡은 축대였다. 무너지기 직전인 데다 또 어느 곳은 축대인지 시멘트벽인지 분간할 수 없었다. 가난한 달동네의 경계선처럼 느껴졌다. 실제로 그렇게 생겼다.

담벼락은 어때야 하는가? 마땅히 권위를 나타내어야 할 대통령의 집이므로 덕수궁 돌담 정도는 되어야 한다. 그런데도 청와대의 담은 허술하기 짝이 없다. 예산이 없어서일까? 아닐 것이다. 청와대를 관리하는 사람은 풍수에 대한 식견이 아예 없는 것 같다. 높은 사람이 사는 곳의 담은 산천대축(山天大畜, 己未)인데, 이는 크게 기운을 담아놓는다는 뜻이 있다. 현재 청와대의 담은 풍수적 이점을 전혀 살리지 못했다.

이 담들은 택풍대과(澤風大過, 壬午)다. 터져 나온다는 뜻이다. 원래 이 괘상은 지나치게 많이 담아서 감당할 수 없다는 뜻이다. 대통령이 머무는 공간은 우리나라에서 가장 강한 기운이 서려 있는 곳인데, 그 기운을 허술한 담으로는 막아놓으면 안 된다는 의미다. 담벼락이란 원래 바깥 기운의 침투를 막기 위한 것이다. 하지만 왕궁의 경우는 안의 기운이 밖으로 새어나가지 않도록 하는 의미도 갖는다.

청와대의 허술한 담들은 국가의 가장 강한 기운을 빠져나가게 하고 있다. 택풍대과라니 안타까운 일이다. 청와대의 담을 고치는 것은 사치가 아니다. 일국의 대통령이 머무는 곳이 개인의 집보다도 못하다면 국가의 권위가 떨어진다. 여기에는 몰락의 의미도 함축되어 있다. 우리나라의 근래 70여 년을 볼 때 청와대 혹은 대통령은 편할 날이 없었다. 풍수에 신경 씀이 옳다.

청와대의 다른 일면을 보자. 장소의 선택인데, 풍수 중에서도 제일 먼저 고려해야 할 요소다. 잠시 청와대가 그 자리에 없었던 시절로 돌아가보자. 우리나라 왕궁은 북한산 등으로 둘러싸여 있는 안처 속 북악산(안처 안의 산은 기운이 계속 증강하는 명당이다)을 등지고 건립되어 있다. 경복궁, 창덕궁, 종묘 등이 그것이다. 이러한 궁궐들은 오랜 세월 끊임없이 북악산의 기운을 받으며 살아왔다. 궁궐은 무생물이지만 살아왔다는 말이 맞다.

그런데 어느 날 이 기운을 막아서는 존재가 있었으니, 그것이 바로 오늘날의 청와대다. 이는 마치 아버지가 받고 있는 기운을 아들이 가로채는 것과 같다. 예로부터 못자리도 조상의 묘 위에 짓는 법은 없었다. 살아 있는 집은 더더욱 그래야 한다. 옛 왕궁의 기운을 막고 후손의 궁을 짓는 일은 상상할 수도 없는 일이다. 그런데 청와대는 옛 왕조의 얼을 말살하겠다는 것인가?

그리고 왕궁(대통령궁)은 산 위에 짓는 것이 아니다. 이는 백성과 가까이하기 위함이다. 산을 등지고 평지에 지어야 한다. 전 세계의 모든 왕궁이 그렇게 되어 있다. 그런데 우리나라는 어째서 산 위에 지었을까? 어째서 조상의 등 뒤를 파괴하고, 옛 궁궐 뒤에 숨고, 백성이 사는 땅과 격리되어 있어야 하는가? 군사기지라면 그래야 한다. 하지만 대통령 관저가 이래서는 땅으로부터 도망가는 격이다. 대통령의 궁이 도인들이 은거하는 사찰도 아니고 말이다.

산풍고

조상의 기운을 막아서는 것은 산풍고(山風蠱, 己酉)인데, 이는 배신이란 뜻이 있고 속으로 갉아먹는다는 뜻이 있는 것이다. 조상을 갉아먹고 우리나라의 복을 갉아먹는 것이다. 이러지 않았다면 우리나라는 더욱 흥성했을 것이다.

이 자리는 이미 고려 숙종 때 이궁離宮이 들어섰던 곳이고, 조선왕조 시절에 왕궁을 이곳에 지으려고 한 적도 있었다. 그러나 산이라는 점 때문에 좀 더 남쪽으로 내려가 평지인 지금의 경복궁 자리에 지은 것이다. 궁궐이란 당연히 평지에 있어야 하는 법인데, 현대의 대통령들이 너무 무심한 듯하다.

특히 문제는 일제가 우리나라 왕궁의 풍수를 짓밟을 목적으로 그 자리에 조선총독부 관저를 지었는데, 이승만 대통령은 그곳을 그대로 집무실 겸 관저로 사용했다는 것이다. 더 나쁜 것은 이승만 대통령이 일제와 똑같은 짓을 했는데도 그 이후의 어느 대통령도 그것을 바꾸지 않고 그냥 사용했다는 것이다.

이승만 대통령은 풍수를 몰라도 너무 몰랐던 것 같다. 어떻게 조상의 궁궐 위에 군림하려는 생각을 하게 되었을까? 애써 풍수를 무시하려 했던 것일까? 아니면 조상을 무시하고 싶었을까? 풍수를 몰라도 좋다. 상식적으로 현재의 대통령궁이 옛날 궁전 뒤로 숨어서야 되겠는가! 평평한 땅에 백성들과 가까워질 수 있도록 궁을 지으면 왜 안 되는가! 우리나라에서 가장 높으신 분이 사는 집을 흉봐서 죄송하기 그지없다. 하지만 국민의 한 사람으로서 우리나라가 더욱 발전하고 잘되어가기를 바라는 마음에 솔직한 의견을 제시한 것이다.

한반도는 '신선의 땅', 날로 새로워지고 기운이 쌓인다

자동차만 한 돌덩이가 있다고 하자. 상당히 무겁긴 하지만 그리 큰 것은 아니다. 옮길 수 있기 때문이다. 이런 정도의 돌덩이는 작은 산에도 무수히 많다. 크기로 보면 자동차만 한 돌이 1개 있다고 해서 산의 풍수에 큰 영향을 미치지는 않는다.

하지만 이를 개미 입장에서 보면 어떨까? 산이라고 해도 될 만큼 거대하다. 개미에게는 이 바위덩이가 풍수의 한 요소가 될 수 있다. 이 바위 밑에 집을 지으면 안전하기 그지없다. 허물어지는 터는 비가 왔을 때 개미에게 최악의 장소다. 비축해둔 식량이 쓸려 내려가고 개미집 자체도 무너질 것이다. 그러나 바위 밑이라면 아무런 염려가 없다. 개미에게는 이곳이 명당임에 틀림없다.

바위란 원래 토에 해당되는데, 흙이 단단하게 굳은 것이 돌이기 때문이다. 돌에는 땅의 기운이 밀집되어 있어 개미의 영혼에 지대한 영향을 미친다. 영혼이 없다면 개미의 뇌에 영향을 준다고 해도 된다. 개미도 뇌가 있고 마음이 있다. 생물은 다 그렇다. 그래서 이들에게도 풍수가 있는 것이다.

코끼리는 폭포 근방에 못자리(?)를 갖는 것으로 밝혀져 있다. 코끼리가 죽으면 몸이 썩지만 상아는 남아 있다. 그래서 폭포 뒤에서 상아 더미가 발견되는 일이 종종 있다. 풍수는 땅의 작용을 규명하는 학문인바, 이는 땅과 생물과의 관계를 말한다. 단지 인간이 특수한 존재여서 풍수를 인간 중심으로 바라보는 것이다.

거대한 생물체가 하나 있다고 하자. 크기는 도봉산 정도다! 이런 생물의 입장에서 보면 남산은 자그마한 바위덩이에 불과할 것이고 한강 역시 쉽게 걸어서 건널 수 있다. 이런 존재에게는 동해 바다라 해도 큰 호수로밖에 보이지 않는다.

만약 우리가 이런 존재가 되어 대한민국 국토, 즉 한반도를 바라본다고 치자. 어떻게 느낄까? 큰 단위에서 우리 국토의 풍수를 보자는 것이다. 제우스 신이 내려다보는 한반도라고 해도 된다. 풍수는 관찰의 단위에 따라 그 작용을 다르게 정할 수 있다. 실내공간의 풍수와 태백산맥의 풍수는 관찰의 단위가 다르고 작용의 범위도 다르다. 자연의 작용에 대한 시간척도도 많이 다를 것이다.

이와 같이 사물이란 작용의 단위를 먼저 설정해야 한다. 이것은 과학에서 말하는 프렉탈 개념이다. 한반도의 둘레를 개미가 재면 측정불가, 즉 무한대의 길이다. 하지만 1km짜리 자로 재면 다르다. 10km 혹은 100km 자로 재도 달라진다. 풍수도 이와 같다. 현미경으로 보는 것과 망원경으로 보는 것이 매우 많이 다르듯이 고공에서 큰 단위로 우리 국토를 보면 올바른 풍수가 나올 것이다.

우리나라 땅은 어떤 뜻이 있을까? 그것이 바로 이 장의 주제다. 크게 보자. 우리나라 땅을 둘러싼 근방을 먼저 봐야 한다. 바로 앞에 일본 땅 있다. 지도를 꺼내놓고 보면 이해하기 쉬울 것이다. 일본 땅은 우리 국토의 절반 정도를 에워싸고 있다. 일본은 우리 땅을 동쪽에서 포위하고 있다. 포위했다고 해서 기분 나쁠 것은 없다. 일본 땅은 태평양의 광대한 기운으로부터 우리 국토를 보호해주고 있기 때문이다. 우리 국토가 집이라면 일본 땅은 담벼락에 해당된다. 이는 우리 국토의 청룡과 백호다. 동쪽에 있으니 좌청룡이다.

서쪽을 보면 황해를 건너 중국 대륙이 있다. 아주 두꺼운 담벼락이라 할 수 있다. 남쪽을 보면 중국대륙과 일본의 섬이 막아주고 있다. 우리 국토는 삼면이 담벼락으로 둘러쳐져 있는 것이다. 그렇다고 완전히 꽉 막아놓은 것은 아니다. 적당히 문을 열어놓은 형국이다.

그 문을 통해 우리는 남태평양으로 항해할 수 있다. 한반도는 남향인 것이다. 벌판 혹은 바다인 풍도 있고 태양빛도 흠뻑 받고 있다. 제주도는 우리의 남쪽을 지키고 있다. 이는 우백호다. 우리 국토의 등 쪽은 아시아 대륙이 자리 잡고 있다. 이는 배산에 해당한다. 그리고 남해 바다는 임수다.

우리 국토는 이토록 주변 조건이 좋다. 전 세계 어느 곳에도 이런 조건은 없다. 세계의 각 지역에 한반도를 닮은 곳은 많겠지만, 이렇게 큰 규모에서 이런 조건을 가진 땅은 찾아볼 수 없을 것이다. 작은 규모에서는 국내에서도 이런 땅을 많이 발견할 수 있는데 그곳이 바로 명당이다.

한반도는 괘상으로 택뢰수(澤雷隨, 己卯)다. 이는 용이 심연에서 기운을 축적하고 있는 모습이다. 우리 국토는 세세토록 기운이 쌓이는 중이다. 어머니

택뢰수

의 자궁도 이와 같은데 우리 민족은 이 땅에서 바다의 기운을 지속적으로 흡수하고 있다. 택뢰수는 완전한 휴식을 상징한다. 장차 크게 발돋움한다는 뜻도 내재되어 있다.

나는 우리 국토에 태어난 것이 자랑스럽고 늘 다행이라 생각하며 살아가고 있다. 우리 민족은 땅의 기운을 받아서 세계 역사에서 두각을 나타낼 것이 틀림없다. 현재도 세계는 우리나라를 주목하고 있다. 경제발전 속도는 세계 제일로서 근래 인류 역사에서 그 유래를 찾아볼 수 없을 정도다. 북한의 경우는 전 세계를 속 썩이고 있지만 그 강함에는 미국도 쩔쩔 매고 있다. 조만간 핵무장을 해제하고 본연의 양심을 회복할 것이며, 그로 인해 우리 민족은 세계에 위용을 떨칠 것이다.

이제 한반도의 내면을 살펴보기로 하자. 먼저 고찰할 것은 우리 민족이 이 땅에 정착하게 된 내력이다. 우리 민족은 단군의 자손이라 일컬어지는데, 단군이 실존 인물이냐 아니냐는 따지지 말자. 단군은 우리의 조상이고 그러니 우리는 단군민족이라고 불러도 무방하다.

우리 민족은 1만 년 전에 이 땅에 도착한 것으로 알려져 있다. 이것은 역사가가 아니라 과학자들의 설명이다. 조금 더 설명하고 넘어가겠다. 현생 인류의 기원은 저 멀리 아프리카에서 시작된다. 30만 년 전인데, 당시 인류는 아직 진화가 덜 되어서 현재의 모습과는 많이 다르다. 그러나 그때의 인류가 이어져서 현재에 이르렀다. 그 과정에 네안데르탈인, 크로마뇽인이라 불리는 유인원을 거쳐 현생 인류가 된 것이다.

이들은 진화하는 동안 더 좋은 땅을 찾아 계속 이동했다. 자신들에게 맞는 땅을 찾기 위해서 말이다. 이들은 5만 년 전 유럽에 도착했고 이어 1만 4,000년 전쯤 몽골에 도착했다. 이러한 이동의 역사는 고고학적으로도 밝혀져 있지만 그보다 더 정밀한 현대과학에 의해 밝혀진 것이다. 그 방법을 간단히 설명하자면 우리 몸의 세포 속에는 유전자 말고 신통한 물질인 미토콘드리아라는 것이 있다. 이것은 세포 속에서 살며 독립된 유전자를 갖는다. 이들의 주된 기능은 세포막의 산소를 세포핵에 이동시키는 일이다. 그런데 미토콘드리아를 조사하면 그들이 살아왔던 경로를 추적할 수 있다. 이는 마치 블랙박스가 사건의 전모를 담고 있는 것과 같다.

또 미토콘드리아를 조사하면 조상의 계보를 정확히 알 수 있다. 그것으로 인류가 한 종류라는 것이 밝혀졌다. 전 인류는 동포인 것이다. 이스라엘 사람들이 자신들이 선택받은 민족이라고 주장하면서 신의 유전자를 가졌다고 자랑스러워하는데, 실은 그들도 아프리카의 한 여인으로부터 비롯된 인종이다. 그 최초의 여자를 이브Eve라고 칭하는데, 이는 구약성경에 나오는 아담과 이브에서 따온 이름이다. 여기서 특이한 것은 우리의 조상이 남자가 아니라 여자라는 것이다.

어쨌건 이들은 여러 땅으로 갈라졌고 그중 한 갈래가 몽골을 거쳐 1만 2,000년 전쯤 중원中原에 도착했다. 여기서 또 갈라져 1만 년 전쯤 백두산 자락에 도착했다. 참으로 긴 여정을 견디고 백두산에 도달한 민족이 바로 대한민국 백성의 조상인 것이다. 우리는 모두 이들 단군의 후손이다. 그런데 여기서 또 갈라진다. 5,000년 전쯤 일부가 일본으로 건너갔다. 여기서 말하는 것은 역사가 아니다. 미토콘드리아 속 생물학적 블랙박스를 해독해서 알게 된 확고부동한 진리인 것이다.

우리 민족은 왜 이렇게 먼 거리를 이동했을까? 그것 역시 민족의 기질 때문이었다. 우리 민족은 용의 기질을 닮았다. 용은 주역의 괘상으로 乾인데, 이는 성질이 급하고, 파고들고, 잘 싸우고, 활동력이 왕성하며, 외골수이고, 단합이 잘 안 된다. 이 모든 성질들은 용이 잘났기 때문이다.

이쯤에서 우리 국토로 다시 돌아오자. 우리 땅은 백두산에서 시작된 지맥이 남쪽으로 뻗어나와 무수히 많은 강산을 이룩해놓은 곳이다. 한반도의 산맥은 하나로 통합되며 많은 가지들이 곳곳에 뻗어 있다. 산맥이 직접 닿지 않는 곳에는 자그마한 산들이 수없이 많고 사이사이마다 강들이 흐르고 있다. 이들 모두는 밀집된 형태로 촘촘히 연결되어 있다.

밀집! 이것이 우리 국토의 특징이다. 그리 넓지 않은 국토에 강산이 꽉 들어찬 것이다. 이러한 유형은 세계적으로도 아주 희귀하다. 게다가 우리 국토에 들어찬 강산은 그 내부가 기기묘묘한 모양을 이루고 있다. 금강산이 그 예인데, 이 산은 세계 최고의 절경을 뽐낸다.

이외에도 많은 산이 그에 버금가는 아름다움을 자랑하고 있으며, 그들 모두는 국토 전체를 조직적으로 메우고 있다. 마치 신이 일부러 아름다운 산들을 한곳에 모아 작품을 만든 것처럼 보일 정도다. 이처럼 지구에 하나뿐인 우리 국토의 모습은 강렬한 힘을 갖추고 꿈틀거리고 있다. 이들은 거대한 용의 꿈틀거림을 연출하고 있는 것이다.

형상들이 고도로 밀집한 좁은 땅! 우리나라의 산들은 대개 이런 형태를 띠고 있지만 그것이 모두 하나로 조직되어 있다는 것은 가히 기적이라 할 수 있다. 이러한 형태는 주역에서 뢰, 즉 우레다. 우레는 용으로 불린다. 우리 국토는 바로 용의 성질을 갖고 있다.

우리 민족의 성질도 이와 같은데, 우리 백두산족은 30만 년 전부터 약속된 한반도를 향해 무수히 많은 고난의 여정을 이어왔다. 그리고 마침내 용의 땅에 당도한 것이다. 이로써 민족은 정착했다. 단군의 땅은 한반도 북방으로 좀 더 깊숙이 전진해 있지만 오늘날 이 부분은 타민족에게 빼앗긴 상태다. 애석한 일이지만 우리 땅은 하늘이 마련해준 비장의 힘을 간직하고 있다.

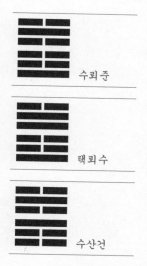

수뢰준

택뢰수

수산건

이는 뢰의 땅이 바다를 향해 뻗어 있기 때문에 자연스럽게 수뢰준(水雷屯, 乙亥)의 형국이 된 것이다. 수뢰준은 택뢰수와 함께 우리 국토의 결론이다. 우리 국토의 풍수는 밖으로 택뢰수이고, 안으로는 수뢰준이다. 택뢰수는 용이 쉬고 있는 것이다. 수뢰준은 혼란 속에서 투쟁을 계속하고 있는 모습이고 마침내 위업을 달성한다는 뜻이다. 그래서 우리 민족은 좌절을 모른다. 물속의 용, 즉 수뢰준은 때가 되면 크게 떨치고 일어날 것이다.

용이란 하늘 높이 날지만 그 힘을 물에서 비축하는 법이고, 우리 국토가 삼면이 바다인 것이 그것을 곧바로 보여주고 있다. 또한 그 바다는 일본 땅을 비롯해 중국 땅이 막아주고 있다. 그로 인해 동해와 서해, 남해는 압축된 기운을 간직하고, 용이 그 속에서 잠자고 있다. 힘은 점점 더 커질 것이다. 이 땅에 사는 우리 민족의 장래는 영원히 뻗어나갈 것이다.

우리 국토에 대한 설명은 이 정도로 마치겠다. 여기서 한 가지 알아둘 것을 추가하자. 연못을 향해 쭉 뻗어나간 땅은 대체로 좋다는 것이다. 특별한 결격사유만 없으면 대개 명당으로 간주할 수 있다. 유의할 것은 밖에서 물을 막아주는 요소가 있어야 한다는 것이다.

예를 들면 남이섬 같은 땅이다. 이 땅은 강의 한가운데 있는데 사방이 산으로 둘러싸여 있어 물의 기운이 섬을 길러주고 있다. 남이섬의 강은 산이 둘러싸고 있기 때문에 택으로 분류된다. 이른바 택뢰수(澤雷隨, 己卯)다. 앞이 터져 있는 물은 택이 아니다. 택이 아니면 섬은 오히려 기운이 상한다. 이는 수산건(水山蹇, 癸酉)이다.

이 장에서는 우리 국토의 위대함과 그것이 성립하는 논리를 살펴보았다. 우리 국민은 행복하다. 다시 그 위대한 땅의 내면으로 들어가자.

274

인간이 땅에 머물게 된
큰 뜻을 알아야 한다

천하는 끝없이 넓고 시간은 영원토록 멈추지 않는다. 우리 인간은 이제 여기에 존재하고 있다. 자연의 작용은 멀고 먼 태초 이전부터 시작되었던바 인간의 삶이란 것도 결국 자연의 큰 흐름의 일편일 뿐이다.

그러나 인간은 만물의 영장으로서, 모든 것은 오로지 인간 앞에서만 비로소 그 의미를 갖는다. 인간이 없으면 풍수도 없다. 풍수란 자연이 인간에게 미치는 영향을 규명하는 것에 지나지 않는다. 자연의 어떤 것은 인간에 해롭고 또 어떤 것은 이로운바, 우리는 해로운 것을 피하고 이로운 것을 얻어야 한다.

우리는 태양으로부터 빛을 얻고 하늘에서 공기를 얻고 땅에서 물을 얻는 등 이미 대자연의 혜택 속에 살아가고 있다. 하지만 풍수를 알면 이를 더 확장할 수 있는 것이다. 풍수는 의미의 학문이다. 의미는 실제로 기운을 주고 운명을 만들어주기도 한다.

나는 어린 날 부산 해운대 바닷가에 처음 가서 뒤로 물러나 주저앉은 적이 있다. 이는 대자연의 광활함이 주는 비물질적 기운 때문이었다. 또한 나는 밤하늘의 어둠을 보고 경건해졌으며, 태양이나 별빛을 보고 희망을 가졌었다. 이는 자연의 풍수가 인간에게 주는 기운이다.

우리는 자연에서 무엇을 얻을 수 있을까? 이것이 내가 맨 처음에 했던 질문이다. 형이상학적 질문이다. 결국 자연의 풍수에서 얻을 것이 있다면 그것이 무엇이고, 어떻게 그 이익을 얻는가가 핵심이다.

이로써 책을 마무리해야겠다. 여전히 많은 아쉬움이 남는다. 풍수이론이 워낙 광대하다 보니 충분히 다루지 못했다. 단지 땅과 건물에 대해 생각하는 방법을 조금 소개했을 뿐이다.

전체적으로 요약하자면 풍수는 무덤이든 건물이든 음에 관한 이론이다. 영혼이 양이고 그것이 머무는 곳이 음이다. 생명체(영혼)는 활동에 앞서 머무는 곳이 아주 중요하다. 여기서 기운을 공급받아야 하기 때문이다. 사람이 비록 밖에 나가서 성취하는 것이 많다 하더라도 머무는 곳을 올바르게 하지 못하면 그 운명은 오래 가지 못하는 법이다.

하늘은 땅을 창조하고 인간을 그곳에 머물게 하였던바, 큰 뜻을 알아야 한다. 땅은 인간이 선택하고 개선할 수 있다. 이는 삶의 어떤 행위보다 소중하다. 풍수는 땅을 살피고 생각하는 것만으로도 차차 깨달아갈 수 있는 것이다.

독자 여러분들이 부디 좋은 땅을 찾길 바라며 그것을 훌륭히 간직해 나가기를 바란다. 그리하여 영원히 행복하기를….

지은이 김승호

부록

지금 당장
활용할 수 있는
생활 속 풍수 팁

풍수의 기본은 청결이다. 정갈한 마음가짐으로 정리정돈을 잘하고, 불필요한 물건은 하루 빨리 버리자. 실내풍수는 어려울 것이 없다. 무엇이든 지나친 것을 경계하고 상식적으로 생각하면 된다. 매사에 살얼음 위를 걷는 듯한 마음가짐을 가지고 살아야 할 것이다.

1. 현관 기운이 들고 나는 곳, 현관이 가장 중요하다.

- 현관은 언제나 정돈이 잘 되어 있어야 하고, 가급적 조명도 밝게 유지하는 것이 좋다.
- 문을 열자마자 방이 직접 보이지 않게 하는 것이 중요하다. 현관과 방이 직통으로 연결되면 거기 사는 사람은 계속해서 피로가 쌓이고 편안하게 쉴 수가 없다.

- 현관에 들어섰을 때 약간의 여유 공간이 있어야 좋다. 이것은 드나드는 사람이 다급한 느낌으로 바쁘게 들어오지 않아야 한다는 의미다.

- 문 바깥쪽에 맑은 소리를 내는 종을 걸어두는 경우도 있는데, 맑은 소리는 소통을 뜻하고 행운의 도착을 뜻해 아주 좋다.

- 현관에 신지 않는 신발들이 어지럽게 놓여 있어서는 안 되고, 아이들 자전거나 우산꽂이, 골프가방 같은 물품이 통행을 방해해서도 안 된다.

- 신발장은 가급적 붙박이형으로 벽면에 꼭 맞게 제작된 것이 좋다. 신발장 내부 역시 버릴 것은 버리고 정갈하게 유지하는 데 신경 쓴다.

- 현관에는 잎이 많은 녹색 식물을 잘 보이는 곳에 두면 좋다. 밖에서 들어오는 기운을 상승시켜주기 때문이다.

- 현관에서 보이는 곳에 가족사진을 걸어두는 것도 좋다. 꽃이나 식물 그림, 풍경화도 좋은데, 그 밖의 다른 그림은 별 뜻이 없으므로 좋거나 나쁘다고 말하기 어렵다.

- 현관에서 신발을 벗고 집 안으로 들어오는 곳에 매트를 깔아놓으면 좋다. 매트는 집 안과 바깥을 구분하는 역할을 해주는데, 바깥기운을 정제해주는 뜻이 있어 방을 보호해준다. 단, 밝은 색깔의 매트는 바깥의 나쁜 기운을 끌어모을 수 있으므로 차분하고 고상한 색깔을 선택한다.

2. 침실 몸과 마음, 영혼까지 쉴 수 있는 차분한 분위기가 필요하다.

- 머리는 북쪽으로 두고 자는 것이 좋다. 만약 북쪽으로 두기 어렵다면 서쪽만 피해 방향을 선택한다. 서쪽은 피해야 한다.

- 침실에는 돌덩이 같은 무거운 소품을 두는 것이 좋다. 부부가 함께 찍은 사진이나, 암수가 한 쌍으로 되어 있는 소품도 좋다.

- 베개는 낮은 것을 사용하는 것이 좋다.

- 침실에서 안쪽은 남편이 사용하고, 바깥쪽은 부인이 사용하는 것이 좋다. 이런 상태는 지천태의 괘상인데, 이 괘상은 부부가 더욱 친밀해지고 남편의 기운이 날로 쌓여서 일이 잘 풀린다는 의미가 있다.

- 침대는 벽에 바짝 붙여놓으면 안 된다. 30cm 정도라도 띄어놓아야 한다. 침대가 벽에 밀착되어 있으면 영혼이 억눌리는 느낌을 받는다.

- 침실에 거는 벽시계는 팔각형이 좋다. 원형은 천이어서 방의 뜻에 위배된다.

- 꽃이 핀 화분은 침실에 두지 않는다. 꽃은 화이고 잠은 수이기 때문에, 꽃은 잠을 방해한다.

- 침실의 침구나 커튼은 지나치게 화려하거나 밝은 색깔을 피한다. 침실은 영혼을 보호하고 제대로 휴식하기 위한 곳이므로, 인테리어도 차분한 느낌으로 하는 것이 좋다.

- 요즘은 침대머리의 모양이 매우 다양한데, 가급적 너무 화려하거나 복잡하지 않은 것이 좋다. 웅장한 느낌이 나면 좋은데, 이는 그곳에서 자는 사람에게 권력이나 권위를 가져다준다.

- 침실에 전자제품을 두면 기의 흐름을 요동시킨다. 그래도 어쩔 수 없이 놓아야 한다면 침대로부터 가능한 먼 곳에 놓는다. 침대는 잠을 자기 위한 곳이므로 날카로움을 경계해야 한다. 전자제품은 날카로움을 뜻하는데 이는 기의 흐름을 요동시킨다.

- 침실에는 가급적 거울을 두지 않는 것이 좋다. 거울은 영혼을 놀라게 하기 때문이다. 가릴 수 있다면 쓰지 않을 때는 가려놓는 것도 방법이다.
- 침실에 화장실이 딸려 있는 경우, 화장실 문은 열려면 열고 닫으려면 확실히 닫는다. 애매하게 반쯤만 열어두면 안 된다.

3. 거실 가족의 기운이 모이고 화목하게 소통하는 소중한 곳.

- 소파는 크기에 상관없이 지나치게 화려한 것은 피한다.
- 커튼이 지나치게 화려하면 행운이 새어나간다. 적당히 두꺼운 것이 좋다.
- 거실에는 풍경화가 좋다. 가족사진은 휴식을 방해할 수 있기 때문에 전면에 크게 걸기보다 한쪽에 조용히 걸어두는 게 좋다.
- TV나 오디오 등 소리가 나는 가전제품은 남쪽에 두는 것이 좋다.
- 시들거나 죽은 식물이 든 화분은 없애는 것이 좋고, 철제가구는 가급적 피한다.
- 책이나 잡지가 바닥에 놓여 있어 걸리적거리면 안 된다. 책이나 잡지는 바닥에 두지 말고 새워서 벽에 붙여둔다.
- 베란다를 확장한 아파트 거실의 경우는 벽을 허물어낸 자리에 줄기와 잎이 무성한 화분을 걸어두면 좋다.
- 안 쓰는 물건은 안 보이게 하는 것이 수납의 기본이다. 항상 물건이 많아지는 것을 경계해야 한다. 거실에 선반을 설치해서 안 쓰는 물건을 얹어 놓는 것은 좋지 않다.
- 실내에서 키우는 식물은 가급적 키가 작은 것이 좋지만, 벽 귀퉁이에 놓

는 것은 키가 커도 상관없다.

- 거실에 꽃을 놓는 것은 좋다. 다만 앞에서 말했듯이, 휴식을 방해하므로 침실에는 화려한 꽃을 놓지 않는다.
- 거실은 품격이 중요하다. 아기자기하고 자잘한 소품들보다는 고풍스러운 것이 좋다.

4. 자녀, 수험생의 방 공부가 잘되고 성품이 반듯해지는 방은 따로 있다.

- 아이 방은 항상 깨끗하고 단정해야 한다. 가구는 최소화하고 잡다한 물건은 다 치운다.
- 책상은 밝은 색 나무로 된 것이 좋은데, 무늬가 있는 책상은 아이들의 마음을 혼란스럽게 한다. 벽지는 베이지 톤이나 연한 녹색 계열이 좋다. 띠벽지나 요란한 무늬의 벽지는 피한다. 조명은 은은하게 한다.
- 책이나 자료는 눕혀서 쌓아놓지 말고 새워서 꽂아두도록 한다.
- 커튼이나 롤 스크린의 경우, 기하학적 무늬나 사선 무늬는 집중력을 떨어트리지만 세로 줄무늬는 괜찮다.
- 어린아이가 있는 집에는 방문에 그네를 매어두기도 하는데, 초등학교 이전에는 괜찮지만 그 후에는 좋지 않다.
- 붓글씨나 동양화 작품을 벽에 걸어두면 마음이 차분해진다. 지도 그림도 좋다. 반면 풍경화는 공부를 방해하고 마음을 들뜨게 하므로 좋지 않다.

5. 화장실 깨끗하고 정갈하게 유지하는 게 관건.

- 화장실은 조명이 어두우면 안 된다.

- 청소도구는 보이지 않게 한다. 창고 같은 분위기는 최악이다.

- 어지러운 욕실용품은 최대한 줄이고 보이지 않게 정리한다.

- 화장실은 항상 물이 흐르는 곳이라 지저분해지기 쉬우므로 환기와 청소를 철저히 한다.

- 화장실 문은 닫아두고 변기 뚜껑은 항상 덮어놓는다.

- 변기보다 높은 곳에 건강한 식물을 두면 좋다.

- 전체적으로 노란색, 초록색, 파란색 계열을 사용하면 좋다. 반면 붉은색, 자주색, 검정색, 갈색 등 어두운 색은 사용하지 않는다. 화장실이 너무 화려하면 건강을 해칠 수 있다.

- 욕조에 물을 받아두지 않는다.

6. 부엌 건강과 재물은 부엌에 달려 있다.

- 식탁에 약병을 놓으면 안 좋다. 식탁이 아니더라도 음식과 약병은 같은 곳에 두지 말아야 한다. 함께 있으면 회복이 잘 안 되고 사건사고가 많아진다.

- 식칼은 칼집에 넣고 보관해야 돈이 모인다. 집 안에 좋은 칼(식칼)이 많으면 좋다. 칼을 골고루 갖춰놓는 것은 진위뢰로서 미래지향적이고 전진하는 힘이 보강된다.

- 부엌은 따뜻한 색깔로 밝고 환하게 꾸민다. 식탁 위의 조명기구는 단순

한 게 좋다.

- 전자레인지와 냉장고를 가까이 두지 않는다.
- 식탁은 반드시 벽에서 약간 떼어놓는다.
- 주방 창가에 작은 화분을 놓아두면 좋다.
- 사용하지 않는 낡은 그릇은 쌓아두지 말고 처분한다.
- 냉장고에 자석이나 메모지를 너무 많이 붙이지 않는다.
- 주방에는 좋은 도마가 있어야 한다. 이는 뇌지예로서 부동산이 늘어난다는 의미가 있다.

7. 사무실 창조성과 에너지를 안으로 모으는 구조가 좋다.

- 사장실은 북쪽에 있어야 좋다. 여성과 가까운 곳이 좋고, 신입사원과는 먼 곳이 좋다. 입구에서도 먼 곳이 좋다. 입구에 들어섰을 때 사장실은 좌측에 보여야 한다. 좌측이 하늘이기 때문이다. 사장실 내부는 고요하고 냉정한 느낌이 드는 것이 좋다. 지나치게 넓은 것보다는 적당한 크기의 방을 가급적 단순하게 꾸며야 한다.
- 사무용 책상은 타원형이나 길고 둥근 모양이 좋다. 날카로운 모서리가 있는 것은 피한다.
- 사무실에서 직위가 가장 높은 사람이 북쪽에 앉으면 좋다.
- 여성직원은 서쪽이 좋고, 신입사원이나 직급이 낮은 직원은 동쪽이 좋다.
- 책상과 책상 사이의 거리는 최소한 70cm 이상 확보한다.
- 통로나 출입구에서 직원이 곧바로 보이지 않도록 하고, 마찬가지로 앉

아 있는 자리에서 화장실이나 계단, 엘리베이터 등이 곧바로 보이지 않
도록 한다.

● 죽은 시계는 걸어두지 않는다.

● 등이 창문을 바라보면 힘과 창조성, 에너지가 밖으로 새어나간다.

● 책상이 문과 일직선으로 배치되어 있으면 마음이 불안해진다.

● 책상이 벽을 보고 있으면 고개를 들 때마다 시선이 벽에 부딪혀 영감이
차단된다.

8. 돈이 들어오는 소품은? 재물운을 좋게 만드는 방법은?

● 어떤 물건이든 집 안에 들어온 물건이 방을 압도할 만큼 크면 아주 나
쁘다.

● 오래된 물건, 나무, 돌, 고급 술, 책과 책장, 동양화, 서예작품 등이 재
물운을 좋게 만든다.

● 아름다운 그릇, 좋은 도마, 식칼(많은 것이 좋다), 보석, 금, 카펫 등도
좋다.

● 주로 여자들이 좋아하는 물건이 재물운을 좋게 만든다.

9. 가장이 쓰는 방은 어떻게 꾸미는 것이 좋은가?

● 가장이 남자인 경우, 가장이 쓰는 방은 생동감보다 안정감을 추구해야
한다.

- 가장이 쓰는 방에는 책이 필수다.
- 출입구는 앉은 곳에서 좌측에 있어야 좋다.

10. 건강에 문제가 있다면 집을 어떻게 꾸며야 할까?

- 방은 오로지 음이어야 한다. 건강이 상했다면 그 원인은 방이 양이기 때문일 것이다.
- 환자에게는 음이 절대적으로 필요하기 때문에, 고상하고 고요하며 평온한 느낌을 주어야 한다.
- 붉은 색은 금물이다.

김승호

주역학자이자 작가. 1949년 서울에서 출생했다. 지난 45년간 '과학으로서의 주역'을 연구해 주역과학과 주역풍수라는 새로운 개념과 체계를 정립했다. 동양의 유불선儒佛仙과 수학, 물리학, 생물학, 화학, 심리학 등 인문, 자연, 사회과학이 거둔 최첨단 이론을 주역과 융합시켜 집대성한 결과가 바로 주역과학이다.

1980년대 미국에서 물리학자들에게 주역을 강의하기도 했으며, 맨해튼 응용지성 연구원의 상임연구원과 명륜당(미국 유교 본부) 수석강사를 역임했다. 사단법인 동양과학아카데미 등을 통해 20년간 주역 강좌를 운영해왔으며, 운문학회를 통해 직장인 대상의 특강도 진행하고 있다.

저서로는 베스트셀러 《돈보다 운을 벌어라》를 비롯해, 주역과학 입문서라 할 수 있는 《주역 원론》 전 6권, 《주역과 몸》(공저), 《자기 탐험》 전 2권, 《싸움》, 《소설 팔괘》 전 3권, 《점신》, 《징조》 외 다수가 있다. 1991년부터 〈문화일보〉에 《소설 주역》을 연재, 10권의 책으로 펴냈으며, 2003년에는 일본 쇼가쿠칸小學館 출판사에서 《소설 가이아》가 번역·출간되기도 했다. 주역풍수와 주역과학에 관심 있는 독자들은 초운주역과학학회 카페 http://cafe.naver.com/ichingscience에서 이 책에 관한 더욱 많은 정보를 얻을 수 있다.

| 함께 읽으면 좋은 책 |

돈보다 운運을 벌어라!

운의 원리는 무엇이고, 좋은 운을 끌어당기려면 어떻게 해야 하는가?
타고난 운을 노력으로 바꿀 수 있는가?

★★★★★
베스트셀러
자기계발분야

대한민국 1%의 비밀은 바로 '운運 경영',
주역을 알면 운의 원리가 보인다!

· 운이 들어오는 입구를 넓히는 법 · 좋은 사람을 내 인생에 끌어 모으는 법
· 운이 새어나가는 곳을 찾아 나쁜 운에서 빠져나가는 법
· 운의 맥을 잡고 운의 흐름을 타는 법 · 재물운과 조직운을 상승시키는 법

돈보다 운을 벌어라 주역의 원리로 운을 경영하는 법
김승호 지음 | 14,000원